本研究得到下列项目的资助：

● 香港卓越学科领域计划（AOE）
● 山东大学自主创新基金
● 山东大学历史文化学院出版基金

目　录

第 一 章

绪　论

第一节　问题的提出

1942 年 5 月至 6 月间，日本北支经济调查所的福田喜次在日军占领下的山西五台山进行调查，希望借此研究五台山寺领地的一些情况。他在调查中，注意到僧人们声称五台山寺院在山内与山外的土地不一样，山内的土地是不必纳税的，是明朝皇帝赐免的，而山外的土地则与普通百姓的土地一样买卖和纳税。当时山内指的是五台县第六区的范围，山外则主要指的是五台县其他地方以及繁峙县和阜平县。福田称自己当时并未核实免税说法的正确与否。① 在五台山日军的支持下，福田对寺院土地的调查一定会遇到复杂的反应，考虑到受访者所处的复杂环境，我们当然有理由怀疑僧人们的说法，但无论怎样，这种现象至少说明在僧人们的观念中，五台山与赋税的概念是联系在一起的。这一独特的现象引发了笔者的兴趣：赋税怎样成为定义五台山胜地的语言？山内与山外的分别到底是怎样形成的？五台山地方社会究竟是什么形态？

佛教圣山的地位是五台山得以区别于其他地方的最重要特征。魏晋时五台山已经成为一个重要的佛教中心，历史学者对五台山佛教、佛寺以及五

---

① ［日］福田喜次：《山西省五台山の寺领地について》，《满铁调查月报》第 22 卷第 4 号（1942 年），第 126—127 页。

台山如何成为圣山的研究,成果非常丰富。① 另外,学者在五台山的地理、交通、寺院经济、生态环境等方面也积累了一部分研究成果。② 先前的研究比较多地围绕着五台山佛教的因素,这本无可厚非,问题是五台山区的历史,比如地方行政、山区开发、流民治理、边疆政策等,表面上看与佛教没有太大关系,容易被忽略,但实际上,此类因素与佛教发展关系极为密切。如果我们把五台山首先视为一个地域,采用区域史和整体史的视角,将该区域内所有的事件、人物以及宗教的因素都纳入考量,那么五台山的问题就会比表面上看起来的更加复杂。

在福田的观察中,有一个引人思考的地方,即山内与山外不仅是地理的划分,更是两种行政方式的划分:在一个县的范围内,有两种不同的赋税制度。在这一行政安排中,五台山内的寺院系统与山外的州县系统并存。如果我们再考虑到福田访问的背景,其实在这两套系统之外,还有军队。在日

---

① 严耕望:《魏晋南北朝佛教地理稿》,上海古籍出版社 2007 年版,第 249—265 页;古正美:《从天王传统到佛王传统:中国中世佛教治国意识形态研究》,(台)商周出版社 2003 年版,第 377—424 页;王俊中:《五台山的圣山化与文殊菩萨道场的确立》以及《有关五台山成为佛教圣山的研究二则》,见氏著:《东亚汉藏佛教史研究》,(台)东大图书公司 2003 年版,第 41—62、63—79 页;林韵柔:《五台山与文殊道场:中古佛教圣山信仰的形成与发展》,博士学位论文,台湾大学历史学系,2009 年,第 4—17、29—118 页;杜斗城:《敦煌五台山文献校录研究》,山西人民出版社 1991 年版,第 151—197 页;崔正森:《五台山佛教史》,山西人民出版社 2000 年版;Robert Gimello, "Chang Shang-ying on Wu-t'ai Shan", in Susan Naquin and Chun-fang Yu eds.*Pilgrims and Sacred Sites in China*, Berkeley: University of California Press, 1992; Natalie Köhle, "Why Did the Kangxi Emperor Go to Wutai Shan? Patronage, Pilgrimage, and the Place of Tibetan Buddhism at the Early Qing Court", in *Late Imperial China*, 29: 1 (June, 2008), pp.73-119.

② 关于五台山地方开发的研究,除了前揭严耕望、林韵柔诸文有涉及外,还比如曹家齐、金鑫《〈参天台五台山记〉中的驿传与牒文》,《文献》2005 年第 4 期;张国旺《元代五台山佛教再探:以河北省灵寿县祁林院圣旨碑为中心》,《首都师范大学学报(社科版)》2008 年第 1 期;陈玉女《明五台山诸佛寺建筑材料之取得与运输:以木材、铜、铁等建材为主》,(台)《成大历史学报》第 27 号。陈玉女利用碑刻资料,探讨了明代佛寺建材的运输、施主的来源以及地方工商业发展诸问题,使读者得以一窥寺院修建对地方资源和环境的巨大影响。关于近代寺产的研究更多,比如刘献之《五台山的僧侣地主与农民》,《新中华》,香港中文大学图书馆藏胶片,第 2 卷第 14 期(1934);[日]福田喜次《山西省五台山の寺领地について》,《满铁调查月报》第 22 卷第 4 期(1942);孙文山、孙叔文《五台山寺庙经济简述》,《五台山研究》1986 年第 6 期;辛补堂、郑福林《五台山寺庙经济的探索》,《五台山研究》1995 年第 3 期;房建昌《日寇铁蹄下的五台山佛教寺院》,《五台山研究》1999 年第 2 期。关于土地利用和生态环境方面,有翟旺、米文精《五台山区森林与生态史》,中国林业出版社 2009 年版;Walter Lowdermilk:《五台山土地利用史》,赵淑娟译,翟旺校,见《五台山研究》1987 年第 5 期;Karl T.Rost, Observations on Deforestation and Alpine Turf Destruction in the Central Wutai Mountains, Shanxi Province, China, *Mountain Research and Development*, 19: 1 (1999), pp.31-41. Rost 认为五台山森林消失的一个重要原因是唐以后的气候变化。

本军队到来之前，明朝、清朝的军队也曾在山区驻扎，尽管他们驻防的地点有所不同。五台山是多元行政系统并存和竞争的舞台，要了解明清五台山地方社会的问题，不能不首先探讨多元行政系统并存的现象。

对明代多元地方行政系统的观察，开始于明代社会经济史的研究。顾诚在研究明代田土数字的时候，发现官方文献中不同数字之间之所以差距很大，是因为统计资料的来源不一样，他为此提出了明帝国的疆域管理分为州县与卫所两个系统，它们在田土登记上是独立进行的。① 除了州县、卫所体制之外，王毓铨、佐藤文俊等人对明代王府的研究也揭示出，明代的藩封体制还制造了庞大的藩王系统，他们通过"钦赐"、"奏讨"、"纳献"、"夺买"、"直接侵占"等方式占有大量土地和人口。其土地不纳国课，不入《赋役全书》，而是有单独的册籍。② 明代当然不止州县、卫所、王府等系统，不同地方的行政系统的情况不太一样。黄仁宇对明代财政制度的研究，准确地指出了明朝缺乏一个集中化的财政体系，军队、户部、盐课等不同系统的收支是分散管理。③ 可见，明代不同的行政系统，其实也对应着不同的财政税收体系，这些区别甚至延续到清代。④

多元行政系统的并存意味着州县常常只是地方行政系统中的一个，它有很多的竞争者。在多元行政权威的竞争中，州县官府并不总是胜利者。比如佐藤的研究指出，在明代，宗室挑战地方官权威的个案很多，遇到宗室犯法，地方行政长官只能上诉到皇帝。⑤ 类似地，还有罗宾逊（David Robinson）对明中叶京畿地区盗贼问题的研究，他发现京畿地区存在诸如宦

---

① 顾诚：《明前期耕地数新探》，《中国社会科学》1986 年第 4 期；顾诚：《明帝国的疆土管理体制》，《历史研究》1989 年第 3 期。

② 参见 [日] 佐藤文俊《王府论》，见森正夫等编《明清时代史の基本问题》，[日] 汲古书院 1997 年版，第 254 页；[日] 佐藤文俊《明代王府の研究》，[日] 研文出版社 1999 年版，第 86—99、384—407 页；王毓铨：《明代的王府庄田》，见氏著《王毓铨史论集》，中华书局 2005 年版，第 395—539 页；吴缉华《论明代封藩与军事职权之转移》，见氏著《明代制度史论丛》上册，（台）学生书局 1971 年版，第 31—55 页；安介生《明代山西藩府的人口增长与数量统计》，《史学月刊》2004 年第 5 期；顾锦春、叶剑飞《近 20 年来国内学界对于明代宗藩的研究综述》，《兰州教育学院学报》2006 年第 4 期。

③ [美] 黄仁宇：《十六世纪明代中国之财政与税收》，阿风等译，三联书店 2001 年版，第 24 页。

④ 顾诚：《卫所制度在清代的变革》，《北京师范大学学报》1988 年第 2 期；邓庆平《卫所与州县——明清时期蔚州基层行政体系的变迁》，《"中央研究院"历史语言研究所集刊》第 80 本第 2 分（2009）。

⑤ [日] 佐藤文俊：《王府论》，见森正夫等编《明清时代史の基本问题》，[日] 汲古书院 1997 年版，第 251—252 页。

官势力、重新安置的蒙古军队、皇庄、卫所等知县管辖权所不及的势力。关于这些不同的行政系统怎样在地方运作，罗宾逊提到的河北威县的一个例子颇为典型：山西沈府护卫在河北威县屯地的一名屯军，因为抢劫被威县县令追捕，他逃到军营里，并受到本卫的一名副千户的祖护，副千户表面上应承把这名屯军交给县令，可是却私下里把他释放了。调查的结果，副千户被降级，沈王也被皇帝谴责。威县县令指责当地的卫所军户骚扰人民，难以治理，因此要求把军屯改置别处。罗宾逊用"庇护"的概念来描述个人和不同行政系统之间的关系，这种关系显然是具有策略性的。① 罗宾逊描述的明中叶多元行政系统并存和竞争的现象，其实也适用于与河北毗邻的山西，比如赵世瑜对山西高平圣姑庙的研究，发现明朝的王府、卫所等势力都在争夺地方古老的寺庙，地方社会的权威系统也呈现出"多样性"的特点。②

　　对明代赋役改革的研究则说明在多元行政系统并存和竞争的态势下，州县系统由弱变强的情况并不是自然发生的，它在明清时期经历过一些重要的转变，其中最重要的事件是明中叶开始的土地清丈和赋役制度改革，其集大成则是万历初年广泛实行的一条鞭法。③ 根据梁方仲先生的研究，一条鞭法的主要特点包括赋役编派的合并、赋役征收的合并以及赋役的货币化等。值得注意的是，梁方仲提到，由于一条鞭法是一种量出为入的制度，统计的单位是县，因此州县得以建立起了自己的预算。④ 如果说一条鞭法的改革增强了州县官府的行政效能，与一条鞭法相配合的土地清丈则将州县权威推广到更大的地域范围，它使得州县官府掌握了更多的土地和人丁的数据。⑤

　　州县政府的赋役和财政改革导致州县权威增强的趋势在清代仍然在进行。沃特（John Watt）在对清代知县的研究中，揭示了明代一条鞭法改革之

① David M. Robinson, *Bandits, Eunuchs and the Son of Heaven: Rebellion and the Economy of Violence in Mid-Ming China*, Honolulu: University of Hawai'i Press, 2001, pp.56-64.

② 赵世瑜：《圣姑庙：金元明变迁中的"异教"命运与晋东南社会的多样性》，《清华大学学报》（哲社版）2009年第4期。

③ 一条鞭法的全国性推广，始于万历九年，但是此前很多地方已经在进行丈地均粮的改革，参考梁方仲《一条鞭法》，见《梁方仲文集》，中山大学出版社2004年版，第1—49页。关于中国北方各地一条鞭法实行的过程，参见［日］谷口规矩雄《明代徭役制度史研究》，［日］同朋舍1998年版，第75—148页。

④ 梁方仲：《一条鞭法》，《梁方仲文集》，中山大学出版社2004年版，第1—49页。

⑤ 张海瀛：《张居正改革与山西万历清丈研究》，山西人民出版社1993年版。

后，税收的权力更加集中于知县，知县有了固定的货币化的收入，得以雇佣更多胥吏和助手。① 曾小萍（Madeline Zelin）则讨论到，清代雍正年间以火耗归公为主要内容的财政合理化改革，使得州县官府通过建立定额化的养廉银和公务银的制度，完善了地方的财政，从而结束了州县官府通过加征附加税的"陋规"以补贴行政经费的办法，这项改革赋予了地方政府更大的能动性和更大的权力，地方长官可以从事很多此前无能为力的地方建设。② 另外，瞿同祖在对清代地方政府的研究中探讨了知县怎样建立起自己的行政团队，以及怎样履行各种各样的职责。③ 萧公权对清代基层组织的研究中，也探讨了知县在"监管"一县境内的里甲、保甲、社仓等基层社会各个方面的重要作用。④ 这些观察表明清代州县官府有着广泛的权力。

明代州县系统权威增强的趋势有多样化的表现形式。珠江三角洲的研究表明，土地清丈和赋役改革的一个结果是州县官府变得有能力扩张其权威，其中包括推行符合理学的一套礼仪，与此相应，地方社会不仅广泛以登记作为证明土地所有权的方式，而且也逐渐利用宗族的模式进行控产，宗族成为珠三角占主导地位的社会组织模式。这与它较晚纳入王朝国家的历史，与地方的开发、理学思想的传播以及行政的改革等等都有很大关系。⑤ 而在开发较早、儒学发达的浙江嘉定，士绅形成庞大群体，他们有广泛的人际关系网，形成能够影响朝政的重要政治势力。在明末清初地方自卫的过程中，这些忠诚于明朝的士绅起了领袖的作用。⑥ 在科举兴盛的湖北麻城也有类似

---

① John R.Watt，*The District Magistrate in Late Imperial China*，New York：Columbia University Press，1972.

② Madeleine Zelin，*The Magistrate's Tael：Rationalizing Fiscal Reform in Eighteenth-Century Ch'ing China*，Berkeley：University of California Press，1984.

③ 瞿同祖：《清代地方政府》，法律出版社 2003 年版。瞿同祖之后，有不少学者对州县政府组织架构及其各个构成元素进行了深入研究，参看何朝晖《明代县政研究》，北京大学出版社 2006 年版，第2—10 页；柏桦《明代州县政治体制研究》，中国社会科学出版社 2003 年版，第 17—51 页。

④ Kung-chuan Hsiao，*Rural China：Imperial Control in the Nineteenth Century*，Seattle and London：University of Washington Press，1967（1960）.

⑤ David Faure，*Emperor and Ancestor：State and Lineage in South China*，Stanford，Calif：Stanford University Press，2007，pp.109-122；刘志伟：《在国家与社会之间——明清广东里甲赋役制度研究》，中山大学出版社 1997 年版，第 119—236、244—260 页。

⑥ Jerry Dennerline，*The Chia-ting Loyalists：Confucian Leadership and Social Change in Seventeenth Century China*，New Haven：Yale University Press，1981.

的情况，明末清初麻城地方武装的组织者，多是来自各个大族的士绅，他们是大量土地的占有者并设法影响州县的赋役改革。① 而在晋东南，地方村落以社为组织，无论是卫所、王府还是州县都在设法渗透到其中，在士绅阶层兴起后，士绅也在努力利用这一既有的制度。② 在山西潞安府青羊山一带，在嘉靖青羊山叛乱之前，这里是"藩姓蕃息，军校错居，各修其所"的地方，在明中期藩王宗禄发生困难，沈藩因为承嗣问题群龙无首的时候，沈藩的仪宾东火村仇氏等人开始有了"以家族模式表达乡村组织"的举动。嘉靖初，配合着朝廷剿灭青羊山之乱的军事行动，礼部借沈恭王去世之机，以御史对沈府加强察举，所以嘉靖十二年（1533）的潞安府之设立，可以看作是"官僚系统在礼仪上加强代表性的后果，也是藩府过渡到地方政府制度的过程"③。这些区域研究的成果表明州县权威增强在不同的时空有不同的影响和表现，如果说地方的历史脉络和文化传统影响地方社会的建构模式，那么五台山作为佛教胜地，它的历史悠久的寺院在什么时候遇见州县权威扩张的局面，它又是如何应对呢？

时间上的推移和地域上的差异，使我们有理由坚持从区域史的角度考察多元行政系统与地方社会演变之间的关系。在讨论地方行政系统的时候，我们不能再把"地方政府"简单等同于州县制度。在讨论地方社会的时候，也不能再把州县系统的权威视为理所当然。不同空间和时间下的州县官府的权威差别非常大，它在地方社会中与其他行政系统的权威是竞争的关系，州县权威能否取得胜利取决于很多因素，而赋税和土地是关键因素之一。在这样的前提下，本书以山西五台山为研究个案，通过追溯地方社会中不同行政系统的展演以及州县权威增强的过程，来探讨明清多元行政系统的并存与竞争对于我们理解地方社会的变化有何意义。

---

① William Rowe, *Crimson Rain: Seven Centuries of Violence in a Chinese County*, Stanford, Calif.: Stanford University Press, 2007, pp.61-158.

② 杜正贞：《村社传统和明清士绅——山西泽州乡土社会的制度变迁》，上海辞书出版社 2007 年版。

③ 科大卫：《动乱、官府与地方社会——读〈新开潞安府治记碑〉》，《中山大学学报（社会科学版）》2001 年第 2 期；山西以及河南乡约的实行，还参看朱鸿林《明代中期地方社区治安重建理想之展现——山西河南地区所行乡约之例》，[韩]《中国学报》第 32 期（1992）；常建华《明清山西碑刻里的乡约》，《中国史研究》2010 年第 3 期。

第二节 五台山的范围与边界

一、地理和交通

五台山是山西省东北部的一大片山区，因"五峰耸出，顶无林木，有如垒土之台，故曰五台"，[①] 五座台顶在五台山区地势最高。环绕五台山的是滹沱河，滹沱河从五台山东北的繁峙县泰戏山（亦名孤山）发源，西南流经繁峙县、代州、崞县，然后东折入忻州、定襄、盂县等地，从平山县进入河北境内。五台山的三面被滹沱河环绕，事实上，滹沱河上游的很多支流，比如羊眼河、峨河、清水河等，皆发源于五台山的台顶。另外发源于五台山但不属于滹沱河水系的，是五台山东面的青羊河，它通过沙河最后向东流入河北雄县等地的白洋淀，但是青羊河以及沙河的上游部分，并不像滹沱河那样有宽阔的谷地，而是狭长陡峻的河谷，一直到下游地势才比较平缓。

山上的自然环境和山下有很大差异。山下地势相对比较平坦，在河谷地带，水利发达，村庄繁多，也是州县治所的所在地。山上则长期以来被描述成几乎是不适合生存的地方，五台山"岁积坚冰，夏仍飞雪，曾无炎暑"的气候，被当成五台山又名"清凉山"的证据。[②] 五台山气候严寒的情况确实是事实，但是绝非达到不可居住和生产的地步。实际上，方志中记载的不同时代的众多佛寺、庵院，以及各类修行的僧人和隐士的故事，表明这里长期以来就有人在活动和居住。[③]

五台山是这一带海拔最高的地方，山上发源的几条河的河水都非常湍急，加上水道流经的峡谷地势狭窄，因此山中能够利用河水进行灌溉的地亩不是很多。但从另外一个角度来看，五台山虽然绝对海拔高，但是山势比较平缓，属于高山草甸类型。由于水草丰茂，明清时期五台山畜牧业得到发展，清代出现了以牲畜交易为主的五台山骡马大会。[④] 除此之外，山坡之上

---

① 万历《清凉山志》卷1，《故宫珍本丛刊》第248，海南出版社2000年版，第6页。
② 万历《清凉山志》卷1，第6页。
③ 万历《清凉山志》卷2，第16—28页；卷9，第95—103页。
④ 李相之：《五台山游记》，太原大同通讯社1932年版，第176—177页。

常常可以开辟出梯田，种些耐旱的作物。根据民国年间五台山附近崞县李相之的调查，五台山当时出产的特产包括莜麦、豆类、木料、木制品、药材、蘑菇等，这些产品除了出售给朝山之人，大多输出到附近各县以及河北、蒙古等地。[①] 另外，在五台山东台之外的山区，采矿也曾是重要的经济活动。

五台山是重要的森林产区，砍伐的树木可以在每年涨水的时候，通过河道运出山去。五台山森林砍伐的历史非常悠久，建寺修庙必然需要大量木材，由此推测最迟北魏时期已经有砍伐山木的现象，但是直到北宋时期才出现直接记载。[②] 明代中叶，由于北京等地建筑市场的发展，需要大量的木材，因此五台山的木材砍伐愈加突出。与此同时，由于蒙古势力对明北边的威胁加大，朝廷严令禁止军民人等砍伐沿边各山的树木，希望凭借林木来阻遏蒙古骑兵，由此形成禁山制度。在禁山制度下，五台山区的伐木、开垦、采矿等就成了非法活动。山中由于垦田、伐木而形成的大量村落，在明代的州县官府看来，就是"亡命不逞之渊薮"。这些村落的数量不在少数，清初动乱中，官府曾登记有 73 个山庄参与反乱。清代，大量的山村变成了五台山寺院的佃户庄，寺院在控制山区的林木、土地资源等方面扮演了重要角色。[③]

从地方志的地图和各种游记来看，进入五台山的最主要的道路大多是沿着发源于五台山的几条河流，这些河流由于水量较小、落差较大，都不能够航运，因此进山都是由陆路。唐代已经形成从河北真定经龙泉关相对固定的"五台山进香道"。[④] 对于宋代来五台山的人，除了利用附近州县设立的驿馆、递铺等旅行设施之外，五台山寺院本身也有一些叫作"普通"的接待院。[⑤] 正如本书将要提到的，明初寺院最早恢复发展的时机同样与接待游人

① 李相之：《五台山游记》，第 154—155 页。

② 北宋林木砍伐之事见《宋会要辑稿》，"兵二九，边备三"，转引自林韵柔《五台山与文殊道场——中古佛教圣山信仰的形成与发展》，第 245 页；对于宋金元时期五台山森林生态的研究，见翟旺、米文精《五台山区森林与生态史》，第 47—65 页。

③ 对于五台山寺院与森林控制的概略性的探讨，可参考 Nicholas K. Menzies, *Forest and Land Management in Imperial China*, New York：St.Martin's Press, 1994, pp.65-73.

④ 严耕望：《唐代交通图考》卷 43《太行飞狐诸迳道》，卷 44《五台山进香道》，转引自林韵柔《五台山与文殊道场——中古佛教圣山信仰的形成与发展》，第 243—244 页。

⑤ ［日］圆仁原著，［日］小野胜年校注：《入唐求法巡礼行记校注》，白化文、李鼎霞、许德楠修订校注，花山文艺出版社 1992 年版；［日］成寻著，白化文校录：《参天台五台山记》，花山文艺出版社 2008 年版；杜斗城：《敦煌五台山文献校录研究》，山西人民出版社 1991 年版，第 151—197 页；曹家齐、金鑫：《〈参天台五台山记〉中的驿传与牒文》，《文献》2005 年第 4 期。

的需要有关。就交通方式而言，普通人多步行，清代入山的蒙古有钱人则骑骆驼比较多，其他的官员或有钱人多骑马或乘坐用两头驴子或骡子搭起来的"架窝"，近代在五台山交通要道的一些市镇和村庄有旅店提供"架窝"等协助上山的服务设施。[1] 五台山的地理和交通情况表明，自然地理形态并不足以把五台山和周围地区截然分开，五台山并不是难以到达的地方，相反，周边市镇的发展，进香途中村落的增加以及五台山寺院的修建都提供了进山所需要的食宿和交通的条件，这些因素使得五台山与周围地方紧密连接在一起。

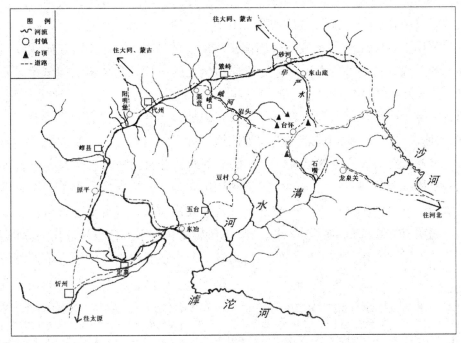

图 1-1：五台山地理和交通图[2]

---

[1] 参考 Emil S. Fischer, *The Sacred Wu Tai Shan—In Connection with Modern Travel from Tai Yuan Fu via Mount Wu Tai to the Mongolian Border*, Shanghai: Help and Walsh Limited, 1925；1896 年王介庭：《游五台日记》，见崔正森编《五台山游记选注》，山西人民出版社 1989 年版，第 63—82 页；1911 年沌谷：《五台山参佛日记》，见崔正森编《五台山游记选注》，第 119—142 页。

[2] 资料来源：底图为山西省测绘局绘编《山西省地图集》之《忻州市》，山西省测绘局 1995 年版，第 115 页；交通路线则主要参考光绪《繁峙县志》卷首《疆域图》，《中国地方志集成（山西府县志辑）》第 15，凤凰出版社 2005 年版，第 192—193 页；光绪《五台新志》卷首《疆域图》，《中国地方志集成（山西府县志辑）》，第 14、21 页；光绪《定襄县补志》之《方舆图》，《中国地方志集成（山西府县志辑）》，第 13、222 页。

二、佛教胜地

东晋翻译的《华严经》中记载震旦东北有清凉山，为文殊菩萨住所。
五台山因为气候严寒，便逐渐被附会为佛经中的清凉山。北齐时，五台山已
被公认为文殊菩萨的道场，甚至被学者称为当时"一大佛教中心"①。但是早
期的材料表明，北朝时五台山居民稀少，在五台山修行的人往往具有神异色
彩，并非后世所理解的"佛教"。②北魏设立驴夷县，隋大业年间改称五台
县。③而唐高宗到武周时期，朝廷多次派人去五台山修理寺塔，武则天时建
造铁塔，施舍僧众，以及送其画像"玉御容"到五台山礼拜文殊菩萨，开始
系统利用五台山作为其实施佛教治国意识形态的地方。④这些措施显然影响
到了地方社会对佛寺的态度，今原平赵村出土的唐代《为金轮圣神皇帝修故
伽蓝之碑》（约691—705），即"因其旧址，共造而宫"，并造了浮屠二座。
碑文中除了有"代州"、"五台县"等长官之外，还有"怀化府"、"清凉府"、
"东冶府"、"同川府"、"东冶道"、"神武道"等组织的官员，以及大量的"乡
长"、"社人"等。⑤也就是说，早在唐前中期，五台山一带已经建立了各种
官府机构，同时还有社邑等地方组织利用佛寺表达政治立场。由于寺院和僧
人增多，五台山区必然得到一些开发。武宗灭佛前后，五台山已有僧官和戒
坛，表明官方寺院机构发展起来了。⑥不仅如此，由于五台山被称作清凉山，
因此从上述碑文中"清凉府"的名称来看，似乎在五台山区已经有某种世俗

---

①　严耕望：《魏晋南北朝佛教地理稿》第7章《五台山佛教之盛》，上海古籍出版社2007年版，第
249—265页；关于五台山圣山地位之形成，另参看古正美《从天王传统到佛王传统——中国中世佛教治
国意识形态研究》，第378—424页；王俊中《五台山的圣山化与文殊菩萨到场的确立》及《有关五台山
成为佛教圣山的研究二则》，见氏著《东亚汉藏佛教史研究》，第41—62、63—79页。

②　林韵柔：《五台山与文殊道场——中古佛教圣山信仰的形成与发展》，第42—62页。

③　《隋书》卷30《地理志中·雁门郡》，中华书局1973年版，第853页。

④　唐代的情况主要参考古正美《从天王传统到佛王传统——中国中世佛教治国意识形态研究》，
古正美所谓佛教治国意识形态的概念，指的是皇帝通过一系列的方法，以转轮王的形象治国；另参见
David M. Farquhar, Emperor as Bodhisattva in the Governance of the Ch'ing Empire, *Harvard Journal of
Asiatic Studies*, 38:1 (1978).

⑤　《为金轮圣神皇帝修故伽蓝之碑》，碑文拓片由忻州市文管所李有成收藏，碑文具体年代不清楚，
该碑既然为金轮圣神皇帝武则天（624—705）所立，又武则天立此称号在691年，因此该碑年代当在
691年至705年之间。

⑥　林韵柔：《五台山与文殊道场——中古佛教圣山信仰的形成与发展》，第248—249页。

行政机构的存在。

唐末五代时期，五台山寺院崛起为一股重要的政治和经济势力。原沧州节度使之子僧人继颙在五台山开采银矿，购买契丹马匹，支持了北汉政权的存在，被北汉授官"太师兼中书令"。五台山在这个时候，无异于一个和北汉结盟的地方政权。①

北宋消灭北汉以后，五台山僧官献"山门圣境图"和"五龙王图"，表示接受新朝的统治。原来的僧官继续管辖本地，北宋政府则对五台山寺院免征赋役。北宋初期的五台山寺院占有大量土地，在五台山一带共有 42 个村庄。北宋中叶，朝廷开始试图控制五台山的势力，除了在五台山北麓设立宝兴军，藉以控制原来的银矿外，宋仁宗景佑三年（1036），朝廷设立五台山勾当寺务司及真容院兼兴善镇烟火巡检司。大约宋神宗的时候，为加强边境防御，北宋在靠近宋辽边界的地方，又设置了很多军镇，比如雁门县设有 3 个镇，崞县设 1 个镇，繁峙设 7 个镇，五台县设 2 个镇：兴善镇、石觜镇。②兴善镇位于寺院集中区，石觜（嘴）镇位于五台山南口要道，皆可视为朝廷对寺院加强监管的举措。另外，作为增强边境防御的措施之一，朝廷开始在边境括土屯田以分配给弓箭手。以此为契机，当时有些边将便开始以"山荒"的名义侵夺寺田了。③针对国家的侵入行动，五台僧寺动员了他们在朝中的关系网络，包括翰林学士曾布、河东提点刑狱张商英等，向朝廷奏闻，但是似乎效果非常有限。北宋末，负责防守的地方官借助五台山的僧兵，同时在繁峙县的村庄招兵买马，对抗金兵的入侵，失败后则退入五台山中。因抗金而死的僧人真宝，则受到南宋朝廷封赠，这段抗金的军事行动成为此后地方志特意记载的一段历史。④

经过北宋中叶朝廷管辖和"侵蚀"五台山寺院的努力，地方行政官僚

① 崔正森：《五台山佛教史》，山西人民出版社 2000 年版，第 447—451 页。

② 《金史》卷 26《地理下·河东北路》，中华书局 1975 年版，第 632—633 页。对山西镇的介绍，参见田萌《金代山西的镇》，《忻州师范学院学报》2008 年第 3 期。

③ 张商英：《续清凉传》卷下，《宛委别藏选》第 105 册，商务印书馆 1935 年版，第 4 页。

④ 北宋的情况，可参看李裕民《五台山僧人的抗金斗争》，《五台山研究》1986 年第 6 期；李裕民《北宋王朝与五台山佛教》，《山西大学学报（哲社版）》1994 年第 1 期；崔正森《五台山佛教史》，山西人民出版社 2000 年版，第 441—404 页；Robert Gimello, Chang Shang-ying on Wu-t'ai Shan, in Susan Naquin and Chun-fang Yu eds., *Pilgrims and Sacred Sites in China*, Berkeley: University of California Press, 1992, pp.89-149.

体制的权威增强了。因此宋末抗金的五台山僧官，在金代则很快与地方官府合作，逮捕躲藏在五台山区的地方武装力量，而且以瑞应来恭维地方官。①这轮变化，似乎也影响到了地方村落组织方式的转变。根据现有的材料，金代的村落一方面仍然延续了"邑社"组织佛寺活动的办法，但在有的地方，"社"已经等同于村，社村相提并论，社成为地方基层行政组织。②在组织佛事活动的时候，还有"一等税户"这样标识自己税等的情况出现。③而天会十年（1132）崞县平原北社村洪福寺的经幢则记载："金天会七年奉宣敕，经地四十余亩，充惠乃名。依户人送纳，税数无亏。经今数岁，终完，甚有增加。"④可见，天会年间已经有以僧人充当户名，占田交税的现象。当然这种情况是山下寺院的，该寺院虽自称"五台山下院"，但我们仍然不清楚其本寺，也就是山上的寺院是否需要交纳赋税。

　　宋代以来州县权威增强的趋势，在元代似乎有一个逆转。元世祖开始大规模地以国家力量修建五台山寺院，并举办斋会、法会等佛事活动，附近很多州县都要提供经费。⑤不仅如此，五台山寺院的土地仍然是免税的，至元十六年（1279）五月，有报告说"五台僧多匿逃奴及逋赋之民"，即是利用了寺院免税的地位。⑥元代的地方势力和州县长官对寺院的赞助非常慷慨，有的地方基层行政组织的"社长"等人也会与寺院住持一道，把寺院投充到五台山某个敕建寺院的名下。⑦有的地方势力甚至借助皇帝巡幸五台的机会，夤缘求进，把他们不在山区的寺院变成为蒙古王府的香火院，并仍然获得朝

---

① 皇统元年朱弁《台山瑞应记》，见张商英《续清凉传》卷下，《宛委别藏选》第105册，商务印书馆1935年版，第10—12页。

② "社"与基层行政组织结合，可能宋代即已经开始，参考杜正贞《村社传统和明清士绅——山西泽州乡土社会的制度变迁》，第51—61页。

③ 元丰二年《佛顶尊胜陀罗尼幢记》，见李宏如编《繁峙碑文集》，内蒙古人民出版社2003年版，第81页。

④ 天会十年《五台山下院赐紫僧惠广预修经幢记》，幢存定襄县北社东村洪福寺。

⑤ 至元二十二年《创建官水磨碑记》，见《五台山佛教（繁峙金石篇）》，第754页。元贞元年（1295）创建五台山万圣佑国寺，令大都、山西、河北等地的10个府供应，参考王颋《五台山与元代的佛教崇奉》，《元史论丛（第十辑）》，中国广播电视出版社2005年版，第351—362页。

⑥ 《元史》卷10《本纪十》，中华书局1976年版，第211页。

⑦ 张国旺：《元代五台山佛教再探——以河北省灵寿县祁林院圣旨碑为中心》，《首都师范大学学报（社科版）》2008年第1期。

廷免赋税徭役的圣旨。① 高僧出入宫廷，受到大臣以至皇帝的顶礼膜拜，在地方也获得大批僧俗的追随。另外，山区开发也在持续进行，元仁宗曾敕五台灵鹫寺置铁冶提举司。② 寺院和行政机构的重合，是元代五台山寺院受到朝廷重视（或纵容）的重要表现。这些都是明初地方秩序重建过程中，官府和地方居民要面对的情况。

三、明代五台山的范围

本章开头提到福田在田野调查中发现"山内"与"山外"有着明显的区分，如果采取历史的观点来看，如何界定五台山的范围并不是那么容易，因为它不是一个指涉范围固定的概念。"五台山"一词最早出现在公元 6 世纪初郦道元的《水经注》："五台山五峦巍然，故谓之五台山。"③ "五台山"的范围在不同历史时期并不完全一样。万历《清凉山志》使用的是广义的五台山概念："是山也，雄据雁代，盘礴数州，在四关之中，周五百余里，左邻恒岳，秀出千峰；右瞰滹沱，长流一带，北凌紫塞，遏万里之烟尘；南拥中原，为大国之屏蔽"④。这个范围，基本上可以用地理意义上的"五台山脉"来指称。

明初的数十年间五台山甚至没有自己的僧官系统，更没有明确的山区边界。明中叶，由于蒙古诸部威胁严重，朝廷开始在北边实行禁山政策。在此政策之下，沿边山区是禁止砍伐树木和垦田的，这其中就包括五台山。五台山禁山令的出现，不晚于景泰年间。⑤ 应该指出的是，禁山体制下的五台山指的是一大片连绵的山区，而不是五座台顶之内的狭小区域，在这个广大的范围内，除了五台山寺院，还有防卫的隘口和边墙，在五台山东麓的龙泉关、茨沟等地，还驻扎着军队，龙泉关边墙的修建一定程度上区别了寺院区

---

① 姚燧：《报恩寺碑》，《牧庵集》卷 12，《四库全书》第 1201 册，上海古籍出版社 1987 年版，第513—514 页。

② 元代五台山寺院受到的朝廷的尊崇，以及各代皇帝在位时的措施，参考王颋《五台山与元代的佛教崇奉》，《元史论丛》（第十辑），第 351—362 页。

③ 根据林韵柔的考证，这句话并不见于今本《水经注》，而仅见于《古清凉传》卷上以及《太平御览》卷 45 所引，参见林韵柔《五台山与文殊道场——中古佛教圣山信仰的形成与发展》，第 43 页。

④ 万历《清凉山志》卷 1，《故宫珍本丛刊》第 248，海南出版社 2000 年版，第 6 页。

⑤ 汤斌：《潜庵先生拟明史稿》卷 15，《四库未收书辑刊》第 6 辑第 5，北京出版社 2000 年版，第652 页。

域和军队驻防区域。

嘉靖末隆庆初，五台、繁峙等县"丈地均粮"的改革，使五台山寺院第一次直面州县系统的冲击。彼时，五台县要求在五台山区进行土地清丈，由于寺院的激烈反对而作罢。随后，在万历九年（1581）的清丈浪潮中，五台县再次试图在五台山丈量土地，但由于寺院的反对而再次失败，争讼的结果被刻在万历九年（1581）《免粮卷案碑记》上。这通碑的碑阴就是明代最早的"五台山四至"的记录："五台山四至：东至古华严、杨寨儿，南至长城岭、灵境灰岭子、清凉石下窄门子，西至楂铺村、楼儿沟、禅堂房，北至华严岭沟底。"

刻在"五台山四至"下面的，还有两个"下院"的范围，一个下院是古华严寺，其额四至为：西凤岭寺、花林寺、凤阳庵、观海寺、东凤岭寺、铜钟寺、华严寺、中岩寺，东至杨寨儿，南至黄峪，北至麻子山岭，这几处地点皆在五台山东台之外。另一个下院是滴水崖龙泉庵，碑文只提到其在小中嘴、石湖沟等处庄田的四至为：东至台角，南至破寺梁，西至沟口河，北至静室梁。① 就后一个下院而言，根据笔者掌握的五台山地名资料，五台山南台之南 70 里有圣僧崖，又叫滴水崖。② 但是并没有小中嘴、石湖沟等地的相关信息，因此暂时无法具体在地图上确认其地点。图 1-2 是根据万历九年（1581）碑所列"五台山四至"和下院古华严寺四至所绘。

这通碑立在今天显通寺的山门内，显通寺就是明清时代的五台山僧纲司衙门的所在地。万历九年（1581），五台山周围各州县都在进行土地清丈，当时五台县申请将五台山寺地土与本县民田一体清丈摊粮，最后山西巡抚批准免除了在五台山清丈征粮，这通碑就是五台山僧纲司接到帖文后所立。碑阴前半部分是太监、僧官、五台山各大寺院住持的题名，这些寺院无疑是享有免税权利的对象，碑阴后半部分就是上述"五台山"和两个"下院"的四至。因此，从碑刻的出台及其反映的内容来看，"五台山四至"的范围其实是免于清丈征粮的范围。

---

① 万历九年《免粮卷案碑记》，见崔正森、王志超编《五台山碑文选注》，北岳文艺出版社 1995 年版，第 259—261 页；碑阴被该碑文集误收在第 27—28 页，碑存显通寺。

② 万历《清凉山志》卷 2，第 17 页。

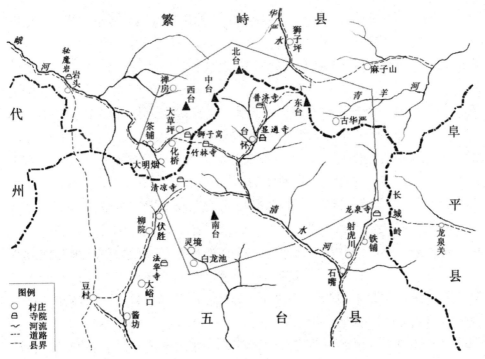

图1-2：万历九年碑中五台山的范围①

从图1-2可以看出，万历九年（1581）的"五台山"及其"下院古华严寺"包含的范围主要是环绕五座台顶的区域，在行政区划上，则横跨繁峙、五台两个县。但是这个范围也清晰地显示，当时免粮的"五台山"的范围并不是整个五台山区，而只是山区的一部分。这条线以外的五台山区，理论上而言，都被纳在清丈和征粮的范围内了。截然区分内与外，无疑是官府批准划定这条线的原意。

但是怎样才能算是"山内"？"五台山四至"其实并不像它表面上看起来的那样清晰，问题在于如何界定"下院"。就"下院古华严寺"而论，一方面这个寺院既然是"下院"，就应该与"五台山"本身是不同的；但是另

① 资料来源：底图为山西省测绘局绘编《山西省地图集》，山西省测绘局1995年版，第126页《五台县》与第129页《繁峙县》二图合而成；交通路线则参考了光绪《繁峙县志》卷首《疆域图》，《中国地方志集成（山西府县志辑）》第15，第192—193页；光绪《五台新志》卷首《疆域图》，《中国地方志集成（山西府县志辑）》第14，第21页。

外一方面它的东部边界又和"五台山"的东部边界（即杨寨儿，具体地点仍无法确切标示）重合，也就是说，它本身就是"五台山"内的一部分。"五台山四至"的这种模糊表述，似乎意图在混淆视听，从而把古华严寺变为"五台山"的一部分。另外一个"下院"滴水崖龙泉庵则没有这么幸运，它位于南台之外70里，地理上已经超出"五台山"的界线以外，但是碑文特地列出它的庄田，暗示其庄田也被当成"五台山"的一部分，享有免粮的权利。

　　从寺院的角度来看，这个新划定的界线似乎并没有被充分重视。万历二十四年（1596）僧人镇澄编撰的《清凉山志》虽然记载了五台山寺院免粮一事，但它不仅没有提到五台山边界的任何情况，甚至有的记载显示出界限概念使用与碑文不一致的地方。比如方志"诸寺名迹"的部分，即把五台山寺院分为"台内佛刹凡六十四所"，"台外佛刹凡三十六所"，但是镇澄所谓的"台内"与"台外"，只是地理上的区分，即位于五座台顶以内的属于"台内"，反之则是"台外"，比如位于万历九年（1581）碑"五台山四至"范围内的灵境寺，地理上位于南台之外，因此镇澄称之为"台外"。事实上，他的"台外佛刹"包含的寺院一直延伸到五台山脚下甚至河谷地带。另外，从明清时期寺院碑刻资料来看，这条界线之外的寺院，有的也自称"五台山某某寺"。也就是说，即便已经出现了以免粮为标志的五台山的边界，"五台山寺院"这个概念无论是他指还是自称上，并不像万历九年（1581）界线划定的那样严格。

　　需要对图1-2加以补充说明的是，笔者在绘制万历九年（1581）地图的时候，依然是按照碑阴所列"五台山四至"以及碑阴的寺院名单来确认边界。另外碑上没载但却被绘入的一些地名和寺名，都是本书中出现的。比如五台山东南角的龙泉寺，在五台山历史上就很重要，但是万历九年（1581）碑的寺院名单并没有把它包括进去，如果我们把它在线外的行为方式和线内的寺院比如狮子窝、普济寺进行比对和联系，或许可以更细致地了解五台山范围的规定对人们的行为有何影响。其他寺院比如法华寺、狮子窝等亦标注上去，也是出于同样考虑。另外图中左下角的白龙池，从一件稍晚的资料考证，也是在五台山界线以内，因此也绘了上去。①

_____

① 万历四十一年《五台山各寺免粮碑记》，碑在万佛阁，碑文参看《五台山碑文选注》，第292—293页。

五台山边界的划定，并没有完全稳定下来。下一次出现的五台山寺院的名单，是万历三十一年（1603）《太原府代州五台县为禁约事》碑，禁令碑主要是为了禁止有司官吏令僧人买纳天花（蘑菇）之事，但它同时也重申了禁止僧人伐木的规定。碑阴分类列举了"诸山十二大寺"、"五顶"、"诸山中小寺"、"诸山丛林静室"等共数十所寺院。① 这批寺院名单的出现，等于确认这些寺院享有不被州县有司侵犯的权利。通过把这个寺院名单同万历九年（1581）的名单对比可见，这个寺院名单基本上是万历九年（1581）"五台山四至"内的寺院，但有两个很明显的变化是，一方面，这个名单对"五台山"寺院的列举和分类更加详尽，但另一方面它却不包括万历九年（1581）的两处五台山"下院"，这种情况与其说是"下院"的流失，不如说是地方村落利用"五台山"这一名称的情况发生了变化。

本书的研究范围，是狭义上的五台山区域，主要包括五台县东北部、繁峙县南部、河北阜平县西部，也就是图1-2中所画的范围及其附近山区。在论述相关问题时，有时候也引用更外围的代县、原平以及定襄县的相关资料作为辅助。本书这样选取研究范围的意图是明显的，因为它不仅包括了官府曾经认定的五台山四至，而且也包括了那些与五台山寺院关系更加模糊的区域。本书通过梳理这个范围内不同行政系统在地方社会的运作和展演的过程，探讨地方行政系统与五台山区社会建构之间的关系。

第三节　史料及章节架构

由于五台山早在南北朝时代就已经比较有名，现存专门记载五台山的方志出现也比较早，这些方志包括唐代慧祥的《古清凉传》、宋代延一的《广清凉传》和宋张商英的《续清凉传》，这些山志都是五台山僧人、僧官或者官僚所修，其护教的本意非常明显。这些山志经过历代多次重新刻印，但是新山志的修撰此后数百年付诸阙如，一直到明万历二十四年（1596）才由镇澄编纂《清凉山志》。当时五台山寺院正在经历清丈垦荒政策带来的重大

---

① 万历三十一年《太原府代州五台县为禁约事》，碑存万佛阁。碑文参看《五台山碑文选注》，第283—284页。

变化，他的方志补充了若干重要的内容，除了明代修建的寺院的简介，还包括曾任雁平道的张惟诚、胡来贡等人的传记以及明朝廷对寺院的各种赞助。这些内容提供了明代尤其是万历年间地方社会的重要资料。现在能见到的这个万历版本，是清顺治十八年（1661）菩萨顶大喇嘛阿王老藏的重刻本，从版面和内容判断，阿王老藏只是在此版本前面加了一个序言，其他的内容维持不变，甚至有些违碍的字眼也没有改动。康熙三十七年（1698）第三任菩萨顶大喇嘛老藏丹巴编撰了《清凉山新志》，增补了一些清代皇帝与喇嘛的材料。到乾隆时期，由皇帝敕命大臣修撰了《钦定清凉山志》。清代方志的主要目的，是要把本朝皇帝的事迹接续到前代上去，使之成为一个历史的连贯性。清代中央朝廷对于编写山志的垄断，使得方志充斥着大量皇家赞助五台山寺院的内容，而关于地方社会的记载非常少，本书对清代山志的运用，主要是在论述朝廷赞助五台山佛教方面。

除了山志，本书亦注重文集的运用，特别是一些僧人、居士、官员的文集。僧人主要包括紫柏真可、憨山德清、密藏道开、颛愚和尚、见月读体、龙池幻有等，居士和官员主要有王道行、冯梦祯、王祖嫡、赵南星、赵时春、张凤翼、张贞观、钱谦益等，这些文集的作者有的曾经在五台山居住过，有的与五台山寺院关系密切，有的卷入了相关的争论。文集内的记录包括墓铭、碑文、募疏、游记、报告等各种文体，时间则集中在万历时期。文集中往往透露了大量关于寺院与州县的种种纠纷、五台山发生的采矿事件以及各种人物的关系等等，这些文集是本书在论述万历时期五台山赋役改革、垦荒和清丈时依赖的一类最主要的资料。

收藏在北京第一历史档案馆和台北"中央研究院历史语言研究所"的内阁大库档案，以及已经出版的《明清档案》、《明清史料》、《中国明朝档案总汇》等丛书收录的明清档案，有关于明末清初五台山动乱、五台山屯田、五台山官山和私山的管理、皇帝与巡抚关于五台山事务的讨论、寺院维修等各个方面的很多内容。这些材料是我们了解清代的朝廷和官府如何处理五台山寺院问题的最主要资料。清代各版本的《五台县志》对五台山着墨不多，除了罗列清朝皇帝巡幸的资料，另外还收录了一些可视为传说的内容，比如关于五台知县如何应付五台山差役以及处理五台山喇嘛问题等。

限于文献的体例，地方村庄的情况在上述文献中仍然难以寻觅。为了寻找切实的寺院和民间的资料，只有通过田野的方法，亲自到寺庙、村庄去观察，有时候要进行一些访谈，以期获得一个具体的地方社会的面相。地方学者在搜集文献方面已经做了一些很出色的工作，他们搜集出版的《五台山佛教·繁峙篇》，《五台山佛教·繁峙金石篇》、《繁峙碑文集》、《五台山碑文选注》等，都是非常细致的碑铭汇编，我们藉此得以了解繁峙县、五台县境内的寺院的状况。另外还有忻州市的赵林恩等前辈学者手抄的许多碑文，补充了上述碑文集未收的部分碑刻。

为了获取第一手的田野资料，也为了在田野中寻求身临其境的感受，2008 年笔者根据进入五台山的几条交通要道，在山西、河北等约 10 个县进行了初步的田野考察。就实际操作的可能性而言，本文的重点还是放在与五台山关系最为密切的繁峙县、五台县和阜平县的西部。后来在 2009 年 12 月到 2010 年 1 月间，笔者再次去了一些村落进行了重点考察。

在几次山西考察的过程中，笔者搜集了相当数量的散布在村落里的碑文、经幢文、铭文等。金石文献是本书使用的最主要的材料之一，这些材料记录了寺庙的维修过程、村庄居民的情况、寺产的位置、寺庙土地的购置、转让和纠纷等方面的资料。另外，在田野考察的过程中，笔者亦得到寺庙自己编印的小册子，里面收录有若干碑文。碑文之外，还有若干族谱等家族史料。五台山一带族谱修撰的相当晚，明代的版本几乎没有，清晚期到民国是族谱集中出现的时期，有的族谱收录了明代的序言等资料，本书也在辨别的基础上加以利用。除却文献资料，田野中对建筑、地形的观察以及口述采访等，不仅可以补史料之不足，亦且使笔者对于"田野中的历史"有具体的感受和理解。

本书共分六章，第一章为绪论，包括问题意识的介绍、五台山的地理环境和历史发展的勾勒以及史料和章节的说明。第二章至第六章是本书的主体部分，章节顺序基本上按照时代先后排列，目的是为了更好地凸显问题的展开和演变的过程。

第二章主要介绍明初五台山一带州县、卫所、王府等行政系统确立的过程，分析了军队系统占优势而州县比较弱势的情况，并以公主寺和普光寺为例，分析村落怎样利用佛寺以维持原来的宗教与经济活动。接着介绍了永乐时期僧纲司建立和五台山寺院复兴的过程以及寺产变动的痕迹，意在分析当时不同行政系统的地理分布和权力分配的格局，并说明洪武、永乐时期的寺院与土地占有密切关联。

第三章探讨了景泰到嘉靖后期禁山体制之下的五台山社会。在禁山制度下，采矿变成了非法的活动，受到军队的庇护；而山林砍伐也受到防卫形势的影响，各种势力包括军队皆卷入其中。在禁山体制之下，五台山寺院系统比较适合在山区的活动，寺院兴建频繁起来，但是寺院的土地所有权也有其他势力的参与，显示了山区行政权威多元化的复杂影响。对应到地方，可以看到村落居民的身份也发生了多元化的现象。通过有王府背景的普济寺，山下的寺院建立了庞大的上下院的关系网，这种关系的建立，使得五台山的范围益加模糊。

第四章探讨嘉靖末到万历后期土地清丈、垦荒政策对五台山社会发展的影响。寺院之前并不向州县纳税，在屯垦政策的影响下，山民向州县报垦纳税的情况越来越多，寺院恐人挟诈，于是向卫所武官缴纳一些名为“山粮”的保护费，宣称土地是卫所的屯田。万历后期妙峰等僧人与官员建立了强大的关系网，五台山寺院开始要求告豁这部分“山粮”，告豁的结果是其中部分田地转而登记在州县之下。在张守清事件解决的过程中，采矿者和州县官府一度达成共识，试图通过输税入籍将矿变成官矿，把采矿者编为乡约。尽管官矿的建议被朝廷否决了，但是赋税已经成为一个共同的语言。在地方多元行政系统中，州县系统的权威得到增强。

第五章讨论明亡清兴对五台山地方社会发展的影响。经过朝代鼎革，王府势力被消灭，军队的力量虽然保存了下来并仍然具有在基层动员的能力，但是经过刘迁、高鼎之乱，军队势力发生了重大变化，军队从三关防线内撤，入驻五台山，承担了部分治安的功能。同时平乱中五台山“民”与“贼”的划分，以及战后垦田的需要，使得更多人宣称自己是“民”，选择入籍。顺治末年随着大喇嘛的成立，黄教势力在五台山如日中天，五台山寺院系统再次增强，五台山区出现了军队、州县、寺院三套行政系统。

第六章主要介绍了雍正后地方社会的变化。雍正以后，朝廷对五台山的黄教寺院出台了更多的限制政策，它一方面通过五台县和山西省的财政向五台山寺院提供维修经费，同时也通过巡抚、知县来管辖山区的林木。乾隆后期，知县对五台山公私山场的管辖权力建立起来。知县权威扩大的另一个表现是，即便是皇帝敕赐的黄教寺院，它的土地占有方式也和其他寺院一样，都是需要经过契约和赋税来确认。另外，五台知县也一定程度上介入了寺院的事务。雍正、乾隆时期知县权威的增强还反映在地方的传说故事上，随着清后期大喇嘛影响力的衰落，贤知县与恶喇嘛的故事不仅在地方流传，而且被正式编入县志。

在结语部分，笔者在总结本书内容的基础上，将会讨论赋役制度与土地登记对于地方社会中州县权威的扩张有何意义，多元的行政权威结构怎样影响到州县权威的实现，并讨论这一课题对于我们理解明清国家与社会关系的重要性。

第 二 章

明初五台山一带的权力格局

本章主要探讨明初五台山地方社会是一种什么形态，州县、卫所、王府、五台山寺院等行政系统设立的过程及其对地方社会的意义。本章第一节首先探讨洪武年间明朝地方行政系统的设立过程、它们在地理上的分布以及相互之间影响力的对比，并探讨人们如何接受这些行政系统，其中包括怎样处理寺院的问题等。第二节则着重探讨永乐时期五台山寺院崛起的过程，包括五台山僧官机构的设立、朝廷对五台山寺院的赞助以及这种变化与寺院土地控制之间的关联。

第一节　由元入明的地方社会

一、地方行政系统的设立

明代五台山一带的行政系统，分为州县、卫所、王府以及五台山寺院等，他们设立的年代有早有晚，本节首先梳理前三种行政体系的设立，五台山僧纲司的成立则于第二节进行论述。明朝五台山一带行政体系的设立，深受明朝北边防卫形势的影响。洪武元年（1368）十二月，明军在大将军徐达带领下占领太原。明军虽然据有太原，但是山西包括中南部很多地方仍在元朝将领控制之下，明军当时的主要活动之一便是攻打拒绝归附的城池和山

寨。① 在山西北部，明军几乎是在没遇到抵抗的情况下占领了忻州、崞州、代州等地，接着便是招抚这些地方的山寨：②

> 大将军徐达遣常文显、马良等招谕忻、崞二州山寨，何文质招谕太和岭口山寨，于是榆次大窑寨头目郝兴来降，达因遣兵守石岭、天门二关。

引文中的太和岭口在代州西北方，毗邻著名的雁门关，是代州（也是五台山）通往大同、蒙古方向的要道，如果太和岭口山寨归顺，明军就可以切断元朝军队和山西中南部的联系，从而得以控制住山西的局面，而位于山西中部的榆次山寨头目此时来降，可能正因为判断了明军的优势地位。引文中的天门关位于太原以北，忻州以南，是连接晋北和晋中地区的必经之地。明军驻扎代州，使得北到雁门关、南到石岭关，包括五台山在内的大片地区都处在明军战略优势的影响之下。材料没有提到徐达是否成功招谕太和岭、忻州、崞州等地的山寨，不过第二年（1369）元月，参政傅友德、都督副使顾时，已经率领步骑巡视太和岭了。③ 接着，元朝大军阀扩廓帖木儿的部将蔡孟周赴崞州投降。④ 本月，傅友德进而占领了大同。⑤

洪武初年，代州一带成为明军在大同等地军事活动的后方。洪武元年（1368），明军刚刚占领各州县后，大将军徐达"令忻、崞、代、坚、台五州运粮大同"⑥。稍后代县一度出现过"反者"，洪武四年（1370），朝廷命令延安侯唐胜宗"捕代县反者"；⑦ 同时被派"捕盗于代县"的还有吉安侯陆仲

---

① 《明太祖高皇帝实录》卷37、38，"中央研究院历史语言研究所"1962年版。

② 《明太祖高皇帝实录》卷37，洪武元年十二月乙卯，第744页。

③ 《明太祖高皇帝实录》卷38，洪武二年元月丁未，第762页。

④ 《明太祖高皇帝实录》卷38，洪武二年元月己酉，第770页。

⑤ 《明太祖高皇帝实录》卷38，洪武二年元月庚申，第778—779页。

⑥ 《明史》卷79《食货三》，中华书局1974年版，第1915页。洪武元年，崞、代、坚、台还是延续元朝的"州"的区划，四州在洪武二年皆降为县，分别为崞县、代县、繁峙和五台，隶太原府。洪武八年，代州复升为州，领五台、繁峙和崞县，仍隶太原府，见万历《太原府志》卷3《建置》，山西人民出版社1991年版，第9页。

⑦ 唐胜宗洪武三年冬封侯，因"擅驰驿骑"被降爵，捕盗之后复爵，见《明史》卷131《唐胜宗传》，第3850页。

亨。① 洪武六年（1373），陆仲亨在代县，"缮甲练兵，戎伍整肃，州关城堡皆所营建"，② 这些举措显然是为了增强明朝在代州的军事体系，毕竟当时明朝与残元军队的作战还在进行。洪武六年（1373）十一月到洪武七年（1374）春正月之间，另一位北征将领曹国公李文忠也率兵驻扎代县，以代县为据点，派遣各员大将四处出击，尤其是对付山西西北部山区的残元势力。③ 朱元璋曾说："比年西征敦煌，北伐沙漠，军需甲仗，皆资山、陕，又以秦、晋二府宫殿之役，重困吾民。"④ 也就是说，由于战争的需要，洪武前期的代州成了军事供应的后方，在此情形之下，军队系统在地方显然比较强势。

本地驻扎的振武卫等卫所行政系统的建立，同样与明初边防的需要有直接关系。洪武六年（1373）振武卫成立，考虑到当时正是大将陆仲亨、李文忠率军驻扎代县的时候，该卫很可能就是以当时本地的驻军为基础，而就地编为卫籍的。实际上，振武卫的官衙就是陆仲亨所建。⑤ 振武卫与州的行政系统同城而立，各有专署，另外经历司、镇抚、五所、中后所等俱附本卫。⑥ 除了代州本地的振武卫之外，另外太原府还驻扎了太原三卫（太原左卫、太原右卫、太原后卫），河北的真定府驻扎了真定卫以及后来的神武卫。⑦ 从后代的资料分析，明初太原右卫在五台、定襄等县不仅有屯田，还有军队的驻扎。

与军队卫所系统的强势相对比的是，洪武年间州县行政系统的力量一开始并不强。明初各州县官衙建立的时间和方志有记载的第一任州县长官出

---

① 陆仲亨起初其因"擅乘传"被朱元璋谴责，紧接着便是被责令捕盗，他和唐胜宗后来皆因胡惟庸案被诛，皆见《明史》卷308《胡惟庸传》，第7907页；又见《明史》卷131《陆仲亨传》，第3851页。但是此两传未提他到代州的具体时间，万历《代州志》则将其定位在洪武四年，见万历《代州志》之《人物志·名宦》，远方出版社2004年版，第152页。

② 万历《代州志》之《人物志·名宦》，第152页。

③ 尹耕：《二镇三关通志》，卷9，洪武六年、七年条，国家图书馆藏残卷，无页码；《明史》卷2《本纪》，第23—24、26—28页。

④ 《明史》卷2《本纪》，第31页。

⑤ 万历《代州志》之《舆地志·宫室》，第19页。

⑥ 成化《山西通志》卷4《宫署官宇附》，《四库全书存目丛书》史174，齐鲁书社1996年版，第87页。

⑦ 嘉靖《真定府志》卷16《兵防》，《四库全书存目丛书》史192，齐鲁书社1996年版，第219—226页。

现的时间有早有晚。洪武二年（1369）代州降为县，虽然八年（1375）复升为州，但是直到洪武十年（1377），才由知州田立建立州衙。① 代州下辖各县之中，洪武四年（1371）来繁峙县拜访朋友的北平人李继本，在记载当年繁峙县求雨的时候，提到本县有知县和县丞，而繁峙县衙之重建是在洪武六年（1373）。② 在五台县，嘉靖《山西通志》载洪武二年（1369）知县张举建县署，而清代的地方志有记录的最早的知县则是洪武十八年（1385）任。③ 在崞县，最早的知县虽然在洪武三年（1370）任，县衙则是在洪武八年（1375）才修复。④ 从这些或者仅存姓名、或者姓名亦缺失的记录可以判断，在洪武前期，州县长官不可能有很多作为，这也是他们都没能够在地方志中留下传记的重要原因。

作为州县行政重要内容的里甲赋役制度建立的时间同样不可能太早。目前所能见到的明初最早的户口、田赋的数字是洪武十一年（1378）以及洪武二十四年（1391）两年所造。⑤ 洪武十一年（1378）的数字没有里甲的名称，第二次申报数字的时候，各县已经有明确的里甲名称和户口数字，当然，名称和数字并不表示背后有实际的推行编户入籍的行动。这一论断的一个重要旁证是在人口和土地的数字已经基本确定的洪武二十四年（1391），地方仍然有不少"逃民"：⑥

> 洪武二十四年四月癸亥，太原府代州繁峙县奏逃民三百余户，累岁招抚不还，乞令卫所追捕之。太祖谕户部臣曰："民窘于衣食，或迫于苛政，则逃。使衣食给，官司无扰，虽驱之使去，岂肯轻远其乡土！今逃移之民，不出吾疆域之外，但使有田可耕，足以自赡，是亦国家

---

① 万历《代州志》之《舆地志·宫室》，第15页；同书，《官师志·州牧》，第58页。《舆地志》部分记载洪武十年建州署的是知州田立，但该书《官师志》部分列田立为正统十八年任，存疑。

② 李继本：《喜雨赋》，氏著《一山文集》卷1，《四库全书》第1217册，上海古籍出版社1987年版，第689页；嘉靖《山西通志》卷12《职官附公署·繁峙县》，香港大学藏胶片，页码不清。

③ 嘉靖《山西通志》卷12《职官附公署·五台县》，页码不清；康熙《五台县志》卷3《建置志》，《稀见中国地方志汇刊》第4册，北京书店1992年版，第839页；同书卷5《官政志》，第869页。

④ 嘉靖《崞县志》卷3《官师考》，香港大学藏胶片，第2页上。

⑤ 永乐《太原府志》卷3《户口》及《田赋》，《太原府志集全》，山西人民出版社2005年版，第61—68页。

⑥ 《皇明宝训》卷4，《四库全书存目丛书》史53，（台）庄严文化事业有限公司1996年版，第740页。

之民也。即听其随地占籍，令有司善抚之，若有不务耕种，专事末作者，是为游民，则逮捕之。"

　　所谓"三百余户"，应该是知县发现纳税记录上有 300 户无法落实，明太祖的指示，实际上暗示了如果记录的数字和实际纳税的户数不符合的话，官府也不必理会。在这种情形之下，这些不在户籍的逃民显然更无入籍之动力，于是逃民现象继续存在。而当年在五台县，也出现了类似的报告，洪武二十四年（1391），"太原府代州五台县民饥，流移者众，田土荒弃，复霜灾。上诏户部免其民今年对给振武卫军粮，其军士别以粮给之"，这件报告很可能也是知县上报的，从这件事可以看出当时州县系统的主要功能是给军队提供粮饷，而知县报告的目的是免除该年的粮饷，皇帝对于地方"流民"的报告并没指示处理的办法。① 而在崞县，直到洪武末年县丞刘大渊还在"抚绥百姓，各安其生"。② 也就是说，洪武年间州县官府当时的政策重点是让人们尽量安顿下来和供应军需，而不是推行编户入籍，这也验证了洪武二十四年（1391）编里甲最多只是涵盖了一部分的人群。

　　洪武二十五年（1392）朝廷在山西大规模垛军，当年的垛军几乎遍及山西每个州县，其中都督商暠、袁洪籍忻、代二州及崞县、繁峙、五台三县"民丁"为一卫。③ 按照制度规定，所谓垛军是把已经编户的部分民户征改为军户，一个军户出一名正军到卫所当兵，户中余丁则负责向其供应军装口粮等。但是，从上文对户口数字的分析可知，在并未真正大规模推行户籍制度的年代，所谓垛军，与其说是改变已经登记的人丁的户籍，不如说是通过垛军的行为，使得更多的人得以拥有了军户的名号。有证据表明，这批垛集来的军士的服役地点很可能是代州东北方向的宣府卫。④ 尽管对大多数军士而言，他们是否真正到宣府服役，也是一个未知数。

　　另一个行政系统是王府。洪武年间的藩王被赋予很大的权力，他们可

----

① 《明太祖高皇帝实录》卷 212，洪武二十四年九月甲午，第 3143 页。
② 嘉靖《崞县志》卷 3《官师考》，第 8 页上。
③ 《明太祖高皇帝实录》卷 223，洪武二十五年十二月壬申，第 3265 页。
④ 三县民丁可能是去宣府前卫，洪武年间被垛到宣府卫的事例，见岳伦《征虏前将军左军都督府都督金事西溪刘公淮墓志铭》，见焦弘编《国朝献征录》卷 108，《四库全书存目丛书》史 106，齐鲁书社 1996 年版，第 284—285 页。

以带领亲卫军和卫所军进行军事行动。① 晋恭王朱棡于洪武十一年（1378）就藩太原，朱棡在明初的军事北征中起了很大作用，数次率兵出塞，屯田筑城。② 朱棡以后晋府诸王的分封地分别在山西太原、平阳、汾州、广昌等地。虽然没有分封到代州的藩王，但是五台山周围还是有一些晋王府的屯田。嘉靖、万历年间的资料显示，五台山南部的石嘴、铁铺等官庄为晋府官庄。③ 另外永乐七年（1409）分封的宁化王府，在五台山脚下的聂营等地有屯田。④ 永乐十一年（1413）、十二年（1414）分别有汾州的庆成王府和永和王府获得分封，万历年间的地方志记载他们在定襄县有屯田。⑤ 这些屯田通常在河谷的平原地带，或者位于山区的交通要道，它们的获取来源有多种，比如成化年间第三代宁化王的母亲曾说，该王府有的土地是"敕赐拨给"的，也有些是所谓"自垦"的，没有资料显示这些土地何时变成晋藩诸王的庄田。

卫所、王府屯田与州县村庄的土地是交错的。图 2-1 是根据现有资料绘制的卫所和王府屯田的分布图。关于此图至少可以得出两点见解：第一，对比元代的地名资料（比如碑刻题名）和明代屯田的分布，很容易知道这些屯田分布的村落基本上是元代以前就已经存在的，也就是说，屯田的设立是在已有的村落体系上进行的，至于它怎样影响到村落居民的选择，其具体操作的过程如何，限于资料的缺乏，都已经很难知晓。第二，直到嘉靖年间，官府登记簿上的卫所屯地都是在河谷地带，当时五台山区还没有额定的合法屯地。

二、元明之际的地方大姓

元明交替对五台山一带有力者的影响比较有限，这一点从时人李继本的描述可以一窥端倪。李继本是北平（今北京）人，元末进士，明初被临时

---

① ［日］佐藤文俊：《王府论》，见森正夫等编《明清时代史の基本问题》，汲古书院 1997 年版，第236—239 页。

② 《明史》卷 3《本纪》，第 47、50、52 页。

③ 见图 2-1 之注释。

④ 关于诸王府驻地及建府年代，见成化《山西通志》卷 4《宗藩》，《四库全书存目丛书》史 174，齐鲁书社 1996 年版，第 82—83 页。

⑤ 万历《定襄县志》卷 3《田赋志·屯田》，《明代孤本方志选》第 1 册，中华全国图书馆文献缩微复制中心 2000 年版，第 433—436 页。

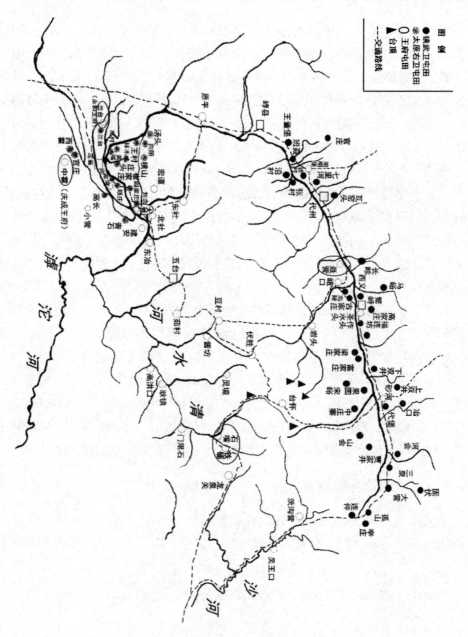

图 2–1：五台山一带卫所和王府部分屯地分布图①

　　①　资料来源：底图为山西省测绘局绘编《山西省地图集》之《忻州地区》，山西省测绘局 1995 年版，第 115 页；镇武卫屯地见嘉靖二十四年廖希颜《三关志》之《兵食考·屯种》，《续修四库全书》第

委任为山西行省理问官，后任太原府同知。①洪武四年（1371），他路过繁峙县，拜访了他的朋友梁惟敬，李继本描述了他这位朋友的悠闲生活：

> 雁门之东有邑曰繁峙，其山秀雄，其水清莹，其风气劲武而朴茂。予往岁，驿过其间，故老指以示予曰，某峰为某山，某水为某溪，某田庐为某隐居处。时秋高木脱，天宇空阔，毫末皆在目中。邑之东其水曰曲河，河之北梁先生惟敬居之。碧嶂清流，映带下上，樵浣之声，响振林樾，跨水缔室，为碾为磨，迅湍激之，机轮自转，胜地也。先生读书之隙，与二三同志，葛巾野服，流憩水上，饮酒以乐，不知暑景之西。其萧闲旷逸之趣，虽庞公之鹿门，杜陵之韦曲，李愿之盘谷，不是过也。②

梁惟敬其实不仅是个读书人，而且"跨水缔室，为碾为磨"，可见他占据了水利比较发达的地方，有水磨、碾坊，说明他是有相当经济实力的地方士人。从梁惟敬的闲适中，根本看不到他曾遭受战乱的影响，相反，李继本记述了这批士人怎样悠游林泉，与世无争。李继本到繁峙拜访，即受到这批"乡大夫"的热情招待："乡大夫喜其来，而惧其遄也，相与刿荒榛，缔草堂，开蔬圃，拭药囊，有琴在御，有书满床。"③从这些描述判断，元明交替似乎并未影响到他们的地位和生活。

这群"乡大夫"何以能够维持其地位？对于他们由元到明转变的具体过程，下面以繁峙县圣水头村韩氏为例进行探讨。在滹沱河沿岸，有很多明代以前就已经存在的村落，繁峙县圣水头村就是其中之一。圣水头位于滹沱

739，上海古籍出版社1995年版，第720—724页；太原右卫屯地和庆成王、永和王府的屯地见万历四十四年《定襄县志》卷3《田赋志·屯田》，第433—436页；石嘴的王府屯地见嘉靖十七年《敕谕山西五台山碑文》，《五台山碑文选注》，第228—230页之题名；铁铺的王府屯地见《明神宗显皇帝实录》卷146，"中央研究院历史语言研究所"1966年版，万历十二年二月甲子，第2725页；聂营屯地见《明孝宗敬皇帝实录》卷64，"中央研究院历史语言研究所"1964年版，弘治五年六月甲辰，第1230—1231页。

① 李继本：《潞州崔府君庙灵应记》，见氏《一山文集》卷5，《四库全书》第1217册，上海古籍出版社1987年，第744页。

② 李继本：《曲河轩记》，见氏《一山文集》卷5，第747—748页。

③ 李继本：《喜雨赋》，见氏《一山文集》卷1，第689页。

河北岸，在今县城东面 2 里。该村属于滹沱河渠的灌溉范围。① 滹沱河沿岸的水利灌溉，至迟元代就已经存在，从元代的寺院捐施的记录来看，这一带村落生产的农作物包括麻、稻米、小麦、粟等，说明其经济丰富多样。② 元末的一通碑提到附近南关村的时候言此处"水陆之利甲一州"。③

圣水头村在元代的发展与当时繁峙的世侯王氏有关。根据 1312 年的王氏墓碑，王氏金代初年即来到圣水头附近的荫家庄④，金末的动乱中一个叫王兆的崛起，被蒙古政权封为元帅。王兆之后，虽然地方实行流官制，但是他的子侄仍然能够继续在本地任职。王兆曾把两个弟弟王升、王斌迁徙到圣水村："东北有别墅曰圣水，令二弟徙居之，又自卜筑于城南里为菟裘地。"⑤ 所以蒙元时期，圣水头其实是王氏的"别墅"。虽然直到至正四年（1344），王氏仍在圣水头树立墓碑，但入明之后王氏后人的资料付诸阙如，他们在圣水头的地位被韩氏所取代。

韩氏的起家在元代后期，其有记载的历史要晚于王氏，在圣水头王氏的几篇文献中，都没有提到韩氏的祖先。王氏的婚姻对象中，有一二个韩姓，或许就是本村的韩氏，但没有证据可以说明。根据清代抄本的《韩氏族谱》，始祖韩泰以下连续三代，只有名字而无任何事迹。韩氏的崛起是从第五代韩仲彬（1316—1398）开始。韩仲彬是位生活在元明之际的人物，至正壬午（1342）科进士，历任金城（今应县）知县，坚州（繁峙）同知、代州知州，政绩突出，据说是"朔方第一"。⑥ 他任官的这几个州县，都是很接近圣水头的地方，尤其是他单单在繁峙本地，就连续任职十多年。他曾经在圣水头附近的南关村设立水磨，以其收入作为官府赞助五台山寺院修建的经

---

① 光绪《繁峙县志》卷 1《地理志·水利》，《中国地方志集成·山西府县志辑》第 15，凤凰出版社 2005 年版，第 219 页。

② 至正二十七年赵逊《德公道行碑铭》，见李宏如编《五台山佛教·繁峙金石篇》，内蒙古人民出版社 2005 年版，第 315—316 页。

③ 至正二十二年欧阳让《创建官水磨碑记》，见李宏如编《五台山佛教·繁峙金石篇》，第 753—757 页。

④ 村名今不存，从下文"东北有别墅曰圣水"来看，荫家庄在圣水的西南。

⑤ 皇庆元年刘敬立《王氏世德之碑》，见李宏如编《繁峙碑文集》，第 144—160 页。

⑥ 同治十二年《韩氏家谱》，家谱按语引周经撰写的县志（未见）云韩仲彬仕金城与代州；另参见道光《繁峙县志》卷 5《人物志·乡贤》，《中国地方志集成·山西府县志辑》第 15，凤凰出版社 2005 年，第 133 页。

费。① 韩仲彬的仕途经历及其对经济活动的熟悉，对于韩氏在圣水头的崛起无疑有极大的推动。

由元入明，韩氏不仅得以继续保持其地位，并且似乎更加兴旺。韩仲彬四个儿子中三个具有功名，其中韩旭曾任河南怀庆府知府，韩旭之子韩士哲"由税户人材举，历任湖广宝庆府知府"。② 明初，税户人才属于荐举的名目之一，根据梁方仲的研究，"所谓'税户人才'，即办理征收税粮得力的人员，差不多全部都是粮长。一般而言，明初的'税户人才'有做知县、知州、知府的，有做布政使以致朝廷的九卿的"③。所以，韩士哲应该是以地广粮多而由税户人才出仕的。韩仲彬唯一一个没有功名的儿子韩绅（1363—1413），"积粟千石，遇饥凶则以赈鳏寡，族有不能嫁娶者，则给之府泉，故男女无失时"④。不管如何，占有大量土地的韩氏，明初得以顺利入籍和入仕。

韩仲彬对读书入仕颇为重视，前述元末的水磨碑作者山东进士欧阳让来繁峙的时候，"韩公以师敦礼，子其学焉"⑤。族谱记载他让子弟读朱子书。早在洪武永乐时期，其后代已经有庠生、贡生，其中最突出的是其嫡孙韩士琦，他在永乐时期被选为乡贡之后，多次参加进士的考试，蹉跎场屋 10 多年，最终以监生的身份出仕，累官至陕西按察副使。韩氏族谱天顺年间的谱序就是韩士琦所作。韩氏的例子表明这批在地方拥有众多土地的人在明初对功名孜孜以求。韩氏入籍的原因，一方面固然是因为圣水头毗邻县城，且田产众多，不易逃避；从另一方面说，则是韩氏主动寻求财产的保障，以及读书出仕的需要。从繁峙县梁惟敬和韩氏这两个个案来看，明初有些比较富有的人，显然对与州县官府打交道还是非常感兴趣的。

三、洪武年间的寺院

明初地方社会发生的另一个重要变化，是元末的村民虽然捐施了大量

---

① 至正二十二年欧阳让《创建官水磨碑记》，见李宏如编《五台山佛教·繁峙金石篇》，第 753—757 页。

② 万历《繁峙县志》之《里选》，内蒙古人民出版社 2003 年版，第 112 页。

③ 梁方仲：《明代粮长制度》，上海人民出版社 2001 年版，第 20 页。

④ 《韩氏族谱》之传记部分，繁峙县安家地韩氏收藏，不分卷。

⑤ 至正二十二年欧阳让《创建官水磨碑记》，见李宏如编《五台山佛教·繁峙碑文篇》，第 753—757 页。

寺产，但在入明之后很长一段时期内，却不见有相关的寺产记载。以繁峙县公主村为例，公主村位于五台山北面，据说北魏诚信公主于此出家，寺院故名公主寺。① 不过，现在所见公主村最早的直接资料，是元末至正二十五年（1365）公主寺重建碑以及碑阴的寺产记录。伴随重建的是来自周围村庄的大量捐施，根据碑阴的捐施资料，公主寺最主要的土地位于附近的黑卜村，当时该村已经分为上黑卜与下黑卜二村，村中有师、田、雷、毛等姓氏，其中上黑卜村一个叫雷全的村民捐地达 5 顷之多。公主寺其他的土地，还有赵家围地、厥而嘴、下茹越村、黑石垛、土河口庄子一所以及梨峪村庄子房院地一所。部分土地是寺院购置的，大部分则是各村捐施的。其土地分布遍及附近 10 多里的众多村庄。

公主村当时是个多姓村，共有何、李、雷、邓、张、赵、梁、崔、刘、贾 10 个姓。立碑的是本村的"耆老"，包括"务官"李某、4 位"社长"以及在黑卜村施舍土地的雷全——雷全既是公主村的耆老，又在黑卜村有许多土地。撰写碑文的是坚州知州兼管本州诸军奥鲁劝农防御事赵逊，篆额的则是坚州判官张干，因此这是一所得到本地官府支持的寺院。寺院的修建是僧人秋月唯德主持进行的，唯德出身于真定官宦之家，曾在元大都拜会过柏空、无智、璧峰等高僧，先后两次入五台山。至正八年（1348），唯德由五台山而下，"卜居古公主寺址"，在其主持下，公主寺得以重建，而且接受了大量的捐施土地。② 在公主村众多的施主之中，何氏无论是人数还是地位都是最重要的姓氏，4 个"社长"之中，有 3 个姓何。从明清时期公主寺的梁记与碑刻题名可以看出，上述元代公主村的大多数姓氏后来都不在了，但是有些姓氏包括村中最主要的姓氏何氏，还是延续了下来，并且在明清数百年内都是村里数一数二的大姓。③ 明前期的一百余年间，公主寺没有任何修庙的记载，下一次重修，已经是弘治十六年（1503）了，那个时候周围许多村落又重新开始捐钱，而公主村也有一些"功德主善人"捐了土地。④ 我们没

---

① 万历《清凉山志》卷 3《诸寺名迹》，第 28 页。

② 至正二十七年赵逊《德公道行碑铭》，见《五台山佛教·繁峙金石篇》，第 315—316 页。

③ 公主寺明清时期的资料有弘治十六年（1503）大雄殿梁记、康熙五十二年（1713）大雄殿梁记、咸丰七年（1857）的创建公主寺奶奶庙碑、同治八年（1869）修建公主寺关帝庙碑记等，见《五台山佛教·繁峙金石篇》，第 321—337 页。

④ 弘治十六年公主寺大雄殿梁记，见《五台山佛教·繁峙金石篇》，第 334—335 页。

有详细的资料来了解明初的村民对元代寺产的处理。

公主村寺产未能延续并不意味着寺院活动的停止，一个可以进行比较的例子是公主村隔壁的梨峪村。梨峪村在元末有公主寺的庄子房院，本村的郭氏也曾出售土地给公主寺。在公主寺创建 10 多年之后，本村亦于元至正二十年（1360）创建了自己的寺庙普光寺。明初，这个寺院因为有众多高僧的活动而留下了一些记录。根据天顺《大明一统志》的记述，洪武初年有个顺禅师来到普光寺，拜本寺的无念德公为师，"尝夜中见自身在文殊会中，闻种种偈颂"。后来云游名山，"还止五台"，永乐初年去世，据说天顺中仍有语录传世。① 顺禅师是《大明一统志》所收太原府唯一的本朝僧人，从顺禅师的例子可以看出，明初的寺院活动似乎并没有停止，在一些寺院比如普光寺还是继续存在，并且有高僧驻住。

明初普光寺的不寻常还表现在洪武年间该寺为另外两位更著名的高僧分别修建了两座塔，一个是金碧（璧）峰的，一个是板的达的。两座塔都有塔铭或塔碑，要解读普光寺建塔的举动在元明之际地方社会演变中的意义，需要首先明确元明之际五台山僧人在地方社会中的影响力。金碧峰是陕西乾州人，他在元中期来五台山的时候，据说因遇文殊菩萨，于五台山建灵鹫庵，"四方闻之，不远千里负糇粮来献者，日缤纷也，禅师悉储之以食，游学之僧多至千余人，虽丁岁大侵，亦不拒也"，可以想见金碧峰在元代五台山的巨大影响。因为声名远播，至正八年（1348）被元顺帝召至燕京。至正十年（1350），赐号寂照圆明。在改朝换代的洪武元年（1368），回到五台山。正如本章开头所言，明初的几年，明军与残元势力的战争持续进行，地方一度出现盗贼问题。出于稳定秩序的考虑，金碧峰在地方社会的影响力便不能不受到明朝廷的重视，洪武三年（1370）金碧峰被召往南京。他稍后作为十大高僧之一参与了洪武四年（1371）至五年（1372）初在南京钟山举行的普济佛会，佛会结束不久就去世了。碧峰死后，僧人"祖全等将以某年月建塔于某山"，并请翰林学士宋濂作序一篇。② 六年之后的洪武十一年（1378），金碧峰的"弟子智宣、慧福等人建塔于文岫山普光

①　天顺《大明一统志》卷 19《太原府·人物》，文海出版社 1965 年版，第 1268 页。

②　年代不详，宋濂《寂照圆明大禅师璧峰金公设利塔碑》，见氏《宋学士文集·銮坡后集》卷 5，商务印书馆 1919 年版，第 137—138 页。

禅寺"。①

明初于普光寺立塔的除了高僧碧峰外，尚有天竺僧人板的达（名具生吉祥），板的达于至正二十四年（1364）到达燕京，同样受到元顺帝的宠幸。在洪武二年（1369）也来到了五台山，在五台山寿安寺住了5年。在明初代州一带骚乱的环境中，他的影响力仍然很大，"恒山之民率从师化者甚众"。可能因为朝廷担心其影响力，洪武七年（1374）他被召到南京。洪武十四年（1381）死前嘱托弟子孤麻啰室利等将其部分遗骸和梵文经书一帙送至五台，其弟子孤麻啰室利、道琦等于是在洪武十六年（1383）"浮图镇于清凉山文岫普光禅寺碧峰禅师灵塔之右"。② 板的达碑文的末尾附有《御制善世禅师歌》，而金碧峰碑的碑阴刻的是《赐金碧峰和尚诗》，这些类似的文体安排暗示了作者为金碧峰、板的达二位高僧立塔刻碑，是要特意突出他们受到的皇帝的重视。

为何这座文岫山普光禅寺在明初聚集了那么多高僧（或他们的弟子）？100多年后的正德四年（1509）本寺的一通塔铭碑提供了一些地理方面的重要线索，这通塔铭碑的碑阴除了记载本寺的香火地之外，还题有"文岫山东西林院、文岫寺寿僧惠通、德果，东至水峪沟，西至文峪岭，南至五汉，北至狮子崖"，文岫山东西林院的这个四至范围，就是在五台山区。东西林院和文岫寺这两座寺院的创建年代没有记录，但是它们跟普光寺相比，在地方都是不知名的小寺院，它们的四至被列在普光寺的碑上，暗示了他们其实是普光寺的下院，因此明初"文岫山普光禅寺"的名称，已经暗示普光寺在文岫山有相关的利益。综合公主寺和普光寺的情况来看，洪武时五台山周围寺院活动仍然在进行，既然如此，支持寺院活动的寺产应该仍然得以延续下来，而普光寺地理方面的信息也从侧面支持这样的推论。

---

① 洪武六年宋濂《寂照圆明金公设利塔铭有序》，见《五台山佛教·繁峙金石篇》，第338—343页。
② 洪武十六年来复《西天善世大禅师板的达公设利塔铭有序》，见《五台山佛教·繁峙金石篇》，第345—356页。

第二节　五台山寺院的复兴

一、从"俱废"到五台山僧纲司的成立

明代，五台山一带的寺院名义上分辖于两个僧官系统，一个是五台山僧纲司，其辖区主要是寺院集中的五台山中心区，另一个是各个州县的僧会司、僧正司，前者的设立要晚于后者。洪武十五年（1382），礼部提出了设置僧录司各级衙门的方案：在京设僧录司，各府州县设立僧纲司、僧正司、僧会司。僧录司设善世、阐教、讲经、觉义，各两员，僧录司官由礼部任命，不支俸，皂隶等皆由僧人担任；僧纲司设都纲、副都纲各一员；僧正司设僧正一员；僧会司设僧会一员。各级僧司衙门的职责包括：登记僧人、发给度牒、管束僧人等。① 此后，五台山周围各州县都设立了僧官衙门。在繁峙县，僧会司设立在县城的正觉寺；② 在五台县，僧会司先是设于县城东北70里的法华寺③，洪武二十二年（1389）后，移设于距离县城东北80里的清凉寺。④ 这些寺院在明代之前已经存在，随着僧会司的设立，它们的地位变得重要起来。

那么五台山中心地区的寺院在洪武年间是什么情况？根据《永乐大典》所引洪武年间的《太原志》，五台山中心区的这些寺院都"荒废"了：

> 《太原志》：台山一十二寺，在本县，兵后俱废，遗址尚存。清凉寺、寿宁寺、华岩寺、金阁寺、竹林寺、兴国寺、般若寺、菩萨寺、法华寺、佛光寺、罗侯寺、金界寺。⑤

---

① 万历申时行等修《大明会典》卷226《僧录司》，《续修四库全书》史792，上海古籍出版社1995年版，第655页；明初的佛教政策，参考何孝荣《明太祖的佛教政策》，见香港中文大学历史系中国历史研究中心编：《明太祖及其时代国际学术会议论文汇编》，2006年，第651—652页。

② 成化《山西通志》卷5《寺观》，第143页。

③ 成化《山西通志》卷5《寺观》，第136—137页。

④ 成化《山西通志》卷5《寺观》，第146页。

⑤ 永乐《太原府志》卷5，第98页。

引文中的《太原志》编纂于洪武十二年到十三年之间（1379—1380）。① "俱废"的记载和实际情况相矛盾，很可能是在朝廷刻意限制寺院活动的情况下，五台山寺院自保的一种策略，即申报的时候皆称"荒废"。这组寺院有个共同的名号，即"台山一十二寺"，表示它们有别于其他州县僧会司所辖的寺院。五台山核心地区当然不止这 12 个寺院，比如在洪武二十二年（1389）、二十八年（1395），五台山中心地区分别有些"十二寺"之外的寺院得到重建。② 从"兵后俱废"一语来看，明初"十二寺"似乎是元代留下的一个寺院组合的名称。

洪武后期，朝廷颁布法律要求在各府、州、县的范围内整合寺院。洪武二十四年（1391）六月规定，"凡各府州县寺观，俱存宽大可容众者一所，并居之"③。从成化《山西通志》提供的寺院资料来看，在此法律影响之下，当时山西全省各处都有所谓"合并"寺庙的记录，其中部分寺院就"合并"在各处僧官衙门所在的寺院。举例言之，在繁峙县，僧会司所在的正觉寺"并天王、三圣、建福、能仁、圭恪、菩萨、多宝、文殊、秘密九寺入焉"④。在五台县，清凉寺成为僧会司所驻的寺院后，"并天池、峰山、延庆、佛光、金阁、藏头、酱坊、兴福八寺入焉"⑤。为了符合法律规定而制造的名单，当然不能说明这些寺院真正被合并进僧会司所在的寺院，事实上，笔者也从未见到过任何寺院合并的直接资料，但是这份名单在法律上的意义值得关注。清凉寺名下寺院包括原来同属"台山一十二寺"的佛光寺与金阁寺。此外，五台山中心区其他寺院的情况仍然不明朗，既没有"合并"的记载，也没有特别明显的活动。这种情形显示，在五台山没有僧官机构的情形下，五台山寺院和五台县寺院的区分并不严格，换言之，五台山尚未成为独立于州县管辖的区域。

具有转折意义的变化发生在永乐三年（1405），当年五台山中心区的寺院再次成立自己的僧官机构，该机构设于改建的显通寺。万历《清凉山志》

---

① 李裕民：《山西古方志辑佚》，山西人民出版社 1985 年版，第 28—29 页。

② 成化《山西通志》卷 5《寺观》，第 146 页，。

③ 万历《大明会典》卷 226《僧录司》，《续修四库全书》史 792，上海古籍出版社 1995 年版，第 655 页。

④ 成化《山西通志》卷 5《寺观》，第 143 页。

⑤ 成化《山西通志》卷 5《寺观》，第 146 页。

言显通寺"自国初以来，敕旨护持，凡十余道。永乐三年，设僧纲司，率合山僧祝釐，本州月给僧粮"①。尽管称"国初以来"，但没有证据表明显通寺在洪武年间获得过敕旨。设立僧纲司两年之后，永乐五年（1407），显通寺"以灵鹫、华岩、宝积五寺改建"②。五台山虽然不是府级的行政区划，但是它却建立了相当于府级的僧纲司，从显通寺由其他寺院改建来判断，僧纲司的成立不仅提高了本寺的地位，而且也整合了五台山的寺院资源。

正统年间，在五台山僧纲司之外，显通寺僧人从铃取得了僧录司左觉义的职位③，此后从铃的传法子孙一直有人担任僧录司的官职。根据明代制度，僧录司的主要职能是：统领各级僧衙门，凡各处额设寺院的住持要由本司给予札付。而10年1次的度僧，亦由各地僧纲司报册本司，由本司转呈礼部，进行考试。④僧录司是中央政府层级的僧官机构，从铃及其子孙大概只是长期担任该级别的僧职，并不表示五台山也成立了僧录司的衙门。在法律意义上，僧录司和僧纲司是上下级衙门的关系，前者管辖后者，但实际上在五台山二者往往相提并论，其职权范围的划分亦不清晰。比如天顺二年（1458），皇帝同时颁发两道敕谕，一份给显通寺从铃，一份给圆照寺班麻孤麻啰，要求他们"同率所在汉番僧徒自在修行。上为国家祝厘，下为生民祈福。凡本山寺法像，遇有损坏者，俱听尔等自行提督修理"⑤。其中从铃就是僧录司左觉义，而班麻孤麻啰则是五台山僧纲司都纲，皇帝的敕谕并没有区分他们的职责。

永乐到正统时期五台山僧官制度的设立，使得五台山寺院不仅能够独立于府州县的僧官衙门，而且也相对独立于地方行政系统，从而使得他们在较少受到州县有司的干扰方面，建立了一层制度的保护。嘉靖初年，在抗拒五台县要求他们赴县点卯、听从约束的时候，显通寺僧官曾告称："本山各寺僧众悉听领敕官员、住持管理，相沿承继年久，与五台县并无干涉。"嘉

---

① 万历《清凉山志》卷3《五峰灵迹》，第23页。

② 成化《山西通志》卷5《寺观》，第146页。

③ 《明英宗睿皇帝实录》卷166，"中央研究院历史语言研究所"1962年版，正统十三年五月乙未，第3211页。

④ 万历《大明会典》卷226《僧录司》，第655—656页。明初的佛教政策，参考何孝荣《明太祖的佛教政策》，《明太祖及其时代国际学术会议论文汇编》，第651—652页。

⑤ 天顺二年《皇帝敕谕护持山西五台山圆照寺碑文》，见崔正森、王志超编《五台山碑文选注》，北岳文艺出版社1995年版，第11页。

靖末年另一次拒绝州县要求管辖的主张时，"据五台山僧录司、都纲司申称，窃照本山原系古迹，查得本司卷内于永乐年间敕谕建盖显通等寺，设有僧录司、都纲司掌管番汉僧众，焚修香火。升选觉义、都纲，经由礼部提请除授官员，拟与五台县不相统摄。"经过礼部祠祭清政司的查证，"查得本寺（显通寺）系除授人员，及查，果有旧例，相应准行"。该处理结果由礼部转到布政司、府、州、县，同时由雁门兵备道给出告示禁约。① 在与官方机构打交道的时候，代表五台山寺院出面的是五台山僧纲司以及僧录司官员，他们同样采用官僚程序和语言来处理与州县官府的争端。

二、清凉寺的崛起及其与土地的关联

　　下面将以五台县僧会司所在的清凉寺为例，探讨明初僧官机构之变化与寺院控产之关系。清凉寺在中台南 40 里，与其他五台山主要寺院一样，名义上位于五台县福胜都的范围。② 福胜都的主要范围，是东北到清凉寺、西南至豆村、酱坊的一条宽阔的山谷，这里也是明清时期香客、游客和官员进山的主要通道之一。明初福胜都有几个重要的寺院：五台寺、法华寺、清凉寺。其中法华寺比较偏僻一些，五台寺和清凉寺则都位于交通要道，二者相隔 30 里，也是游览五台山的人们经过和住宿的地方。③ 经福胜都往南过高洪口，可通往河北阜平，往西可到崞县，往北则直达繁峙、代州，以迄三关。因其位置重要，明代在其境内的大峪口设巡检司。④

　　洪武二十二年（1389）清凉寺得以重建，五台县僧会司也从法华寺移设于清凉寺，清凉寺一方面是五台县僧会司的所在地，另一方面也是元明之际的"台山一十二寺"之一，在五台山僧纲司未成立之前，清凉寺的地位便显得格外重要。清凉寺成为五台僧会司的治所后，即有僧人在该寺施舍财物，供应接待所需。洪武二十七年（1394），太原府僧纲司所在的崇善寺住

---

　　① 嘉靖四十五年《卷案》碑，碑存显通寺山门内，碑文参考崔正森编《五台山碑文选注》，北岳文艺出版社 1995 年版，第 2—5 页。

　　② 成化《山西通志》卷 5《寺观》，第 146 页；万历《清凉山志》卷 3《五峰灵迹》，第 25 页。

　　③ 比如明万历从太原来游山的李维桢，上一站在五台县，而下一晚宿西峡村民家，接着行 15 里到五台寺，在那里吃过早餐，接着行 30 里至清凉石（即清凉寺），见李维桢《五台游记》，见氏《大泌山房集》卷 60，《四库全书存目丛书》集 152，（台）庄严文化事业有限公司 1997 年版，第 17—22 页。

　　④ 万历《太原府志》卷 19《武备》，第 189 页。

持、雁门和尚性彻洞然带领"四众百千余人"游览五台山，在清凉寺曾碰到一个名叫宝峰金的僧人，根据性彻的记述：

> 游览之间，偶遇宝峰金禅者，亦淳厚人也，就于清凉古刹，罄舍衣资，接纳游礼缁素，三载如初，四事之需，无所乏少，实法门中苦行兴福僧也。余甚佳之。[1]

从"三载"来判断，宝峰金应该就是洪武二十四年（1391）或二十五年（1392）来到清凉寺的。洪武二十五年（1392）六月，晋王朱棡曾与镇守边防的颍国公傅友德、安庆侯仇正、西凉侯濮兴等将领同登五台山的西台和南台，并刻写题名碑。[2] 由于清凉寺在西台与南台之间，是往来两个台顶的必经之地，晋王登两个台顶的时候，必定路过清凉寺。洪武二十七年游览五台山的性彻似乎在清凉寺住了一段时间，有一天，宝峰金对性彻说："自古游观之士，率多王臣贵族、硕德大儒，咸有诗偈，发挥圣迹。请师一言，赞咏圣境，及策发余怀，不亦可乎？"在此请求之下，性彻为其写了首诗偈。过了两年（1396），性彻在太原本寺重印《广清凉传》，这也是明代最早刻印的五台山方志，在重印记里，性彻特地记录下他游览清凉寺的经历，而五台山的其他寺院却只字未提。[3]

永乐初，清凉寺重新获得了土地山场，嘉靖年间法华寺重建时所立的一通碑记载了此一转变。碑文共分两半，前一半是记载重建的过程，另一半则是重刻的一通永乐六年（1408）的契约。有意思的是，签订契约者却没有法华寺，而是五台寺和清凉寺，寺院的位置请参看图2–2。碑文如下：

> 五台县福胜都五台寺住持善容，自为本寺常住，粮储浩大，无处展兑，今将清凉寺僧人普义等原布施与昶住藏不师傅得南法华寺院子

---

① 性彻撰序（无标题），见明天顺重刻张商英撰《续清凉传》，《宛委别藏选》第105册，商务印书馆1935年版，第13—14页。
② 洪武二十五年《晋王游西台》碑，见《五台山佛教·繁峙金石篇》，第1—2页；白焕采：《五台山文物》，山西人民出版社1956年版，第58—59页。
③ 性彻撰序（无标题），见天顺《续清凉传》，第13—14页。

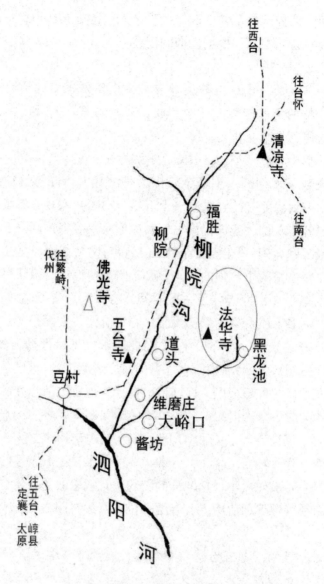

图 2–2：福胜都和清凉、法华、五台诸寺位置图①

① 资料来源：底图为山西省测绘局绘编《山西省地图集》第 126《五台县》，山西省测绘局 1995 年版。法华寺的四至（见该寺编写的小册子《法华寺》，无年代，第 16—17 页）皆是很细小的地名，笔者不能确定，唯一明确显示在《五台县》地图上的，是东面的黑龙池，作为法华寺南部边界的文子垴（瓮子垴），应该也毗邻黑龙池，见山西旅游景区志丛书编委会《五台山志》，山西人民出版社 2003 年版，第 22 页。此图 2–2 所绘法华寺四至，仅是示意图。

一处、田地二处，东至黑龙池，南至木场南沟并细腰子以上并文子脑为界，北至郎洞嘴并火神堂、横堵鸦、畦嘴冲、陵景道至苦陷脑并堡子子道口为界，四至内不计亩垄；又伴接岭一处，东至山顶止风水为界，南至沟心风水为界，四至内不计亩数，依施状内寺宇、僧堂、大小房舍并山林地土，并施状一纸，情愿还与清凉寺常住元旧祖业。今清凉寺僧人思行、思周、成苗、成涓等同共永心，与容住持回奉价钱大明宝钞壹千贰佰贯，随立文字日亦并交足，外无欠少。其寺地、寺宇、山林、地土，后次并不得争竞，再有施状文字并不中使用，已后如有本寺僧人并房亲、邻人等争竞，诸般违碍者，并不干清凉寺常住之事，容主持一面承当，无词日后无凭，故立回还文字为［画押］。

（永乐）六年十一月十一日，立回还文字人住持善容，同立人广才、康俊，管见人蒲雨资。①

这份契约讲述的是五台寺把法华寺等庄田"回还"给清凉寺，但它没有明说的是，为什么当初清凉寺普义要将法华寺及其田地施舍给五台寺藏不师傅？根据契约的讲述，法华寺原来不过是清凉寺的下院庄子，由田地二段来看，这所下院实际上领有大片的山场土地，而且因为"不计亩垄"，没有具体的数字，而且没有提到任何额粮的内容，很可能这二段土地没有在官府登记。大约明初某个时候，清凉寺由于某种没有明说的缘故，将此下院并山场土地施舍与五台寺。到永乐六年（1408）的时候，五台寺住持善容因为"粮储浩大"，情愿将其还给清凉寺，换得清凉寺僧人的一些大明宝钞。

这通碑文表现了永乐初清凉寺在控产上的重要性更加凸显。上述回还契约中，有杜绝"本寺僧人并房亲、邻人等争竞"的字样，契约的签署，请了一位叫蒲雨资的为中间人，这样写的用意，大概是为了证明土地的回施、

---

① 碑存法华寺，碑文可参考该寺编写的小册子《法华寺》，无年代，第16—17页。碑文年代题"永乐六年"，但是原碑上的年号被凿掉了，字迹不易辨认。该寺的师父一直坚持原字就是"永乐"。这一说法很可能是正确的，因为一方面立契约的僧人和中间人，都不见于该寺嘉靖重建时的题名，也就是说，他们是早在嘉靖之前就已过世；另一方面是碑文提到当时的货币是大明宝钞，因为洪武永乐时期，大明宝钞流通较广，此亦佐证了永乐六年的说法。

改变所有者的行为，是得到相关的居民认可的，以避免日后的纠纷。但是碑文并没有显示有任何村落的参与，交易的主角是寺院。在签订契约的时候，并没有五台山僧纲司官员的参与，说明虽然当时已经成立了僧纲司，但这个机构的影响力在当时可能还不是特别明显。清凉寺的复兴，应该更多与它作为五台县僧会司衙门的地位有关，与此相对比的是，清凉寺并没有特别标示自己是五台山寺院，而最迟正统八年（1443）年，远在繁峙县西义村的建福寺，亦成为清凉寺的下院，当时碑文所用的词，已经是"五台山清凉寺"。①实际上，"五台山寺院"这个称号的影响力真正扩大，是永乐以降国家政策与地方社会发生很多变化之后才逐渐实现的。

三、永乐朝廷对寺院的赞助

五台山僧纲司成立后，朝廷继续敕建和敕赐了一些寺院。永乐五年（1407）朝廷"建五台山佛殿浮图"②。永乐六年（1408）六月发布命令，"命礼部移文中外，凡军民子弟、僮奴，自削发冒为僧者，并其父兄送京师，发五台山输作，毕日，就北京为民种田及卢龙牧马。寺主僧容留者，亦发北京为民种田"③。国家对僧籍管理的诉求与复兴五台山寺院显然是同一个逻辑，即朝廷要强化宗教权力。这则材料显示出永乐年间五台山寺院的大规模修建，主要是朝廷组织进行的。方志记载永乐五年重建的寺院包括塔院寺、显通寺等。④后来正统年间宦官王振奉敕五台进香的时候，其所撰的碑文亦提到永乐帝"建都北京，密迩畿内，尝以感应，乃因旧址修建显通及塔院、罗睺、法华诸寺"⑤。

在修建寺院的同时，永乐皇帝还从南京派驻高僧到五台山。永乐四年（1406），西域僧哈立麻（又作"葛哩麻"）被请往南京，后被送往五台山显通寺，永乐五年（1407）秋七月癸酉，"命如来大宝法王哈立麻于山西五台

---

① 正统八年《西义村建福寺明代铁钟铸文》，见《五台山佛教·繁峙金石篇》，第723—726页。
② 《明太宗文皇帝实录》卷63，"中央研究院历史语言研究所"1962年版，永乐五年正月己巳，第903页。
③ 《明太宗文皇帝实录》卷80，永乐六年六月辛巳，第1066页。
④ 成化《山西通志》卷5《寺观》，第144、146页。
⑤ 正统十三年王振《奉敕谒五台西台山碑》，见《五台山佛教·繁峙金石篇》，第3—11页。

建大斋，资荐大行皇后，赐白金一千两，锦缎绫罗绢布凡二百六十"①。哈立麻在五台只居住了一年左右，永乐六年（1408）辞归西域，在其死后，明成祖"敕太监杨升塑像于显通法堂"②。可见明成祖刻意要在五台山塑造哈立麻的地位和形象，与这一动作关系最密切的寺院就是显通寺。另一位天竺僧人释迦也失于永乐十二年（1414）至五台，同样驻显通寺，次年入北京，不久再返回五台，直到宣德六年（1431）返回西域。他在五台山的10余年间多次受到永乐帝的慰问。③永乐15年（1417），释迦也失"为祝延大明皇帝圣寿"，在五台建了一座摄授塔，内置佛像15万有余。④五台山寺院在永乐时期的复兴，番僧和朝廷的互动显然是很重要的一部分。

另一件表示朝廷复兴五台山寺院的事情，是永乐皇帝派人送《诸佛世尊如来菩萨尊者名称歌曲》到五台山，根据永乐十七年（1419）皇帝作的《御制感应序》：

> 永乐十七年夏五月，遣人赍歌曲明经往五台山散施，以六月十五日至显通寺，即有祥光焕发，五色绚烂，上烛霄汉，衣被山谷，弥满流动，朗耀日星，久而不散。已而复有文殊菩萨乘狮子隐隐出云际……⑤

这套佛经歌曲包含很多的曲调，根据音乐学者的研究，"大部分曲调为当时流行之南北曲，如《感天人》之曲即《小梁州》，《成就意》之曲即《好事近》"⑥。在《御制感应序》中，永乐皇帝利用五台山祥瑞证明自己统治的

---

① 《太宗至孝文皇帝实录》卷69，永乐五年秋七月癸酉，第977页。

② 万历《清凉山志》卷8《如来大宝法王传》，第92页。据《明史》卷331《西域三》，永乐元年"命司礼少监侯显、僧智光赍书币往征（哈立麻），其僧先遣人来贡"；永乐四年冬，命驸马都尉沐昕迎之至南京，后"命哈立麻赴五台山建大斋，再为高帝后荐福，赐予优厚；六年四月辞归，复赐金币、佛像"。由此看来，哈立麻在五台山的时间不长，只有永乐五年在台山建大斋。

③ 《清凉山志》卷8《释迦也失传》，第93页；并参考崔正森《五台山佛教史》，山西人民出版社2000年版，第622—623页。

④ ［日］小野胜年、日比野丈夫：《五台山》，［日］座右宝刊行会1942年版，第219—220页。

⑤ 《诸佛世尊如来菩萨尊者名称歌曲》卷48，《中华大藏经》第106册，中华书局1996年版，第572页。

⑥ 田青主编：《中国佛教音乐选萃》，上海音乐出版社1993年版，第5页。

合法性。他在序中说:"朕统临天下,夙夜拳拳以化民为务,凡有所为,一出于至诚,是以佛经所至,屡获感通,观于五台之显应,尤足征矣。今特命士绘为图,且复为歌曲以系之。"①

应该说明的是,永乐皇帝类似的举动并不限于五台山。永乐十七年(1419)十月又赍送同样的歌曲到大报恩寺,十一月赍送歌曲到淮安。到永乐十八年(1420)四月十七日止,散施歌曲的地点包括了河南、陕西等地,甚至明朝刚占领不久的交趾也在其中。② 如此广泛的施舍以及随之而来的诸多"灵应"现象,皇帝在歌曲序言中称之为"导民化俗"的举措,换言之,皇帝承认他试图通过这种方法与地方社会沟通,作为构建统治合法性的一种努力。这些歌曲稍后被收入永乐十八年(1420)开始雕印的《永乐北藏》,这一年也是成祖迁都北京的年份。明成祖的各种支持五台山寺院的举措,不过是明初国家战略的一部分。③

从朝廷的角度来分析,永乐年间朝廷对五台山寺院的赞助,与前文介绍的五台山僧纲司的成立是同一个逻辑,即朝廷试图重新塑造五台山作为佛教胜地的角色。可以说,如果没有明成祖的宏大战略,也许就不会有五台山僧纲司的成立,也不会有以显通寺为首的五台山寺院系统的成立。从地方社会的角度来看,寺院僧人很懂得如何利用朝廷的赞助,甚至到了正统十一年(1446)显通寺僧人还一度要求朝廷出资对寺庙加以修复。④ 永乐皇帝对五台山佛寺的各种赞助,为五台山地方社会的发展提供了一些制度性的安排,也成为日后寺院宣称不属州县的重要历史依据。

本 章 小 结

本章探讨了明初五台山一带各种行政系统建立的过程以及当时的地方社会怎样因应这种变化。洪武年间,无论是卫所还是王府,其军事功能都非

---

① 《诸佛世尊如来菩萨尊者名称歌曲》卷 48,第 572 页。
② 《诸佛世尊如来菩萨尊者名称歌曲》卷 49,第 579 页;同书卷 51,第 595 页。
③ [日] 小野胜年、日比野丈夫:《五台山》,第 94~97 页。他们提到边防形势对五台山佛教的影响,认为明初都城远在应天府,加上明廷与蒙古诸部的战争,因此朝廷无暇赞助五台山佛寺。该观点没有考虑为何成祖会有文中提到的这些措施。
④ 《明英宗睿皇帝实录》卷 140,正统十一年四月庚申,第 2780 页。

常突出，卫所与王府的屯地也分布在各州县境内。与军队的强势相比，州县的作为并不明显。当时州县官府的行政重点，是保证军队的供应以及让百姓尽快地稳定下来，而不是推行编户入籍，因此洪武永乐年间的入籍，充其量只是一部分人而已，例如，当时在滹沱河沿岸的平原地带，确实有些富有的、有身份的居民对编户入籍及与州县官府打交道比较感兴趣。在五台山区，州县官府几乎没有作为，那里寺院的活动仍然在继续，实际上，洪武初年几位有影响力的高僧入驻五台山的情况显示那里仍然是佛寺的势力范围。

洪武年间朝廷对佛教影响力的敏感和对寺院的整顿，使得五台山寺院出现了"荒废"的记载。这当然不能说明寺院真的荒废，在五台山周围地区，佛寺的活动有两种值得注意的情形：一方面，在朝廷整顿佛教的背景下，元代曾捐施大量寺产的村落，比如公主村，明代很长一段时间显然不再选择保留寺院修建和寺产的记录。同时另外一群人比如梨峪村普光寺背后的势力，则很聪明地利用了佛教的政治符号，修建高僧塔，此举的背后，是因为他们在五台山区有相关的寺院庄产。而清凉寺的例子说明洪武年间州县僧会司、僧正司的设立，更是与寺产有着直接的关联。

永乐年间五台山僧官衙门的设立，标志着五台山寺院开始恢复其地位，随着永乐年间朝廷敕赐和敕建了若干寺院，加之派驻高僧，赏赐名经歌曲等举措，五台山寺院的地位日益显赫，寺院行政系统形成。随着明中叶政治军事大环境的变化，五台山区便逐渐显示出它与周围地方的差异。

第 三 章

禁山时期的山区秩序与寺院扩张

在探讨明中叶五台山区社会秩序之前，有必要回顾一下当时北边的军事政治环境。对明朝边防局势而言，永乐时东胜等卫的弃守与边防线的收缩成为一大转折点，它使得宣府、大同直接面对蒙古诸部的侵扰。正统十四年（1449）土木之变的发生，明朝北边的防卫压力陡增。及至明中叶，蒙古鞑靼部频繁入扰内地，于是不仅宣大等外边，甚至连深入内地的紫荆、倒马等关以及山西的雁门、宁武、偏关的战略地位亦变得重要。① 在此情形之下，修建边墙、整顿军备成为朝廷当务之急。在诸边政之中，一种见解是与其花费巨资养军修边，不如通过培植北边山林来阻遏蒙古诸部骑兵。虽然最迟在正统年间，已经有宁夏贺兰山等地禁止随意砍伐边山树木的现象，但是它变为朝廷的法令被普遍推行，则应在成化、弘治之际，马文升的题疏可能直接变成稍后弘治《问刑条例》的条文。条例规定大同、山西、宣府、延绥、宁夏、辽东、蓟州、紫荆、密云等边的官、旗、军、民人等不得擅自入山砍伐应禁林木，违者将受到降级或充军的处罚。②

① 关于明代边防形势的变化，参牟复礼（Frederick W. Mote）、崔瑞德（Denis Crispin Twitchett）编《剑桥中国明代史》，张书生等译，中国社会科学出版社 1992 年版，第 253、352—368、512—520 页；廖希颜《三关志》之《序》，《续修四库全书》第 738，上海古籍出版社 1995 年版，第 671—672 页。

② 蔡嘉麟：《明代的山林生态：北边防区护林伐木失衡的历史考察》，博士学位论文，（台）中国文化大学史学研究所，2006 年，第 87—89 页。此条例虽仅限于林木砍伐，但在后来各地的实践中，逐渐将开垦、采矿等其他经济活动亦纳入禁令，参蔡嘉麟文，第 162—163 页及本章茨沟营之个案；明代各版本的《问刑条例》之对照比较，见黄彰健编《明代律例汇编》，"中央研究院历史语言研究所" 1979 年版。

　　禁山令的出台虽然主要是出于边防的考虑，但它无疑对边塞地区的山区开发、社会发展等各个方面都产生了重要的影响。实际上，有学者已经对明代北方边境的禁山政策进行了研究。比如邱仲麟以整个明代北边的林木砍伐和培植为研究对象，指出明代北边长城沿线各地的山场开发从洪武年间（1368—1398）已经开始，尽管此后主禁、弛禁的主张迭出，但是山场的开发依然没有停止。[①] 蔡嘉麟以明代的山林保护和树木砍伐为研究对象，其中很大一部分是探讨北边的山林，对于伐木的原因、基本情况、林木的栽植以及相关法律上的意义等都有比较全面的研究。[②] 以上两文皆提到五台山，由于战略位置重要，五台山亦被划为禁山之列。本章不仅在邱文、蔡文的基础上综合考察五台山区开发的过程，而且把这种过程纳入明代五台山独特的历史、政治与经济环境中进行审视，以期了解明代五台山地方社会与禁山政策之间的关系。

　　五台山禁山令出台的具体年份已不可考，最早提到五台山实施禁山，是景泰四年至七年间（1453—1456）的一条资料："民素利五台山木，至是有禁，公弛之，樵苏自若"[③]，引文中的"公"指的是陈翌（1404—1472），他于景泰四年任山西右布政使。[④] 由于资料缺乏，他的弛禁令效果很难评估，但由此可知五台山禁山令的颁布当不晚于景泰时期。嘉靖年间五台山周边的一些关塞隘口，比如五台山西北的雁门关、东面的龙泉关等地都曾立有禁山碑，划定一定的范围，禁止军民人等在此范围内砍伐林木或开垦土地。[⑤] 本章研究的下限是嘉靖四十五年（1566），当年一桩寺院与州县官府之间的诉

　　① 邱仲麟：《国防线上：明代长城沿边的森林砍伐与人工造林》，（台）《明代研究》第8期（2005年），第1—66页；邱仲麟：《明代长城沿线的植木造林》，见安介生、邱仲麟编《边界、边地与边民：明清时期北方边塞地区部族分布与地理生态基础研究》，齐鲁书社2009年版，第129—148页。

　　② 蔡嘉麟：《明代的山林生态：北边防区护林伐木失衡的历史考察》；更长时段的开发史的概观，见史念海：《历史时期黄河中游的森林》，见氏《河山集二集》，三联书店1981年版，第232—313页；翟旺、米文精：《山西森林与生态史》，中国林业出版社2009年版。

　　③ 王偁：《思轩文集》卷13《资政大夫南京户部尚书陈公神道碑铭》，《续修四库全书》集部1329，上海古籍出版社2002年版，第546页。

　　④ 《明英宗睿皇帝实录》卷226，"中央研究院历史语言研究所"1962年版，景泰四年二月辛亥，第4942页。

　　⑤ 五台山东南方龙泉关一带禁山，见嘉靖六年《应禁山场碑》，碑存阜平县下关村；雁门关十八隘口及宁武关的禁止砍伐，见嘉靖二十八年《退耕还林碑》，见张正明、科大卫编《明清山西碑刻资料选》，山西人民出版社2005年版，第1—2页。

讼事件标志着州县的税收制度进入山区，亦即山区封禁政策实际上被放弃。随着隆庆和议之后北方边境和平局面的实现，禁山制度的执行已经相对松弛；到了万历后期，五台山相关文献中几乎再也不见禁山政策执行的记载了。

五台山禁山的法律意义大于实际封禁的效果。由于禁山令不允许山区的经济活动，也因此否定了当地土地向州县纳税的必要性，但这并不表示山区是权力的真空地带。在这一时期，山区的几种势力是被政策允许的：一种是在山区驻防的军队，包括州县系统的巡检司、五台山东面龙泉关和茨沟营等地驻防的军队，还有就是虽然不驻扎五台山区，但在敕建（敕赐）寺院的修建、维护地方治安等场合可以进入的雁门关、平刑关一带的军队。军队的职责是防边和维护地方治安，但他们却往往通过各种方法参与山区的开发。第二种是王府的势力，大同的代王、太原的晋王在五台山周围有些官庄，有些王府官也参与到寺院修建之中，地方有司来山执法的时候，王府势力可以提供庇护。第三种势力是五台山寺院，一些寺院历史悠久，受到历代朝廷的赞助，同时明廷自己也敕建和敕赐了一批寺院，这些寺院的经济活动被默许，与它们相连结的则是更多非敕建（敕赐）寺院。禁山令只是一个笼统的法律，它划定了一个大致的地理范围，却没有明确规定什么人有什么权利，而太多被准许的"例外"使它的实施受到很大影响，明中叶五台山的开发便是在此模糊的法律框架下展开。

第一节　山区开发与庇护关系的发展

一、五台山的行政地图

土木之变后，五台山一带的边防局势开始发生转变，明朝北边的防御逐渐加固。成化中叶，明朝廷在毗邻蒙古的地方修建了边墙（谓之"大边"），弘治年间进一步以边墙连接山西境内的偏头、宁武、雁门、平刑以及河北境内的紫荆关、倒马关、故关等隘口，形成了另一道更加靠近内地的防御线（谓之"二边"）。此边墙在16世纪经历过多次的增建和维修，而最大规模的修筑在嘉靖二十年（1541）前后，工程持续多年，嘉靖二十五年（1546）基本修筑完毕。这条"二边"的修建，使五台山区及其周边的军事重要性大大提高。①

　　这条"二边"不仅是军事防御线，而且与几个行政区划的边界大致重合。五台山北面的平刑关、雁门关一线，是山西与宣府、大同的分界线。驻守在这条边界的军队属于山西镇管辖。而五台山东部的龙泉关、故关一线是山西与直隶的分界线，驻军属直隶境内的真保镇管辖（见图 3-1）。换言之，五台山区在管辖上分属于山西和直隶两大行政区，比如在东部山区，一旦发生采矿、伐木等违禁的事情，其具体处理由把守各关的将领直接负责，同时由直隶监察御史或巡按御史向皇帝报告。

　　五台山位于三县交界的地方，其中大部分位于五台县境内。永乐九年（1411）设置五台县饭仙山巡检司，该山位于五台山的中心地区台怀镇。明代五台山一些寺院的重修碑中，饭仙山巡检也有题名，但是饭仙山巡检并没有管辖寺院的权力。五台山的西台、北台、中台、东台 4 座台顶以北、以东地方，属于繁峙县，以南属五台县，东台东南部则隶属阜平县。

　　就不同行政系统的管辖权限而言，五台、繁峙二县只负责五台山区的治安，对五台山寺院事务无权干涉，一旦五台山发生他们认为有害治安的事情，他们可以向上级告发并奉命调查，能够对寺院作出惩罚的最低阶官员是负责雁门关、平刑关一带防卫的官员，该职位最初设于成化二十二年（1486），称雁门道，其辖区西到黄河附近的偏关，东到平刑关。由于辖区过长，嘉靖三十七年（1558），该边防线分成东、西两路，其中东路辖广武、雁门、平刑等关，改称雁平道，下辖北楼营、东路营两参将，仍驻代州。②除了雁平道之外，巡抚等省级官员也有惩治僧人的职权。

　　边墙的修筑、行政系统的区隔，二者加在一起，使得五台山不仅在地理上，而且在政策和行政管辖权上都出现了多元和分化的局面，因此明代的"五台山"不再是一个不言自明的地理或行政的实体，而是一个各种关系交错互动的场域。在此情形之下，五台山区经济活动的开展便显现了其特殊的一面。

---

　　① Arthur Waldron, *The Great Wall of China*, New York：Cambridge University Press，1990，pp.91-121；五台山北面的雁门关、平刑关一线，从嘉靖十九年到嘉靖二十四年，每年都有大规模修筑，见廖希颜《三关志·地理总考》，第 686 页。实际上，该志在嘉靖二十四年之编纂，也是因为这条二边对明朝边防的重要性日益增重，参考廖希颜《三关志·序三关志》，第 671—672 页。

　　② 万历《代州志·官师志·备兵使》，第 70 页。

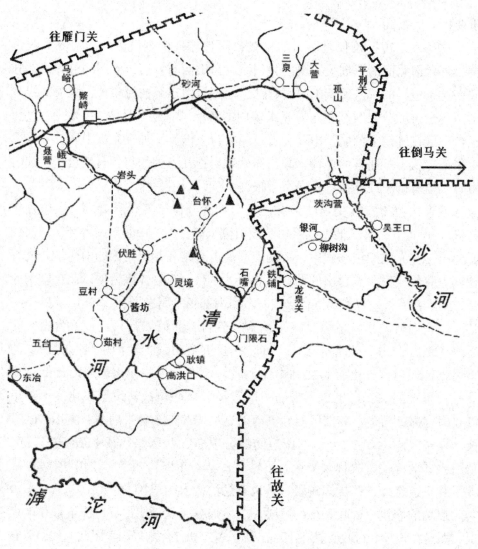

图 3-1：五台山伐木采矿地点及边墙图①

五台山不同区域的经济活动受到自然条件以及各自对应的边防形势的影响，其内容有所不同。在五台山寺院集中的地区（主要是五座台顶围起来

① 资料来源：底图为山西省测绘局绘编《山西省地图集》之《忻州地区》，山西省测绘局 1995 年版，第 115 页；边墙的走势图，参考谭其骧编《中国历史地图集》第 7 册，（港）三联书店 1992 年版，第 54—55 页。

的范围及台顶周边），主要经济活动是伐木与垦田；在五台东麓的茨沟、银河、柳树沟一带，主要活动是采矿；而东南麓龙泉关一带，则以伐木为主。由于禁山制度的施行，无论是伐木还是垦田、采矿在名义上都是非法的。不仅如此，考虑到五台山多元的行政系统和政策上的差异，这些非法的经济活动必然有不同的遭遇。因此，如何在禁山政策下继续从事经济活动便成为山区人们要面对的问题。

二、采矿：非法化与军队的庇护

禁山制度实施之后，巡关的御史们发现山区有很多可疑的人违禁采矿和伐木。明代前期关于五台山采矿的直接资料付诸阙如，然而从周边地区的资料来看，最迟正德年间，附近的矿盗问题已经相当严重了。比如，正德七年（1512），守备浮图峪、紫荆关的两位指挥因为纵容矿盗被免职；大约正德七年或稍后，五台山南的盂县也发生"矿贼千余人流劫村堡"的事情，被都察院右副都御史山西巡抚郑宗仁（1451—1522）派雁门、宁武及地方民兵捕灭。[①] 嘉靖元年（1522）正月，"直隶紫荆、倒马等关与山西广昌、灵丘诸县，犬牙交错，其地有木集山神堂庵诸矿洞，山西流民往往越关启封，聚为盗薮。畿辅游侠亡命，闻风啸集，急之则相争杀，吏不能禁"[②]。嘉靖九年（1530），直隶监察御史倪组在巡视边防时提出一份奏疏，在奏疏中他指出当时矿盗分布的地点涵盖居庸、紫荆、倒马等关和各隘口，其中就包括五台山东麓的吴王口。在这些地点"逃军、逃囚并地方熟贯人等啸聚山峪中，至少不下千余人，各带弓矢枪刀，日入匿作，擅立巡山、巡哨等旗号，挖砂锤凿之声远闻道旁，甚至有经月潜聚而不散者"，他认为这是由于地方将领通同作弊，所以使得矿徒能够肆无忌惮，因此他主张对把守各个隘口的将领以及他们的上司进行督责。[③] 倪组的这份报告说明在五台山东麓已经聚集起来一批与军队关系暧昧的人，他在奏疏的其他部分亦指出将领接受矿徒贿赂的一

---

① 此两件事分别见《明武宗毅皇帝实录》卷85，正德七年三月壬申，第1838—1839页；杨廷和《资政大夫户部尚书郑公宗仁墓志铭》，见《国朝献征录》卷29，《四库全书存目丛书》史101，齐鲁书社1996年版，第450页。

② 《明世宗肃皇帝实录》卷10，嘉靖元年正月己酉，第363页。

③ 王士翘：《西关志》卷6《居庸关·章疏·陈愚见以裨边务疏》，北京古籍出版社1990年版，第139页。

个例子。

嘉靖二十年（1541），在一轮断断续续的蒙古鞑靼部侵扰过后，明朝开始了另一轮兴建边墙的高潮，嘉靖二十五年（1546）倒马、龙泉等关也修建完毕。由于边防的加强伴随的必然是禁山令的强化，因此五台山东麓的采矿问题也随之益加凸显。嘉靖二十五年另一位直隶巡按御史袁凤鸣描述茨沟村一带的矿徒：

> 倒马关之西，龙泉关之北，吴王口之外，地名茨沟村，原系阜平县地方，相离该县一百二十余里。本村迤南地名扒背石、银河村、胡家庄、柳树沟、天桥儿、莲子崖等处，山内俱各产有矿砂，招聚山西汾州、孝义、盂县四外流民，开打矿洞，名曰"矿徒"。众至千万余人，俱在茨沟村交居杂处。其间或因斗殴打伤人命，或因强贼歇案脱逃，或因追捕反狱，名目甚多，气势可畏，昼则掘挖矿砂，夜则啸聚山谷。①

袁凤鸣奏疏中列举的茨沟村以南的这些地方皆在边墙附近，矿洞数量繁多，根据嘉靖《西关志》的记述，吴王口西边 60 里连子崖矿洞千余处，夹耳庵以北 20 里的茨沟村矿洞千余处，闲驴台以南 10 里的扒背石、龙儿青矿洞千余处，养马楼以西 50 里的银河村矿洞千余处。② 这说明茨沟村一带的矿洞距离各个隘口都非常近，但是非常分散，规模应该不会很大。袁凤鸣对采矿事件秉持默认和容许的态度，因为他在介绍完矿徒杀人事件，并推测茨沟村"盖已阒其无人而党类且扫迹矣"之后，提出了如下处理建议：

> 况见今有入官房屋千百余间，诚于此时立一守备，领以千人，驻扎其地，即以前项入官空闲房屋，改建守备衙门一所，其余悉作官军营房，则彼虚我入，必无梗阻之虞。……不必便塞银洞，穷捕矿徒，以

---

① 《西关志》卷 5《故关·章疏·改设将官以戒不虞以安地方疏》，第 565 页。除了袁凤鸣的奏疏之外，曾佩也为此写过一篇文字类似的奏疏，见《西关志》卷 5《倒马关·章疏·乞念边关重地亟议处兵马统领并地方事宜以豫防守以便策边疏》，第 483—488 页。

② 《西关志》卷 3《倒马关·矿洞》，第 449 页。

致生患。惟先抚土著居民，谕以本分生理，与之相安。随将本沟各处
外来小道所通米麦布铁之类，凡供矿徒衣服饮食之用者，悉皆断绝，
不许往来，则衣食既缺，自难久存。彼聚虽多，可坐而散矣。①

　　袁凤鸣虽意在区别土著居民与矿徒，但由于二者已结成利益共同体，
因此他的政策重点在于试图照顾到各方面的利益，以免激化矛盾。妥协过多
使得他的建议一旦实施，就必然有其窒碍难通的地方。一方面他建议不必穷
追矿徒，而先要让土著居民从事"本分生理"，也就是说他承认保障地方居
民的生计才是解决问题的根本途径；另一方面他又要斩断茨沟营与外面市场
的联系，如此一来，无论是矿徒还是本地居民，皆无法生存，因此这两个政
策目标显然难以实现。袁凤鸣建议设立守备和驻扎军队的主张，只会带来一
种他可能没有意识到的结果：军队对山区道路的控制，必然使得他们更深入
地介入山区内外的市场交易之中，他们和矿徒将更加难以分开。袁凤鸣的这
个建议是有其背景的，当时吴王口一带的商业已经相当活跃。嘉靖二十六年
（1547），另一位巡按西关御史王士翘在他的《西关志》中记述，吴王口地方
当时已经是"商贩往来，曾无宁息，践踏积久，遂成坦道。利之所在，民日
争趋，亦不能尽禁"②。王士翘是不主张禁止商业贸易的，在保障民生——实
际也是维护军队对山区经济活动的介入——的问题上，他和前任御史袁凤鸣
的观点相近。

　　袁凤鸣的建议延宕了若干年终于得以实现，但是实施的效果出乎他的
意料。嘉靖三十三年（1554），巡抚都御史艾希淳的奏疏再次提到要在茨沟
村设立守备，其理由不仅包括"禁治管理"矿洞，而且"加以五台游僧，往
来不绝，奸伪莫辨"，五台僧人也开始成为被怀疑的对象。大概由于矿徒问
题日益严重，艾希淳的建议当年即得到实施，茨沟村设立守备公署。③ 设立
守备之后，开始招募土著为军队，于是土著化的军队和矿徒更加紧密结合起

_____

① 《西关志》卷5《故关·章疏·改设将官以戒不虞以安地方疏》，第566页。

② 《西关志》之《倒马关·倒马图论》，第413页。

③ 刘效祖：《四镇三关志》卷7《制疏考·真保镇制疏·巡抚都御史艾希淳议处要害疏略》，《四库
禁毁书丛刊》史10，北京出版社2000年版，第379页。又《四镇三关志》卷8《职官考·真保镇职
官·部属》，第432页提到茨沟营守备署为嘉靖三十三年建，万历元年改为参将府。

来。二十年后的万历元年（1573），阅视侍郎汪道昆（1525—1593）的奏疏引井陉兵备道刘世昌的呈文说：

> 茨沟营外通宣大，亦当虏冲，内产矿砂，群聚亡命。先年裁革巡检，改设守备一员，召募土军一千名，常川住守。迩来矿徒三千余家，动辄张打旗号，悬带弓刀，原募土军，实彼党类，为患叵测，合无请以原设守备改为备御都司。①

由于矿徒们本来就携带武器，有一定的军事性质，设立守备后，大量的土人被招募进了军队，他们通过登记和改变身份，成为驻守的军队。矿徒、土军结合的现象不是一日形成的，当年袁凤鸣的建议已经体现了军方对矿徒的宽容以及驻军可能卷入的程度。而在军队土著化之后，军队正式成了矿徒的保护伞，使得原来的庇护关系进一步发展。鉴于此，汪道昆提议裁撤守备，把龙固关参将从真定府城改驻茨沟村，进一步提升茨沟营的军事地位，"本参仍量带部兵赴彼弹压，凡事悉与该道计议，务在操纵合宜，土军应留应汰，听巡抚酌议另行"②。这个建议部分得到实施，茨沟村守备公署当年即改为参将府。③他在裁汰土军方面的设想，没有相应的资料说明其实施的情况，而且汪道昆的这个建议，在处理采矿问题上，仍然是重复旧的论调。因为，无论他怎样试图平衡部兵和土军的力量，都不能改变采矿名义上非法的性质。以至于万历三年（1575）五月，山西巡抚郑雒仍在"申严五台、繁峙二县奸民结聚盗采矿砂之禁"④。

在采矿迟迟不能合法化以及军队与矿徒勾结的情形之下，军队与矿徒的庇护关系延续了下来。在地方修建寺庙等事情上，这些将领的地位显然颇受重视。根据万历九年（1581）的《东岳泰山庙碑记》，嘉靖四十四年（1565），茨沟营尼僧名秀和22位"善人"发起建盖一座东岳泰山庙，参与捐建的有"合营军民并十方客旅"。万历四年（1576）建设完毕之后，每年

---

① 《四镇三关志》卷7《制疏考·真保镇制疏·阅视侍郎汪道昆条陈善后事宜疏略》，第385页。
② 《四镇三关志》卷7《制疏考·真保镇制疏·阅视侍郎汪道昆条陈善后事宜疏略》，第385页。
③ 《四镇三关志》卷8《职官考·真保镇职官·部属》，第432页。
④ 《明神宗显皇帝实录》卷38，万历三年五月庚申，第897页。

四月初八举行圣诞，"感格千有余人，四远多来进香致祭"。当时驻扎茨沟营的龙固关参将何勋"恒好道于玄门，爱内外之真理，常致斋醮，奉祀各庙神明，捐舍俸资，济贫拔苦……每遇朔望行香"。从万历五年（1577）开始，何参将令名秀再募化修建墙垣，碑末的题名是龙固关何参将以及他的几位副官。① 发起修寺工程的"善人"身份并不清晰，不过考虑到茨沟采矿活动的盛行，可以断言他们与采矿者有关。茨沟营的武官题名或参与修建的寺院，甚至到了更偏远的山区。茨沟营西南南庄旺村有座立在山顶的仙人寺，该寺现存万历十三年（1585）的碑记即是茨沟营将官所立，从建寺的僧人青智"弃武投明师"来看，他本来应该是军人出身。碑文在追溯建寺历史时有如下文字，"（阙）亦闻知独苦，赐'聚仙洞'三字，咨通政司参议王处请号，锦衣卫指挥杨仪送茨沟营，刊牌悬立"，从赐名的行为来看，这个寺院应该和王府逐渐有了关系。碑末题名的是分守茨沟的龙故关参将和中军左右哨各官，从题名中军官的头衔来看，军队驻守的不仅是吴王口、茨沟这些离山口近的地方，还包括银河等深山之内的产矿之处，这些军官都是真定卫和神武卫的千户和百户。② 也就是说，在五台山东麓，万历年间矿徒的非法性质以及他们和将领的庇护关系没有改变。

最迟万历十二年（1584），矿徒向西逾越了边墙，开始进入山西境内，当年有直隶监察御史报告他们盘踞在龙泉关之外的山西铁铺村，这倒不是因为铁铺村那边有矿可以开采，而是因为铁铺村是晋府的官庄，矿徒以此为据点，躲避直隶方面的追查。在王府不予配合的情况下，最后这件事情似乎并未究查下去。③ 其实从上文对采矿历史的梳理可以看出，由于采矿活动的非法化，矿徒几乎从一开始就已经与守卫隘口的官军有了密切联系，后来则进一步与进驻的军队以及王府建立了庇护关系。官方政策对茨沟一带采矿的严格限制，甚至在万历年间采矿合法化的浪潮中也没有获得解除。

---

① 张桴:《东岳泰山庙碑记》，见李宏如编《五台山佛教·繁峙金石篇》，内蒙古人民出版社 2005 年版，第 780—782 页。

② 碑存仙人寺。山腰另有一处院落，有一方当代铁钟，称"仙人石玲珑秀丽，高耸巍峨，洞崖陡险，林木森严，天人之仙境。始创建于唐初，重建大明万历十三年，几经沧桑，香中断于 1996 年"。

③ 《明神宗显皇帝实录》卷 146，万历十二年二月甲子，第 2725 页。

三、边防政策对五台山伐木的影响

由于建设北京城和修建五台山佛寺的需要，永乐四年至十一年间（1406—1413）金都御史史仲成"率山西军民采木于五台山"，当时朝野并无应否砍伐的讨论。① 大约景泰年间或稍前，五台山才施行禁山政策，而且当时山西右布政使陈翌还一度弛禁，说明明前期禁山政策执行得并不严格。明代木材砍伐的现象与当时木材市场尤其是北京的需求增强有很大关系。一部分市场需求来自北边的防卫工程，比如敌楼、营舍的修建，但是更多则来自北京城的维修，以及镇守官、宦官等建盖寺庙、私宅的需要。在大量需求刺激之下，京城的木材价格十分高昂。② 市场需求导致明代北边尤其宣大地区的木材被大量砍伐。③

到了嘉靖中叶，随着采木活动的持续以及边防局势的恶化，明朝官员关于厉行禁山政策的讨论突然增多。嘉靖二十一年（1542），巡抚都御史刘隅提到故关、龙泉关之间的地方伐木通商问题之严重，"下龙泉关口、十八盘、恶石口、娘子关口、鹞子崖、白草沟、弃园沟口，共三总五十八口，涧谷盘旋，逋逃盈数，盗木通商，日捕日犯"。他要求朝廷从指挥中遴选把总一员，驻龙泉关，专门负责三总 58 口的防务。④ 同一年，巡按直隶监察御史桂荣在推荐新任龙泉关把总时，称龙泉关所属地区"往年各山口林木茂盛，难通车马，称为腹里。……今照前项地方，近年以来，林木被人砍伐，道路大通车马"⑤。山区"通车马"意味着以林木阻遏蒙古骑兵的边防构想被破坏，因此桂荣要求派干员任龙泉关把总。从他的描述看，龙泉关林木被大量砍伐是从"近年"即嘉靖时期才开始的。

桂荣描述的嘉靖中叶情况与边墙修建有关。边墙修建之前，山中隘口

---

① 《明太宗文皇帝实录》卷 139，永乐十一年四月癸亥，第 1674 页。史仲成永乐四年在山西伐木，十一年因捶楚百户，被召回时病逝。

② 陈玉女：《明五台山诸佛寺建筑材料之取得与运输：以木材、铜、铁等建材为主》，（台）《"国立成功大学"历史学报》2003 年第 27 号，第 69 页。参见邱仲麟《国防线上：明代长城沿边的森林砍伐与人工造林》，第 15—25 页。

③ 马文升：《为禁伐边山林木以资保障事疏》，见陈子龙等编《明经世文编》卷 63，北京出版社 2000 年版，第 643—644 页。

④ 《四镇三关志》卷 7《制ïïï·巡抚都御史刘隅请定设把总疏略》，第 375 页。

⑤ 《西关志》卷 5《故关·章疏·紧要隘口乞钦定把总官员以重防守疏》，第 557—558 页。

只是单独的据点，修建边墙之后，这些据点得以连成一条线，线外的地方被划出了军队的管辖范围，从官方角度来看，那里是管理的空隙。嘉靖二十六年（1547），直隶巡按御史王士翘曾赴龙泉关视察边墙，他在《西关志》中记录了他的观察，他提到龙泉关"林木翁郁"。[①] 在描述地势的时候，也说龙泉关"林木丛茂"。[②] 说明当时的龙泉关林木维护得尚好，但这种情况只限于龙泉关边墙以东，边墙以西即五台山寺院集中地区的情况有很大不同，王士翘对此评论道：

> 所可虑者，五台多寺，游僧往来，奸细莫辨，讥察之令，不可不严，此其为害者一也。未筑边墙之先，四望山林，悉属关隘，砍伐有禁。今则墙以内官军守之，墙以外僧商合党旦旦而伐之，无所畏惮，是以若彼濯濯，此其为害者二也。[③]

根据王士翘的观点，龙泉关树木砍伐之严重，不是在边墙以内（以东）的地方，而是边墙以外（以西）五台山寺院集中的地方，那里并不属于军队的驻防范围，换言之，边墙的设立反而使得禁山政策的实施效果受到影响，僧人和商人在五台山砍伐木材愈加无所顾忌，从"濯濯"一词来看，"墙以外"即五台山那边的木材已经砍伐得比较彻底了。

嘉靖三十年（1551）之后，朝廷在山西采买木材一度成为木材砍伐合法化的一个重要契机。嘉靖三十年，内官监右监丞高忠等并暂管太监袁亨等向皇帝要求差官抽印木植以供应京城建设所需。嘉靖三十一年（1552）十月，工部奏楠、杉、板枋并柁散等木材，各个木场都已经用尽，请求将各类木材分派到相应的产地，令地方官买解到京。皇帝批准这个建议后，工部即将柁散等木材派行山西省和真定府，令山西巡抚许论、会同巡按御史等，令"司府"（布政司、太原府）"招募识木商人及情愿上木殷实之家，将后开木植照例平买完足，委官雇募水手人等，限五个月速运抵（张家）湾交割。计采买柁木三千根，散木、松木各四千根，松椽木一万根"。过了半年，地方

---

① 《西关志》之《故关·故关图论》，第 510 页。
② 《西关志》卷 1《故关·形胜》，第 513 页。
③ 《西关志》之《故关·故关图论》，第 510—511 页。

还没有解报，但是北京的需求已经不能再等了。嘉靖三十二年（1553）闰三月，北京准备修建外逻城，急需木材，于是工部再次督催山西的官员。根据新任山西巡抚赵时春（1509—1567）的叙述，在他之前，山西布政司已经"借支京运银一万四千四百六十五两，行令五台县知县杨启光，忻州同知王宦采运"。这笔钱通过州县官员采买，最后都流到商人那里；加之"听从商贩放行"，商人得以正大光明地砍运木材了。①

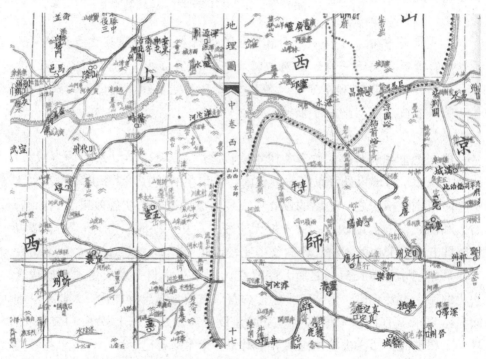

图 3-2：滹沱河水路图②

五台山的木材主要通过滹沱河及其支流运往北京等地（图 3-2）。地方志在记载曾负责采买的五台县知县杨启光的事迹时说："时世宗建三殿，募役伐山采木，时亢旱，山水不发，艰于挽运，启春（按：当为启光）祷于

① 赵时春：《浚谷先生集》卷 4《乞禁五台一带伐木疏》，《四库全书存目丛书》集 87，（台）庄严文化事业公司 1997 年版，第 542—543 页。

② 资料来源：清代杨守敬编绘《历代舆地沿革图》第 10 册，（台）联经出版公司 1975 年版，第 17 幅。

天，夕果大雨，木尽浮出。"① 明末一篇论述山西伐木的奏疏也说："秋水时至，宁武木浮南河而下，五台木浮滹沱而东。"② 木材沿滹沱河而下，然后在真定城南的抽分厂"抽分"③，然后由真定沿滹沱河过天津，再从天津沿潞河运到通州的张家湾。张家湾是工部一个木厂的所在地，木材从那里再由陆路运至北京。④ 但是实际上，在木材尚未到达抽分地点真定之前，就已经可以在沿途卸下，为此也造就了河北境内的木材市场。笔者搜集到这样一个例子，嘉靖中叶，河北获鹿县西关的晋府典膳孙谦即受惠于木客的来往，"门前为木市，晋之木客往来，主于典膳公馆粲之，典膳公诚信不欺，爱人而有礼，木客见之如亲戚累旧"⑤。该木材市场的存在暗示商人其实可以夹带很多私货木材，在中途可以卖掉，并不是所有的木材都会运到张家湾的工部木场。

嘉靖中叶，正值明朝和蒙古鞑靼部频繁冲突之时，在负责边防的官员看来，采买木材会影响封禁政策的效果，不利于边防。嘉靖三十二年，山西巡抚赵时春在赴任途中，一路观察边防形势，他注意到"五台一带，东北至平刑关，西北至雁门等边关，林木密迩边外。旧时不敢砍伐，巍然尚存。节因屡派大木，有司无以应命，只得将此砍伐"。他认为在采买之前，山区只有"小民窃采"，他们不能开辟道路，所以只能砍伐些小树；大的木材遭到砍伐是采买后才开始的。赵时春故意隐瞒道路开辟的时间，因为正如前文所示，早在嘉靖二十一年（1542）的时候，直隶巡按御史桂荣提到龙泉关已经"道路大通车马"，再结合嘉靖二十六年（1547）直隶巡按御史王士翘对于边

---

① 光绪《五台新志》卷3《名宦》，凤凰出版社2005年版，第84页。

② 崇祯元年前后山西巡抚耿如杞疏，见顾炎武《肇域志·山西三》，《续修四库全书》第590，上海古籍出版社1995年版，第572页。

③ 真定之有抽分厂，见《明史》卷81《食货五》，第1977页；嘉靖《真定府志》卷11《建置》，《四库全书存目丛书》史192，（台）庄严文化事业公司1996年版，第147页提到城南有税课司，当即是抽分厂所在。

④ 蒋一葵：《长安客话》卷6《畿辅杂记·潞河》，提到："张家湾为潞河下流，南北水陆要会也，自潞河南至长店四十里，水势环曲，官船客舫，漕运舟航，骈集于此。"北京古籍出版社1982年版，第130页。潞河有河西务，户部分司于此榷税，见《长安客话》卷6《畿辅杂记·河西务》，第134页。"山西商自五台山运木，由新落河，至赵堡口，谓之西河。"见《明神宗显皇帝实录》卷302，万历二十四年九月癸卯，第5662页。

⑤ 赵南星：《赵忠毅公诗文集》卷13《晋府典膳孙公传》，《四库禁毁书丛刊》集68，北京出版社2000年版，第352—353页。此文是约万历中，孙谦之孙请赵南星所撰，往前追溯两代人，则孙谦活动的时间当在嘉靖中。

墙内外伐木情况迥异的评论，可知在采买之前的很多年，官府的力量（应该是边将为主）已经到了边墙之外的五台山——因为只有他们才能开辟大路。而采买政策的实施，使得赵时春得以把开辟道路的过失推给朝廷：

> 小民窃采，尚当严禁防护，凡有径路，俱应封闭阻绝，岂可更令官采大木，广开道途，小民因循，市买求利！……况工部原行止谓泛采候用，有司已行砍伐。近因修筑逻城，尤须急用木植，出于不得已。但原坐派大木，未足之数，俱是松散等木，本□杉楠美材，不堪供奉上用，止益商贩私利，致损关隘形胜。除臣已行该司等道并原委官将、领官价商人，已砍伐成大木，及查各民商违禁私砍取在山木植，不拘大小，尽数俱令印记，给水陆运价，作速送至张家湾，以备工部查取修理外逻城。外其有未足之数，乞敕下该部，速为停止。①

这份奏疏指出官府在开辟道路、砍伐大木上的重要作用。赵时春虽没有明确指出所谓官府具体指的是哪些人，不过在奏疏的后半部分，他提到砍伐大木的几个主体是"有司"、"该司等道"、"原委官将"以及"领官价商人"，即官方的参与者包括布政司、雁平道等行政机构以及地方官、军队将领等人群。采买政策的另外一个影响是培养了一批官府的代理人，在招商伐木等问题上，商人的角色显然在分化，出现了一些"领官价商人"，也使得商人第一次可以以纳税（"抽印"）为名义砍伐木材。在领官价的商人之外，则是违禁的伐木者，这种区分必然使得领官价的商人变得炙手可热。

赵时春从边防的角度考虑，力主迅速停止采买政策，并希望尽快回复到禁山体制之下。他的这份建议是否被朝廷采纳，不得而知；不过考虑到随后的几年（主要是 1553—1555）蒙古各部频繁侵扰，五台山一带战斗频仍，地方遭到很大破坏，②相信封禁政策会继续下去。嘉靖中叶，朝廷的这次采买木材，较可能仅是一次特殊的安排，没有证据显示它是一项长久的政策，而且即便在这次短暂的弛禁中，禁山之令也没有被完全摒弃，因为在官府准

---

① 赵时春：《凌谷先生集》卷 4《乞禁五台一带伐木疏》，第 543 页。
② 道光《繁峙县志》卷 6《艺文·邑候王公去思记》，凤凰出版社 2005 年版，第 155—156 页。

许放行的木材中，还分成领官价商人砍伐的木材与"民商违禁私砍取在山木植"两种，表明禁山的命令仍然适用。

嘉靖三十年（1551）短暂的弛禁，显示官方政策其实很大程度上决定了地方开发的性质，地方经济活动的合法或不合法会影响到人们的行为。木材的砍伐是一直都存在的，禁山体制下伐木需依赖庇护关系，其中军队和王府等行政系统的势力成为重要的庇护者；采买政策不过是使得这种庇护关系被公开化与合法化。另外，在禁山时期，虽然山区的经济开发是明令禁止的，但是五台山寺院的经济活动依旧得到朝廷的默许，因此各种力量又逐渐借助寺院这个平台进行地方开发，使得寺院兴盛起来。

第二节　五台山寺院的兴盛

一、寺院控产中的权威结构

自从永乐朝廷恢复赞助五台山佛寺之后，寺院活动的复兴已经非常明显，到宣德三年（1428）时，行在礼部就曾上奏："比者天下僧道行童，至京请给度牒，动以千计，而神乐观、太和山、五台山为多。"① 神乐观、太和山和五台山分别是道教和佛教的圣地，信众一直很多。宣德初年，僧道行童申请度牒人数的增加，表明这些地方很多人开始选择到京城申请官方的承认。根据明代僧道管理的规定，行童如果要申请度牒，必须先向各地方的僧道管理机构申请，也就是说，如果五台山僧人向礼部申请度牒，必须经过五台山僧纲司的系统。② 考虑到前文论述的明代地方行政系统的多元性及其相互之间的竞合关系，申请度牒的人数增加表示越来越多的人选择了五台山僧纲司这套官僚行政系统，它的影响力在增强。

尽管五台山禁令的实施不迟于景泰年间，而且嘉靖年间在五台山附近

---

① 《明宣宗章皇帝实录》卷44，宣德三年六月丁酉，第1082—1083页。

② 万历《大明会典》卷226《僧录司》，《续修四库全书》第792，上海古籍出版社1995年版，第655—656页。对明代佛教政策的概述，见何孝荣《明代南京寺院研究》，中国社会科学出版社2001年版；何孝荣《明代北京寺院修建研究》，南开大学出版社2007年版。明朝廷对五台山佛寺的赞助，见崔正森《五台山佛教史》，第580—595页。

的龙泉关下关和雁门关诸隘口都立有禁山碑，划定禁止砍伐的范围，①但是它的重点在于禁止伐木，对于垦田则抱持模棱两可的态度。在五台山区，朝廷颁布的敕命显示它实际上承认了五台山寺院可以拥有山场。成化十七年（1481），皇帝在给五台山都纲端竹班丹的敕命中说："凡本山各寺法像、供器、修行食粮等件，俱全金掌管。遇有损坏者，听短竹班丹随即提督自行修理。凡一应官员军民人等，不许侵占山场，毁坏墙垣，亦不许生事欺扰，沮坏其教。"②这是笔者所见较早提到五台山山场的敕命，从不许官员军民"侵占山场"这句话来看，其实朝廷承认五台山寺院拥有山场的事实。尽管敕命没有明确赋予僧官管理山场的权力，但是在某些场合，僧官被表述成是兼有管理山场之责的，比如繁峙县三会村嘉靖十年（1531）的一通碑，提到僧录司左觉义明玄"职受僧录，兼管山场"。③五台山寺院控产的建立，离不开僧官的角色，毕竟僧官是名义上管理五台山各寺的官员。

　　就寺院的修建者和寺院活动的参与者而言，除了僧人之外，还有宦官、王府官、将领、卫所舍人以及更多不明身份的人。下面古华严的例子可以看出寺院在建立过程中参与者身份的多样性。古华严是五台山东麓山沟里的一个小村落，弘治十八年（1505）古华严有凤岭寺、华林寺两座大寺院同时创建完毕，并分别留下一通碑刻。根据其中一通《新建凤岭寺》碑，碑末题名除附近 13 所寺院的住持、五台山僧录司、都纲司的僧官等来自寺院系统的人物之外，还有把守龙泉关的真定卫千户以及来自宫廷的尚宝监的太监。碑文正文主要记载了北京的李某、镇江卫的舍人、河北肥乡县的某人等施舍"斋僧"白银之事，碑文记载这些白银被用来修建寺院和塑造佛像。除了这些有姓名的施主之外，另外还有"十方檀越施主共银□千两有余"。在这些边将、宦官、卫所舍人以及很可能从事经商的一批人的加持下，即便在古华严这个荒僻的地方，寺院也能够大规模地修建。根据碑末题名判断，古华严一地的佛寺至少包括凤岭寺、凤岭庵、西凤岭寺、古华严寺、华林寺 5 座寺

---

①　嘉靖六年《应禁山场碑》，存阜平县下关村中；嘉靖二十八年《圣旨雁门关碑》，见张正明、科大卫编《明清山西碑刻资料选》，山西人民出版社 2005 版，第 1—2 页；碑刻录文及考证可参考张宝国《〈圣旨雁门关〉考——嘉靖为何退耕还林》，http://blog.sina.com.cn/s/blog_708e52790100ot3v.html。

②　成化十七年《皇帝敕谕护持山西五台山大智文殊寺》，此为明代《奉天敕命》碑所载成化年间三通圣旨之一，碑存圆照寺，碑文为忻州师范学院赵林恩抄录。

③　祖云：《代州繁峙县三会村洪福寺重修碑》，见《五台山佛教（繁峙金石篇）》，第 457 页。

院，寺院的密度罕见，表明投入的资源规模之大。① 考虑到五台山东麓是产矿的区域，寺院建设的资金应该有部分是来自采矿收入。

有些五台山寺院在建立对山场控制的过程中，不仅寻求五台山僧官和各大寺院的承认，而且往往同时也有其他的势力参与其中，这种情况到了嘉靖年间更加明显。比如嘉靖二十年（1541）《五台山大万圣佑国寺重修碑记》："后列山场四至：东至宽平庵，南至暖水河，西至西来清水河梁，北至官道河西塔院坟茔，四至分明。"而山场的前面特别提到："钦差提督左觉义玄公焚修，巡检钱，诸山耆旧方丈，四班执事等书文立□特讲妙公门人显广□□□□□□焚修香火，祝延圣寿。"② 从这个序列来看，该寺山场的所有权得到了僧官、饭仙山巡检以及诸寺院方丈的确认，当时万圣佑国寺的山场占有其实获得了某种程度的合法性。饭仙山巡检司虽然是州县下属机构，与寺院的行政系统互不隶属，但是它的长官钱某，也参与到五台山寺院的活动之中。另一通嘉靖三十七年（1558）金阁寺重修并建立大佛的碑记则提到："五台山左觉义、都纲并各寺住持同立请状内，金阁寺山场地土：东至白头庵、娑牛湾，南到南台，西到清凉寺，北至竹林岭，四至分明，永远为业。"③ 其中所言的请状即是五台山僧官和各大寺住持所立，而且碑文亦提到金阁寺当时是代府的香火院，而且其所列山场范围大到涵盖小半个五台山，可以推测王府的权威在金阁寺山场的建立中扮演了重要角色。也就是说，寺院在建立对山场的控制时，虽然通常由僧官和各大敕建寺院的住持出面确认，但它需要的权威却不仅仅是僧官和敕建寺院，有时也会包括巡检、王府等其他的行政系统。不同的人群共同促进了寺院的不断修建。

二、龙泉寺的崛起及其与山民之关系

由于寺院不断增加，到了万历中叶，五台山已经遍布各类寺院了。根据万历二十四年（1596）五台山僧人镇澄编纂的《清凉山志》所收寺庙名录，当时有"台内佛刹"佛寺64所，"台外佛刹"36所，而"台外佛刹"

① 《新建凤岭寺碑》，见《五台山佛教（繁峙金石篇）》，第569—570页。
② 碑存今南山寺方丈窑洞，碑文为赵林恩抄录。碑文亦见真定《钦差敕建五台山大万圣佑国禅寺碑记》，见《五台山碑文选注》，北岳文艺出版社1995年版，第243—245页，但选注存在文字缺漏及误植。
③ 蒋应奎：《五台山重建金阁寺造立大佛五丈三尺金身行实碑记》，碑存金阁寺。

又按照东、北、西、南 4 个方向，每个方向各有 9 座寺院，并系于相应的台顶之下，这种对称的数字表明它们经历过理想化的处理。相对而言，万历三十一年（1603）的《太原府代州五台县为禁约事》碑所列的寺院则更符合实际情况。根据该碑，当时五台山寺院共 90 所，其中有 12 所"大寺"，5 所"五顶"寺院，39 所"中小寺"，34 所"丛林静室"。① 大部分"丛林静室"的名字其实就是各类地名，比如"某岭"、"某沟"、"某坪"、"某泉"等等。除了碑中记录的寺院之外，还有很多连名字都没留下来的小屋、茅庵等等，散布于五台山各处，比如万历年间山西按察使李维桢（1570—1624）观察到五台山北台的万年冰之处，"僧庐百许居之"。② 在万历《清凉山志》中，万年冰的这群僧庐被称作"静居"，但是没有提到这些庵院的名称。③《清凉山志》同时也记载了很多碑上没有的"庵"，比如嘉靖中著名的楚峰和尚，曾与僧宝印、玉堂至蛇沟"结庵而居"，万历初，他的弟子无边又在紫霞谷建"大钵庵"。④ 此类记载非常之多，这些庵院基本上都是明中后期所建，其数量远远超过敕建或敕赐的寺院数量。在《清凉山志》以及《太原府代州五台县为禁约事》碑中，庵院显然也被认为是五台山寺院的一部分。

明中叶五台山的众多茅庵和敕建寺院之间，并没有不可逾越的身份鸿沟。下面五台山东南旧路岭龙泉寺的例子，不仅展现了明中后期一个茅庵如何崛起为著名寺院的过程，而且也动态展示了山区居民和寺院机构的关系的建立及其演变，从而为我们了解禁山体制下寺院在五台山社会中的角色提供了一个个案。

龙泉寺是嘉靖初年僧人无尽慧定所创立，慧定还有一个更加著名的绰号叫莽会首，在他去世 10 多年之后的万历十五年（1587），龙泉寺第三代住持通过著名僧人紫柏真可辗转请求浙江的退休官员冯梦祯（1548—1605）为其撰写塔铭，这个塔铭意在追溯莽会首的创寺之功。根据塔铭记载，莽会首

---

① 万历三十一年《太原府代州五台县为禁约事》，碑存今万佛阁（五爷庙），该碑的碑阴为《诸山大小寺碑》，见《五台山碑文选注》，第 283—284 页。

② 李维桢：《五台游记》，见氏《大泌山房集》卷 60，（台）庄严文化事业公司 1997 年版，第 19 页。类似的观察如徐弘祖《游五台山日记》，见崔正森编《五台山游记选注》，山西人民出版社 1989 年版，第 19 页。

③ 《清凉山志》卷 2《五峰灵迹》，第 21 页。

④ 《清凉山志》卷 3《诸寺名迹》，第 26 页。

是位来自河北保定的游方僧人，他于嘉靖初年来到五台山旧路岭以后，"结茆聚众以居"，这说明他最初建立的只是一个无名的庵院，这个庵院后来发展为龙泉寺，在万历年间受到朝廷的多次赏赐。但是它最初的历史却是从一番血腥的战斗开始，莽会首的塔铭记载了龙泉寺崛起的过程：

　　五台山为曼殊室利领万菩萨住处，震旦第一丛林，衲子辐凑，而旧路岭为之咽喉，甚苦盗贼，蟠聚山半，画地为界，号南北大王沟，官兵莫敢捕，过客瑟缩相戒，非聚百众鸣金持械，莫得前者。……师讳慧定，字无尽，别号南泉，潞安郎氏子，貌奇伟，两眸如电，性俶荡，不乐俗务，依某寺某师剃发，理会本分事，有省，诣台山，遍参耆旧，礼大士像于南顶，遂发愿饭僧十万八千，千日满愿，茎菜粒米必躬亲之，人服其诚笃。师力艺绝人，能兼数十人执作，又言行质直无文，以故竞呼为莽会首，声震丛林，所至人遮留之，答曰："易处不住，住处不易。"不顾，行至旧路岭，结茅聚众以居，盗怯师名，而伺之甚密。一日师出，庵破。既归，残僧三四人持师泣，幸徒庵避之。师奋曰："不可，死生有命，贼何为者，寻且灭之。"言已，贼大至，师手无兵器，乃碎水缸击贼，无所中。贼知师无兵器，乃敢相近，枪中师左胁，师手接其枪，踢贼仆地，刺杀之，贼骇退。方入户，检视伤处，洞三寸许，脂肠俱出，忍痛缚固，持枪出户，厉声曰："正欲捕灭汝辈，今来送死邪！"贼怯不敢前，但持乱石遥击师，中额颅。会龙泉关兵统郑某者，与师善，意师创盗，潜以兵护之，兵到，盗散去。遍山觅师不得，逮晓，见深涧中僵卧一血人，细视之，师也。郑号哭曰："天乎？奈何丧此英雄人耶？"异归，扪其胸尚温，喜曰："是不死，血迷心窍耳。"抉其齿，灌以药酒，久之乃苏。调视百日，平复，即辞郑去。奋欲击贼，或难之，师曰："大丈夫欲除残暴，建立佛法，即九死岂敢辞！"结同志得五十二人，俱英奇轻死之辈。诸边将雅熟师名，至是遍谒之，假兵器，募粮草，投牒帅府、督府，期一举灭贼，咸壮许之。盗渠率百余曹，师悉知其姓名住处，卒以兵相临，数日间无不就擒斩，巢穴遂空。时师年二十八岁矣，从此安立丛林，供十方云水粥饭，以杂华为定课，兼行一切佛事，或修净业，或习禅观，或阅藏典，历五十余年如一日。①

首先应该注意的是这份塔铭的性质。根据莽会首生平年岁考证，莽会首除盗开山这件事发生在嘉靖六年（1527），②离塔铭的撰写年代已经整整60年，离他去世的万历二年（1574）也有47年。正如后文将要讲到，莽会首是第一代住持，他灭盗时的"同志"云崖和尚接替他为第二代住持，云崖的弟子仰崖是第三代住持，正是仰崖策划塔铭的撰写。假设仰崖是从其师云崖那里听到这个故事，时空的间隔也已经大大降低了这份塔铭作为了解嘉靖初年史实的证据价值。塔铭中大量生动细节的描写，绝对有夸大和想象的嫌疑，下文主要是从故事中的一些人物及其关系推断出一些当年的历史。

这个故事描述了嘉靖初五台山群盗纵横的景象，这些盗贼已经占据了旧路岭，划分地盘，从"盗渠率百余曹"来看，显然他们没有一个统一的组织。盗贼本身有兵器，而过客也要"聚百众，鸣金持械"才能通过。自从他们阻断交通之后，显然也阻断了香客和施主，对寺庙而言，这意味着"皈依阻绝"。③莽会首一开始也不过是个游方僧人，从"师悉知其姓名住处"来看，莽会首对盗贼的情况非常熟悉，他对这一带的了解，必然不是一两天形成的。

尤其要注意的，是龙泉关兵统郑某以及其他边将在这一事件中的角色，因为它体现了寺院崛起需要的一些条件。莽会首与郑某关系密切，他与盗贼的战斗，郑某显然也得到了消息，"潜以兵护之"，在莽会首被盗贼重创以后，也是郑某把他抬回，加以救护调理。第一次战斗之后，莽会首正式打出军方的旗号，使得师出有名，又能够借取军方的粮草，终于建立一支小型的武装，"以兵相临"，盗贼屏迹。后来嘉靖中叶，曾有巡按西关御史在巡边的时候驻足这所庵院（当时叫涌泉寺或旧路岭）。④通过与龙泉关军方的合作，莽会首的庵院更具合法性，其形象亦趋正统化。

————————

　　① 冯梦祯：《五台山旧路岭龙泉寺开山莽会首塔铭》，见氏《快雪堂集》卷12，《四库全书存目丛书》集164，（台）庄严文化事业公司1997年版，第222—224页。

　　② 何孝荣：《明代北京寺院修建研究》，第572页，注5。

　　③ 德清：《大都明因寺常住碑记》，见氏《憨山大师梦游全集》卷6，《四库未收书辑刊》第3辑第25册，北京出版社2000年版，第248页。

　　④ 嘉靖《西关志》卷7《紫荆关·艺文·龙泉关阅边城小憩边外涌泉寺》，第398页。

莽会首开山之后，这个寺院的崛起经历了数十年的时间。一直到嘉靖十七年（1538），其寺名还与地名相同，在一通当年的题名碑中，还可以见到莽会首的称呼是"旧路岭无尽慧定"；① 又过了10年，它才有了一个正式的名称"涌泉寺"。② 直到万历初年，它仍使用"涌泉寺"的名称。③ 大概在万历初到万历十五年之间才被赐名"龙泉寺"。④ 这个寺名很可能是晋王所赐，一个证据是龙泉寺靠近晋府官庄铁铺村，那里的矿徒历来受到晋王的庇护，在万历朝廷处理矿徒问题的时候，龙泉寺的僧人为避嫌一度试图小心行事；⑤ 而且后来龙泉寺第四代住持远清亦和晋王长期保持密切关系；⑥ 另一个证据是莽会首传记开始言"请名"、"赐名"，但是《清凉山志》以及五台山所有提到龙泉寺的碑刻题名中，该寺名前都没有"敕建"或"敕赐"的字样，也就是说该寺名并非朝廷所赐，朝廷之外能够赐名的应该只有藩王。寺名的变化说明嘉靖中到万历初是龙泉寺发展的重要时期。

龙泉寺的发展过程经历过几次重大的契机，最重要的转变与龙泉寺第二代住持云崖有密切关系，云崖的经历同样富有传奇色彩。莽会首等人的武功后来被著名僧人憨山德清赞为"少林业"，暗示他们像著名的少林寺一样，以武力捍卫寺院。无尽慧定剿灭盗贼凭借的52位"英奇轻死之辈"，都不是一般吃斋念佛的信众，而是一群擅长武术的人，云崖和尚就是这52人中的一位。云崖与莽会首都是来自河北保定，"与莽师同歼盗贼者也……貌状略与莽师同，亦奇伟丈夫也"⑦。云崖就是后来推动龙泉寺转型的重要人物：

　　公（云崖）居龙泉十载，始入大都，登坛受具，即置三圣寺以纳

---

① 嘉靖十七年《五台山敕修宝塔高僧檀信题名记》，见祖印《五台山大塔院寺重修阿育王所建释迦文佛真身舍利宝塔碑并铭》之碑阴，碑存塔院寺。

② 嘉靖《西关志》卷1《故关·疆域》，第513页。

③ 黄玉：《五台山凤林寺彻天和尚行实碑记》，见《五台山碑文选注》，第253—255页。

④ 冯梦祯：《五台山旧路岭龙泉寺开山莽会首塔铭》，见氏《快雪堂集》卷12，第222—224页。

⑤ 道开：《上本师和尚》，见氏《密藏开禅师遗稿》下卷，黄山书社2005年版，第45—46页。

⑥ 庆宜：《钦依皇坛赐金冠紫衣讲经传戒宗师涌泉堂上第四代住持澄方清公大和尚行略》塔铭，该铭刻于远清澄芳的墓塔之上，塔存今涌泉寺东山坡。

⑦ 冯梦祯：《五台山旧路岭龙泉寺开山莽会首塔铭》，原文称"某全"，而根据德清《大都明因寺常住碑记》，当指云崖，见氏《憨山大师梦游全集》卷6，第248页；王祖嫡《明因寺碑记》作"云岩"，见王祖嫡《师竹堂集》卷17，《四库未收书辑刊》第5辑第23册，北京出版社2000年版，第192页。

四方。又五岁，入选为大宗师，奉钦命登华座。……万历三年，复修明因寺。又十年，而大师入灭。①

云崖和尚本身经历过地位提升的过程，他在进入北京之前，只是一介游方僧，没有证据显示他曾获取度牒和戒牒。②不过可以明确的是，在龙泉寺居住 10 年后，他才在北京受具足戒。受戒之后，才在北京创三圣寺，这个寺庙显然成了他发展事业的基础，此后 5 年他即被选为大宗师，其发展之顺利，很可能与太监徐法灯的支持有关。徐法灯亦是保定县人，和莽会首、云崖是同乡。徐自幼在司礼监内书堂读书，约嘉靖末升为掌司官，万历初年升任乾清宫内奏事牌子，并侍奉李太后起居。而李太后热心赞助佛教事业，她对很多佛寺的赞助其实都是徐法灯从中牵线搭桥，徐太监和龙泉寺关系如此密切，以至于其塔铭径直称为"龙泉寺正光居士"。③很难想象如果没有徐法灯的鼎力支持，云崖在京城的活动会如此顺利。云崖"嘉靖间尝为大戒宗师"，也就是掌握了授戒的权力，这一角色对于龙泉寺后来的崛起至关重要。④

成为传戒宗师之后的云崖和尚在万历三年（1575）修复了北京的明因寺，该寺在北京崇文门外，也是由太监徐法灯创建，而请他担任住持的。⑤这个寺院后来变成了云崖与他五台山的朋友们在北京联络的据点。⑥作为京师的传戒宗师，云崖的影响力很容易投射到了五台山区，五台山龙泉寺的僧人们都尊称他为"宗主师"。万历二年，龙泉寺莽会首慧定弥留之际，请弟子把云崖从北京请回五台山，把龙泉寺住持一职交给他。⑦云崖接替住持职

① 德清：《大都明因寺常住碑记》，见氏《憨山大师梦游全集》卷 6，第 248 页。

② 德清：《大都明因寺常住碑记》，见氏《憨山大师梦游全集》卷 6，第 248 页，根据碑记，云崖 7 岁"披缁"，18 岁游方，只字未提他何时何处受戒。

③ 德清：《五台山龙泉寺正光居士徐公愿力塔碑记铭》，见氏《憨山大师梦游全集》卷 19，第 803—804 页，碑铭称徐法灯"列内翰局读书，进internal官"，明代无此机构，由于内翰是司礼监太监的别称，推测徐法灯是在司礼监之下的内书堂读书的，内书堂是宦官的教育机构。

④ 王祖嫡：《明因寺碑记》，见氏《师竹堂集》卷 17，第 192 页。

⑤ 王祖嫡：《明因寺碑记》，见氏《师竹堂集》卷 17，第 192 页。

⑥ 正印编：《紫竹林颛愚和尚语录》卷 20，《禅宗全书》第 55，文殊出版社 1988 年版，第 605 页；观衡：《答澄芳大师》，见氏《紫竹林颛愚和尚语录》卷 6，第 425—426 页。

⑦ 冯梦祯：《五台山旧路岭龙泉寺开山莽会首塔铭》，见氏《快雪堂集》卷 12，第 222—224 页。

务后，北京明因寺与五台山龙泉寺关系更加紧密。龙泉寺在万历中期，连续多年获得李太后和朝廷的赏赐，获赐之频繁，当时五台山诸寺无出其右。万历《清凉山志》叙述云崖接管龙泉寺之后，寺院发生的变化：

> 马公将卒，以三门托燕京大智宗主。以慈惠及物，山之野民靡然从化，耻为盗者，皆愿施重修其寺。谚云："前日马那吒，今朝智菩萨。"①

《清凉山志》的编纂者镇澄与云崖有密切关系，龙泉寺在万历年间多次获得赏赐的事情就被载入该方志中。② 在镇澄看来，云崖返回龙泉寺后，极大地增强了该寺在地方的影响力。当初，莽会首据说以"欲除残暴，建立佛法"为己任，而在征服这些寇盗之后，他们开始采取吸纳融入的政策，比如莽会首"从此安立丛林，供十方云水粥饭"，"饭僧十万八千人"。莽会首"供十方云水粥饭"的举动，后来被紫柏真可称赞为"从粗至精成风教"，其死后所立的普同塔，由于是僧人骨灰和俗人一起供奉，以至于"黑白年年来祭扫"，莽会首被塑造成为一个"化民"的象征。③ 莽会首的声名广为流传，以至于在五台山地区有关于他的谚语形成。隆庆年间的旅游书《天下水陆路程》在讲述五台山道路的时候，不称该寺为"涌泉寺"或"龙泉寺"，而称以"莽会首寺"。④ 可以说，莽会首已经成为龙泉寺在五台山崛起的一个象征。

龙泉寺的崛起使得僧人和地方社会的关系呈现出另一种面貌。今日的"智菩萨"云崖，当年却与"马那吒"一起，做的同样是武力征服的工作，只不过他从京师返回后，使得龙泉寺的角色发生了重大转变：从一个乡野小庙，变为一个有京师背景的敕赐寺院；从与"盗贼"的紧张对峙到"山之野民靡然从化，耻为盗者"。需要说明的是，维持纲常教化，并非僧人一厢情愿即能实现。龙泉寺与山民和谐关系的达成，如果从另一个角度思考，是因

---

① 万历《清凉山志》卷3《诸寺名迹》，第27页。马公就是莽会首，"马"当是"莽"的音讹，"大智宗主"是云崖。

② 正印编：《紫竹林颛愚和尚语录》卷20《行状》，第605页。

③ 真可：《旧路岭龙泉寺普同塔歌》，见氏《紫柏老人集》卷28，《故宫珍本丛刊》第518，海南出版社2001年版，第465—466页。

④ 黄汴：《天下水陆路程》，山西人民出版社1992年版，第174页。

为在那些山民看来，选择一个更加正统的寺院或许更方便他们在山区从事经济活动。换言之，此一局面的形成，其实很大程度上取决于龙泉寺本身地位的提升，以及它向山民提供庇护的能力。

龙泉寺第三代住持仰崖主持寺务期间，万历十八年至十九年（1590—1591）发生了万历皇帝亲自过问的矿徒张守清事件，这个事件发生的地点就是龙泉寺周围一带。事件的起因是有宦官不满从张守清那里获得的贿赂而告发他开私矿，而并非张守清有造反的举动，从山西省到五台县的各级地方官本来打算低调处理这件事，但是经过皇帝过问之后，地方官和驻防军官面临着很大的政治压力，山区居民人心惶惶。① 张守清的大本营在龙泉寺附近的铁铺村，如果朝廷究诘起来，与矿徒们关系暧昧的五台山寺院自然难逃其咎。当时在五台山主持刻写大藏经、与龙泉寺关系密切的僧人密藏道开在写给其师紫柏真可的信中，不无担心地说，矿徒问题和僧、民都有牵涉，因此他不得不小心从事：

> 台山铁铺村，已改作新民店，盖有司欲自庇，因而庇及僧民，此固曼殊大士慈力冥加，或未可知，第其中究竟终有不可必者在也。向欲请都城，一则以铁铺未宁，一则以刻工未调，故而迟迟，此去腊底或可行耳。②

这里意思是说因为五台矿徒之故，暂时不便向北京的施主（主要指李太后）请托。密藏在信中又写道："山中期场始终未卜何状，每当朔望，称礼曼殊，祈祷老师杖履来山，作我眼目。"③ 密藏请紫柏来山的请求获得应许，紫柏遂于万历十九年（1591）春来到五台山龙泉寺，并且邀请致仕的礼部尚书陆光祖来此游览，以作名山护法。④ 当时在龙泉寺招待紫柏等人的就是"大宗师"云崖的弟子仰崖永庆。憨山德清说："公（仰崖）以学行重当时，且复外据龙泉以说法，内感圣母以捐金，重修其寺，额曰'护国明因'，

---

① 具体过程见第四章第三节。
② 道开：《上本师和尚》，见氏《密藏开禅师遗稿》下卷，第45—46页。
③ 道开：《上本师和尚》，见氏《密藏开禅师遗稿》下卷，第46页。
④ 万历《清凉山志》卷5《明吏部尚书陆光祖传》，第53页。

盖功德本于大宗师也。"① 在五台山的另外一通碑中，他的称号是"钦依光善戒坛圆戒宗师兼护国明因寺住持理五台山龙泉寺事住山"②。也就是说，仰崖完全继承了乃师云崖的传戒大宗师的地位以及他在北京寺院和五台山寺院的职位。在他主持之下，龙泉寺"檀那殿胜"③。仰崖永庆在龙泉寺住持任内，请居士为创寺的莽会首立塔写铭；在北京和五台各树立一座普同塔，并请紫柏为五台山的普同塔写纪念文。④ 也就是说，因为龙泉寺已经成功立足，在朝廷内外有强大的"护法"力量，使得它没有受到张守清事件的牵连。

龙泉寺不仅没有因为矿徒问题受到牵连，更在万历二十七年（1599），进一步获得皇室的赞助重修。⑤ 这一次仍然是借助太监徐法灯之力：

> （太监徐法灯）于山西五台旧路岭，就文殊之道场，清凉之化境，奏闻圣母，重修龙泉寺……度沙弥远健为庆之弟子，授僧录左觉义，为本寺住持。又于真定曲阳县北，重修凤祥寺一所，置地三顷余亩，以供龙泉香火，接待十方。⑥

龙泉寺获得了大量土地，在曲阳县设立接待院，不仅方便了从真定府方向来的居士，也使得龙泉寺的势力更加深入到河北平原。不仅如此，仰崖的徒弟远健，本来只是一介沙弥，不仅被授予度牒，而且更被超擢为僧录司左觉义。这些举措使得此时的龙泉寺成为五台山受太后恩宠最多的寺院之一。⑦ 万历四十年（1612），仰崖去世之后，其弟子远健、远清等为其立塔，御马监太监传奏李太后敕赐"造塔金"150两。⑧ 其中远清并于当年（1612）

① 德清：《大都明因寺常住碑记》，见氏《憨山大师梦游全集》卷6，第248—249页。
② 《敕谕山西五台山碑文》，见《五台山碑文选注》，第27—29页。根据实地考察，该碑其实是万历九年免粮碑的碑阴，称号最后面两个字是"与全"，所以云崖的全名是云崖与全。
③ 道开：《上本师和尚》，见氏《密藏开禅师遗稿》上卷，第21页。
④ 真可：《旧路岭龙泉寺普同塔歌》，见氏《紫柏老人集》卷28，第465—466页；冯梦祯：《冯梦祯日记》，见氏《快雪堂集》卷47，第668—669页提到紫柏委托冯撰写莽会首塔铭。
⑤ 万历《清凉山志》卷4《帝王崇建》，此次重修应该是在万历二十七年。
⑥ 德清：《五台山龙泉寺正光居士徐公愿力塔碑记铭》，见氏《憨山大师梦游全集》卷19，第803—804页。
⑦ 万历《清凉山志》卷4《帝王崇建》，第38页。
⑧ 万历四十年九月《明寂仰崖法师庆公之塔》铭，塔存今涌泉寺东山坡之上。

在五台山开设戒坛，称为"皇坛"，继续掌握传戒权力，而且开始了"山中传戒"的时代（参看图3–3）。①

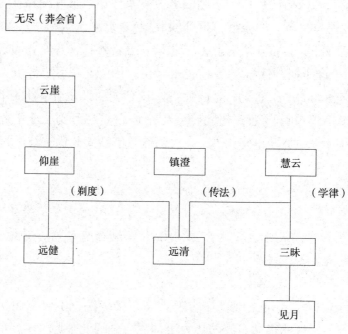

图3–3：龙泉寺的历代住持及远清的师承关系

龙泉寺能够继续发展，除了它的几代住持通过紫柏、憨山以及太监徐法灯等建立其在朝廷内外的关系网络之外，他们与晋府的关系也得以延续下来。崇祯六年（1633）仰崖的弟子远清的塔铭提到：

> （远清）自受晋国主请，二十余稔，斤斤以法门为己任，遂□宫壶倾诚，淄素归信。故神庙特旨，传大戒兹山者再，维持灵谷化纲，可为汉廷之叔孙通也。②

① 崇祯六年庆宜《钦依皇坛赐金冠紫衣讲经传戒宗师涌泉堂上第四代住持澄方清公大和尚行略》塔铭，该铭刻于远清澄芳的墓塔之上，塔存今涌泉寺东山坡；乾隆三十年源谅《律宗灯谱》之《远清澄芳》，全国图书馆文献缩微复制中心1993年版，第28页。

② 崇祯六年庆宜《钦依皇坛赐金冠紫衣讲经传戒宗师涌泉堂上第四代住持澄方清公大和尚行略》塔铭，塔存涌泉寺东。

远清于崇祯元年（1628）去世，因此塔铭中提到的受晋国主请20余年，推算起来，大约从万历三十年前后开始。其弟子夸赞乃师被神宗特许在五台山开戒坛，是维持"灵谷化纲"，可比作汉代制礼作乐的叔孙通，也即是维持五台山区的王化和统治秩序，龙泉寺俨然被描述成为皇帝的代表。

龙泉寺在五台山寺院体系内部地位提升的过程，曾先后借助了龙泉关军队系统、王府系统以及僧官系统，它和宦官、拥有政治资本的高僧以及一些官僚也建立了固定的联系。和各种势力保持密切关系，确保寺院的"护法"力量，是龙泉寺得以崛起的主要原因。龙泉寺崛起的过程，也是其获得朝廷赏赐、积累寺产并建立下院的过程。

第三节　五台山的寺院网络：两个个案

随着山区的开发和寺院的增多，五台山各类寺院之间往往通过多种方式相互联系起来，从而构成五台山的寺院网络。这些联系方式包括寺院之间人员的交往；保持僧官来源的多样化及其在寺院修建和寺院控产中的权威；建立上下院的关系网等等。本节分别以峨口村、五台山普济寺为例，探讨在山区开发的过程中，寺院网络建立的过程和特点，并分析它与多元行政系统之间的关联。

一、峨口：经济发展与王府、卫所的进入

在五台山西北面，有条发源于中台的河流，叫峨河。峨河出山之处，即是峨口村。峨河流域的开发相当早，峨河上游的秘魔寺（在今岩头村），保存有五代、宋、金以及明清时期的石塔、经幢和碑刻。根据这些石刻的内容判断，至迟从10世纪开始，秘魔寺就已经成为规制完整的重要寺院，从五代到金，每个朝代都有拥有紫衣僧号的僧人。[1]另外峨河下游的木角、下社等村保存的金石材料，显示这里金元时期已经有人居住，他们能留下经幢

---

[1]　北汉天会七年（963）《巨唐五台山秘密寺主玄觉大师塔记》，北宋天圣八年（1030）《佛顶尊胜陀罗尼幢记》，嘉祐二年（1057）、嘉祐四年（1059）无题经幢，崇宁三年（1104）《殁故大师福全功德幢》，金天会十一年（1133）《崇因大师塔记》，皇统七年（1147）《预修广云塔铭》，大定十八年（1178）《宣密之塔幢》，皆见《五台山佛教（繁峙金石篇）》，第80—128页。

或者碑文，则其经济上必定相当富有。① 明清两代，峨河渠灌溉的村落一半属代州，另一半属繁峙县，峨口在行政区划上属于代州。峨口不仅是峨河渠总闸的所在地，而且位于通往五台山和五台县的交通要道上。洪武初年，朝廷在该条交通线上设有沟子铺、庵头铺、岩头铺、赵家峪铺等急递铺，南接五台县的大柏铺、窦村铺、白草铺、李家庄铺、大石铺、雷村铺、王村铺，到五台县城。②

明初的七八十年间，我们并没有峨口一带的任何直接资料。最早关于峨口的讯息，是来自景泰七年（1456）佛诞日，峨口等几个村落参与上游庵头村圭峰寺的重建碑，这也是圭峰寺现存最早的碑文。根据碑文，圭峰寺"自兵革以来，梵宇兰堂，尽皆废毁"，显然指的是元末明初的地方战乱。从宣德元年（1426）无文印禅师来此募化重修大殿，徒子若孙，陆陆续续几十年才得以修建完成，所以圭峰寺这次重修，其实可以看作是明初地方社会重建的一部分。这次修庙的功德主除了庵头村以外，还有木阁、沟子、峨口、东丈村、霍家岗、榆勤村、海子村、佛光庄、高陵村、木脚村（木角村）、下社村 11 个村落的居民，这些村落都分布在圭峰寺下游一带。峨口村当时参与建庙的有王（2 人）、郝（1 人）、杨（5 人）、刘（5 人）、张（1 人）、李（2 人）6 个姓氏共 16 人，说明当时峨口其实是个多姓村，而且所有参与的居民，都没有任何的功名头衔。③

圭峰寺当时称"五台山万圣圭峰寺"，而且本寺有僧人曾任职五台山的僧官衙门。峨口村捐施的人之中，有一个叫刘福义的，其姻亲陈某就是出家在圭峰寺，陈某不仅长期担任寺庙的住持，而且一度被钦差提督五台山僧录司右觉义从铃保举到五台山僧衙显通寺任职，"系提督监管番汉统众焚修"，最后仍退隐圭峰寺。④ 而且实际上，这通景泰碑的正文末尾的题名，首先就是僧录司右觉义从铃，从铃后面是五台山僧纲司班麻孤麻剌。这说明峨口等

---

① 金泰和二年《忠公之塔》幢，见李宏如编《繁峙碑文集》，第 110—115 页。
② 成化《山西通志》卷 4《驿递》，第 98、101 页。
③ 景泰七年《五台山万圣圭峰禅寺重修殿宇树立碑文之记》，见《五台山佛教·繁峙金石篇》，第 209—213 页。
④ 成化二十年真际，《□□行状记》，见《五台山佛教·繁峙金石篇》，第 214—216 页，编者另起名《谅公之碑》，传主真谅禅师，根据碑阴题名的称呼，刘福义之子刘景和等人为其外甥，因此推知刘福义是其姐丈或妹丈。

村的居民其实是需要通过圭峰寺来与五台山的正统僧衙门建立关系。① 而这种关系的建立，无论对于提升圭峰寺的地位，还是他们向五台山区发展，都有很大便利之处。僧官觉庵为圭峰寺写的碑记中提到此地原有"庵头古寺"、"庵寺"，但是寺院修建完毕后，碑文的正题却是"五台山万圣圭峰寺"，说明到了 15 世纪中叶，五台山周围的一些寺院在崛起的过程中，也在使用五台山的名号。

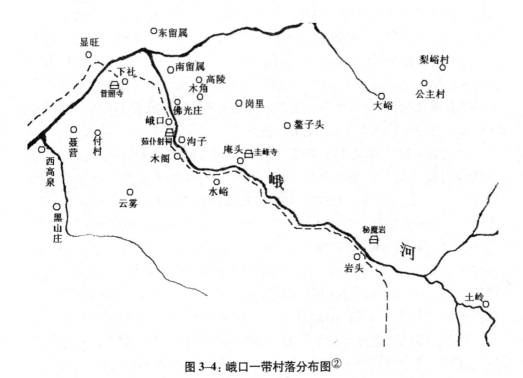

图 3-4：峨口一带村落分布图②

峨口一带居民与五台山寺院确立关系的背景，是地方经济的发展。题名的只不过区区几十人，他们能够修造一座新的佛寺，显示到了 15 世纪中叶的时候，他们已经有相当的财力。地方经济发展还表现在水利灌溉的发

---

① 景泰七年《五台山万圣圭峰禅寺重修殿宇树立碑文之记》，见《五台山佛教·繁峙金石篇》，第209—213 页。

② 资料来源：底图为山西省测绘局绘编《山西省地图集》第 124《代县》，第 129《繁峙县》，山西省测绘局 1995 年版。

展。成化七年（1471）之前，代州的退休官员王钥曾写过一首称赞峨河流域的"禾黍纵横"、"桑麻掩映"的繁荣景象，他并加按语说明：

> 东峨河，水出东峨口，一支西来，灌溉民田，一支东去，灌溉繁峙民田，左右村农咸赖其利焉。①

由此看来，峨河水所灌溉的土地，无论属于繁峙县还是属于代州，都是民田，这也表明，本地的土地其实是登记在州县系统之下的。同时，在峨口，还有一座茹仆射祠，根据王钥的记述，茹仆射（茹汝升）据说是代州断景村人，唐代的时候官任仆射，治理峨河水患，"复穿渠以溉民田，仍立法以息民竞"，故而受到当地人的祭祀。据此推测，最迟成化年间峨河灌溉的诸村必定已经有了一个分水的规则，这个水利系统的枢纽就在峨口。

峨口的居民在修建了圭峰寺之后，逐渐往峨河上游发展。前面提到的峨口刘福义除了在景泰七年（1456）年参与圭峰寺重修，成化二十年（1484）与姻亲陈氏等一起参加圭峰寺真谅禅师的行状立石之外，在弘治十七年（1504）还进一步沿峨河而上，到了秘魔岩的七佛崖造石佛像一尊，题名的除了他的子孙家人之外，紧接着是"出家男智宁、圆从"。也就是说，在其姻亲陈氏在圭峰寺出家之后，他又有儿子在秘魔岩出家。紧接着，在正德三年（1508），刘福义又同来自山阴县高政里、南留属、高陵、岩头、在城、崞县、代州东马村、振武卫的施主造像 6 尊，其中首列刘福义及其子孙。两次捐造共 7 尊佛像，而发心造像的为"七佛庵"的僧人，据庵名推测，造像与建寺应该是一同进行的。也就是说，峨口的刘福义作为功德主，在秘魔岩有相当影响。② 秘魔岩寺是来往五台山的人过夜住宿的地方。③ 就在峨口等地的村民参与上游寺院修建的时候，下游的寺院也纷纷修建起来。

---

① 王钥：《雁门胜迹诗集》之《东峨河》，国家图书馆藏清抄本，具体年代不详。有成化七年（1471）郡人郭信的序言以及该年王钥的自序。我们这里探讨的峨河，通常也叫东峨河，以区别代州西南部山区的另外一条河流西峨河。

② 弘治十七年《秘魔岩七佛崖摩崖石刻》，正德三年《七佛崖造像记》，分别见《五台山佛教·繁峙金石篇》，第 131—133、136—139 页。

③ 比如万历中官员王思任就曾在秘魔岩留宿，见王思任《游五台山记》，载崔正森《五台山游记选注》，第 5 页。

比如下社村的普照寺于弘治十年（1497）得到重修；高陵村的证空寺，于弘治十六年（1503）由本村的武氏重修；另外佛光庄的佛光寺也在正德五年（1510）由本村的张氏、韩氏等重修。① 这几个村在明代已经在峨河渠的灌溉范围。② 他们的建寺活动，按理峨口应该是有参与的，可惜这几次重修只有简略梁记保留下来，从现存梁记中看不到峨口的人名。

在经济发展、寺院纷纷兴建的同时，地方社会的构成也发生了变化，王府和卫所的影响开始进来。上文成化年间代州人王钥的诗中提到峨河流域灌溉的都是"民田"，但是嘉靖年间的《三关志》的屯田资料显示，最迟到嘉靖年间峨河灌溉范围的高陵村，也分布有振武卫的屯田。③ 另外根据明实录的记载，大约在永乐到成化年间的某个时间，峨口的西边聂营村已经是晋府宁化王"敕赐拨给"的庄田。④ 可以说，在峨口一带的村庄纷纷修建寺庙的时候，卫所和藩王的势力也开始在峨河流域拓展。早在天顺元年（1457）的时候，就已经有卫指挥参与到五台山西台的铸钟活动；正德三年（1508），有振武卫舍人曾经参与上游的秘魔岩造像。⑤ 也就是说，峨口、南留属、高陵等村的居民在向峨河上游发展的时候，另一群不同身份的人也有同样的兴趣。

卫所、王府的影响进入峨河流域的另一个表现，还体现在峨口附近几个村落居民身份的多元化。根据嘉靖七年（1528）下社村普照寺重修题名，虽然峨口居民的身份一仍其旧，没有任何功名，但是其他村落的居民身份开始出现变化。以普照寺所在的下社村而言，该村主要的姓氏是乔氏，乔氏不仅人数最多，而且有吏部听选官乔珂、州掾乔文纪，还有仪宾乔巊，说明乔

---

① 见李宏如编《五台山佛教·繁峙篇》，内蒙古人民出版社 2003 年版，第 139—142、144—146 页。

② 万历二十二年《隐关舍地实行碑记》提到有"渠"，说明下社已在峨河渠的灌溉范围内，碑现存正下社村普照寺；道光《繁峙县志》提到"旧志：峨河渠溉峨口村、佛光庄、上下木角村、高陵村、南留属地"，其所指"旧志"为万历县志，所以，佛光、木角、高陵、南留属诸村在明代已属于峨河渠的灌溉范围。

③ 廖希颜：《三关志》之《兵食考·屯种》，第 723 页。

④ 《明孝宗敬皇帝实录》第 64 卷，"中央研究院历史语言研究所" 1964 年版，弘治五年六月甲辰，第 1230—1231 页记载有第三代宁化王的母亲说，聂营等三处庄田，"原系敕赐拨给"。按，第一代宁化王朱济焕永乐二年封，第三代宁化王朱钟𨫼成化八年袭封，弘治四年革爵。据此，宁化王母亲所谓的前代，应该在永乐到成化之间。

⑤ 天顺元年《西台铁钟铸文》，正德三年《七佛崖造像记》，分别见《五台山佛教·繁峙金石篇》，第 33—36、136—139 页。

氏现在的背景已经横跨州县与王府两套系统，乔氏的这种背景从参与法会的"会众"来源也可以看出来。这些"会众"不仅有来自峨河流域的付村、峨口，佛光、沟子的人，还有些来自流域之外的聂营、鹿蹄涧、显旺、黑山庄、东留属、南留属、聂营营、黄家庄、金盘村、西义村、枣林村、贾村、青水贾村、东庄、尽荒山熊头沟、李牛等村，以及来自振武卫的指挥、百户、舍人、旗军，代州东关的国亲崔氏等等。其中聂营营和贾村虽然都是王府庄田的所在地，但本地也都有"旗士"，即卫所的军士居住。另一个与峨口隔河相对的沟子村，不仅有个致事知县王经，而且还有舍人王嘉谋和王嘉善，也就是说，沟子村也已经有卫所的舍人居住。在普照寺同时立的另外一通碑记里，还有"王府典膳王世用"、"义官王世孜"，从姓名用字上看，他们似乎是兄弟，并且同时拥有州县官府所赋予的"义官"身份与王府的官职。①

到了嘉靖初年，除了圭峰寺一直在使用"五台山万圣圭峰寺"表明它自许为五台山寺院之外，五台山寺院的影响已经扩及滹沱河沿岸的下社村。根据上述普照寺的碑刻，该寺当时有四座下院：龙武泉寺、积报寺、望台寺、南留属寺。其中龙武泉寺、望台寺和南留属寺，都位于峨河流域，因此，通过上下院的关系，普照寺影响的范围其实已经覆盖了峨河流域的中下游。举办完法会后，普照寺的住持净庆"令人持香，不惮溪山之远劳，诣于五台山敕建大吉祥显通寺"，在他的请求下，显通寺的祖云天祥为其撰写碑文，而篆额的是"敕建铜瓦殿大广宗禅寺嗣临济第二十五代正宗东鲁善编修《清凉传》紫衣沙门祖印天玺"②。对这些山下的寺院而言，用五台山名号，请五台山寺院的僧人，建立上下院等，已经是很平常的了。

二、普济寺：王府香火寺与上下院的网络

在寺院建立和扩张的过程中，上下院是一种重要的制度化方式，通过这种方式，不仅山上的敕建、敕赐寺院和众多的庵院之间相互连结，而且山上的寺院和山外的寺院亦能够达成一种同盟关系，从而使得"五台山寺院"的外延得以不断放大。在禁山体制之下，保持这种模糊的边界对于山区的进

---

① 嘉靖七年天祥《重修古刹禅寺碑记》，碑存正下社普照禅寺。
② 嘉靖七年天祥《重修古刹禅寺碑记》，碑存正下社普照禅寺。

出很重要。

明代最早的上下院例子与五台山僧官从铃的崛起有关，正统十三年（1448），朝廷"命五台山显通寺僧从铃为僧录司右觉义，住本寺，提督五台一带寺宇，赐敕护持。从铃资富巨万，结权贵为之请，遂有是命"①。从铃何以如此富有以及他结交的权贵是什么人，都没有材料说明，不过可以肯定他是一个有钱有势的僧官。五台山北面繁峙县有些村庄通过从铃建立与五台山僧官衙门的联系，比如山会村（三会村），有村洪福寺"僧惟杰同乡耆刘杰等于天顺间拜迎敕建显通寺觉义明从铃主之，永为下院"②。无独有偶，前文景泰七年（1456）峨口圭峰寺的重建题名，首先就是五台山僧录司右觉义从铃，从铃后面是五台山僧纲司班麻孤麻剌。③

值得注意的是，寺院之间上下院的关系不是永久稳定的，比如上文提到的山会村洪福寺和峨口附近的圭峰寺，都是宋金以来即已存在的古老寺院，它们在明代和显通寺建立的联系，更多是一种暂时的联盟。比如洪福寺，该寺虽然一度是显通寺的下院，但是到了嘉靖中叶它和其他的几所寺院一起，转变成五台山北面、繁峙县境内的南峪口村寿宁寺的下院。在开始探讨此一转变之前，我们不得不先从五台山敕赐普济寺扩张的故事开始，这个个案就是要探讨普济寺怎样建立它庞大的上下院系统以及这一过程怎样与山区的开发相配合。

普济寺建寺的历史其实也是王府权威进入五台山区的历史。普济寺由北京僧人孤月净澄创建，净澄早年一度跟随五台山寿宁寺僧清善，"到山执僧务"，后来"走古华严炼磨，日夜逼拶，几一载"，古华严在五台山东麓。净澄在古华严顿悟后，返回北京参访高僧广恩月溪，④北京的参访活动使他名声大噪。成化年间，"（五台山）僧录相与迎致五台法席。师之者日益众多，几无所容，乃相隙地于东北台下之水池，去水实土，东至小阿，南至饮牛池，西至金刚窟，北至华严岭，四隅拓开约二十亩余许"。整治好基址以

---

①　《明英宗睿皇帝实录》卷 166，正统十三年五月乙未条，第 3211 页。

②　祖云：《代州繁峙县三会村洪福寺重修碑》，见《五台山佛教·繁峙碑文篇》，第 457 页。

③　景泰七年《五台山万圣圭峰禅寺重修殿宇树立碑文之记》，见《五台山佛教·繁峙金石篇》，第 209—213 页。

④　万历《清凉山志》卷 8《历代高僧传下·孤月禅师传》，第 93—94 页。

后，成化二十二年（1486）他获得代王的赞助而在此创建普济寺：

> 弟惟力寡，虽堂莫构，因疏于代王，深允，若挈之赢羡，俾即山取
> 材而傲工焉……然寺虽成，而额弗扁，则无美名以达四方，王乃升请于
> 朝，即日敕下，赐扁曰"普济禅寺"，王拜受赐，而大哉斯扁乎！①

从引文看，普济寺的兴建与五台山区土地的开辟和山林的砍伐都有莫
大关系。正如前文所述，在禁山体制之下，要做到这一步不仅需要僧官的许
可，而且也常常需要一些世俗权威的支持。普济寺砍伐树木，是发生在上疏
代王之后，因此碑文称代王批准了砍伐林木的行为。甚至"敕赐普济禅寺"
这块匾额也是代王为其向皇帝所求，获得赐匾之后，"于是金黄其字，朱赤
其外，高榜大揭，以昭示圣意于无穷"。同时，王府官李妙能为普济寺撰写
碑记，李妙能在碑记中写道："（代王）相彼五台，万仞斯拔，风气回合，可
开梵刹，乃正方位，乃召公输，斧彼锯彼，不日巍巍。"根据李妙能的讲述，
从寺院选址到"即山取材"，再到具体施工，都有代王支持。这通碑文起首
的题名，首先列的即是代王成炼及其夫人、子孙的名字。②

代府对普济寺的支持延续了下来。创寺完毕没多久，弘治五年（1492）
到正德七年（1512）之间，普济寺再次进行重修，这次重修同样得到代府
的财力支持。根据藩府伴读刘需所述："我藩世子殿下遣内典宝王奉、陶义，
赍香烛诣寺，上以祝君亲之永泰，下以佑宗室繁昌。使回之日具启：'寺宇
圮毁，佛像尘污，不堪瞻礼。'我贤殿下诱诸宗室暨承奉等官，先出内藏之
币，其各官捐赂相助，复遣王奉等往，仍旧贯而修饰之。"③通过代府的建
寺、请匾、进香和挹注大量金钱，普济寺由此成为代府的香火寺，万历《清
凉山志》明言其"为代王香火"④。

普济寺崛起的过程，也是寺院土地财产积累的过程。普济寺的建立就
是在平整土地和砍伐树木的基础上开始的，而成化年间普济寺建成时所立的

---

① 李妙能：《敕赐普济禅寺碑记》，见《五台山碑文选注》，第200—201页。
② 李妙能：《敕赐普济禅寺碑记》，见《五台山碑文选注》，第200—202页。
③ 刘需：《敕赐普济禅寺重修碑记》，见《五台山碑文选注》，第221—222页。
④ 《清凉山志》卷3《诸寺名迹》，第24页。

另一通碑则提到，与敕赐普济寺相对的，还有一个"古石普济寺"，"寺建于石，古所凿也，寺下有泉，冬夏异色，其味甘洌，可以疗疾，人争爱而掬之"。成化间有钦差守备怀安等卫太监某，"召其住持之僧澄孤月，往募仗义之众，鸠财傭工，力为增拓"，新建的"古石普济寺"显然是敕赐普济寺附近一个同名的寺院，其住持也是孤月净澄，碑文称"其地夷旷广袤四五十里间"，即这个寺院本身是直接建立在控制这广阔的土地之上的。① 此外，嘉靖年间一通重修普济寺碑，除了照旧有诸王题名外，碑文中还提到有"碾磨之宝，蔬畦之圃"，可见他们必定有不少谷物收入，或从事碾磨的生意。② 嘉靖中叶的一通碑曾提到，当初净澄曾"修复普济二寺庄产"，这"二寺"可能指普济寺与石普济寺。③

普济寺崛起之后，很快成为五台山周围一些村庄寺院的上院。正德七年（1512）繁峙县横涧村柳峪庵的一通祈雨碑中，就提到该庵是普济寺的下院。横涧村是滹沱河的发源地，有泉水足资灌溉，可种植稻米。④ 根据碑文记载，正德七年夏天大旱，地方不雨，普济寺下院柳峪庵僧人圆贵和横涧村村民李志全、耆民张礼等人沐浴斋戒，拜于仰头山而落雨，张李二位各有若干兄弟子侄，皆有题名。横涧村亦是振武卫屯田地点之一，记载该事件的碑刻题名首列横涧村千户李刚、舍人李奇、百户张清、百户李文、总旗高峻、总旗许端等，说明当时该村是以卫所军户为主导的村落。⑤ 柳峪庵成为普济寺的下院说明这里的居民除了传统的卫所势力可资利用之外，还另外寻求了具有王府背景的寺院。

天顺四年（1460），灵丘县西南之禅庵寺僧亦邀请净澄孤月担任住持，借助净澄的影响力，地方的施主"无不归向"。弘治、成化间，净澄弟子道清等人又先后起盖正殿、祖师堂、钟鼓楼等建筑。正德八年（1513），完工

---

　　① 张骏：《敕赐普济禅寺碑记》，见崔正森编《五台山碑文选注》，第197—199页。碑文中的"澄孤月"即孤月净澄。

　　② 《嘉靖重修碑》，碑在碧山寺（即原普济寺），原碑无标题，碑约立于嘉靖四年后，忻州师范学院赵林恩抄录碑文。

　　③ 祖印：《寿宁寺重修殿宇实行碑》，见《五台山佛教·繁峙金石篇》，第447页。

　　④ 陈仁锡：《陈太史无梦园初集》之《海集三》，《续修四库全书》第1382，上海古籍出版社1995年版，第114页。

　　⑤ 刘昱：《仰头山古传碑记》，见《五台山佛教·繁峙金石篇》，第572—577页。

后立碑纪念，撰文并书丹的是代府官王俊林，碑文称禅庵寺是"普济之附庸"。① 借助净澄和普济寺影响力的不仅包括禅庵寺，还扩及灵丘县其他寺院，如净澄在禅庵寺的另一位弟子道义，被灵丘三楼村韩氏请去该村香云寺任住持，道义法孙明玉于正德年间修寺，正德十一年（1516）他又立碑纪念该寺与净澄的渊源，题名者包括五台山的觉义明玄、都纲道海及该县僧会德住。② 可见，净澄与普济寺的崛起对于五台山周边村落佛寺的发展有极大之促进作用。

　　嘉靖二年（1523）开始，在普济寺太空、古登二位僧人的努力下，该寺在参与山区开发和扩大影响力方面得到进一步发展。二位僧人不仅为普济寺增置了不少碾磨、田园等产业，而且开始大规模重修普济寺，其规模之宏伟，"往来游礼缁素等，孰不惊叹"，接着"又南至石嘴，北至峪口，修板桥一十八座，夏水冬冰，以便往来"，另外又重修了河北平山县的觉山寺、阜平县的接待院等寺院，进一步把影响力扩及五台山区之外。碑末题名则是诸王、王妃、五台山僧官、各大寺住持、地方军民指挥、饭仙山巡检等人。③ 在普济寺的诸多措施中，尤其值得注意的是交通的拓展，二位僧人修筑的18 座板桥，纵贯五台山南北，其北端的峪口（即南峪口）已经超出了五台山区的范围，到了滹沱河谷地带。南峪口村位于发源于五台山的华严水下游，最迟北宋时期，它已经成为从北面进入五台山的重要门户。④ 南峪口有座寿宁寺，寿宁寺在元代创建的时候一度有大量田产。⑤ 在嘉靖初年普济寺的这通碑上，亦有寿宁寺的 3 位僧人题名。

　　除了交通上的拓展，普济寺与南峪口寿宁寺的紧密关系进一步得到巩固。大约在嘉靖前期的某个时候，繁峙县南峪口村乡耆邀请普济寺太空、古

---

　　① 王俊林：《重修禅庵寺碑记》，见《三晋石刻大全·灵丘卷》，三晋出版社 2010 年版，第 46—47 页。

　　② 德熙：《修建香云禅寺之记》，见《三晋石刻大全·灵丘卷》，第 48—49 页。

　　③ 嘉靖重修碑，赵林恩抄录碑文。

　　④ 比如成寻《参天台五台山记》，白化文、李鼎霞校点，花山文艺出版社 2008 年版，第 277 条，第 154—156 页载成寻入住宝兴驿，五台僧来接，此驿即在南峪口之南，今茶坊村西北，见《繁峙碑文集》第 81 页脚注。

　　⑤ 至正九年敬惠普鉴《宗主行业之记》，见《五台山佛教·繁峙金石篇》，第 437—441 页；元代寿宁寺的庄产甚至有的远在河北灵寿县，见张国旺《元代五台山佛教再探：以河北省灵寿县祁林院圣旨碑为中心》，《首都师范大学学报》（社科版）2008 年第 1 期。

登二位僧人下山修寺。嘉靖三十五年（1556）古登去世之后，其弟子即现任住持圆广等人启建水陆大会，并与诸乡耆一起立碑，这通碑记追溯了该寺与五台山普济寺建立联系的过程：

> 繁邑古刹寿宁是前朝大元普雨大师宣授皇恩□□□□□百二十所，累代传芳，法裔安公鹫峰钦选五台山敕建大吉祥显通寺住持，领众焚修。我昭代登公孤月知识亦授我朝□府洪庥，创建灵丘禅，南北修复普济二寺庄产。延寿命于三昧，舍利随形，乃古刹更译三名，历代攸远。殿宇廊房，虽然颓败，古气犹存□。盖往来无不□，作水陆神画。乃本寺耆僧净云、净宝、善才、善全、善祥，会同本村乡耆徐公讳茂、郭朋、李景荣、吴世美、郭鸾、郑佩、姚璠、杨航、王廷宝登山，词请太空、古登二师下山，素崇清音，高峰远播，无不景仰，克苦重修南北两寺殿宇廊房。幸逢本郡冶口在任邢台学训柴公讳楛、双井太学生张公讳绰古，更营水陆、乐师二殿，代州聂营赵公讳元修理伽蓝堂一座，蔚然而成就俱完，余置庄田。①

碑末的题名显示，安鹫峰是南峪口寿宁寺第 11 代住持，曾被选为五台山僧官衙门所在的显通寺的住持，他的弟子清善则是创建普济寺的净澄的师父，因此他其实就是净澄的师祖。碑文所言"古刹更译三名"所指不明，因为碑文并未提到寿宁寺曾采用其他名称，推究上下文，它应该指的是寿宁寺、显通寺、普济寺这三座寺院都是一个法脉下来的，所以碑阴不仅罗列"本寺"的僧人名单，也罗列敕赐普济寺的僧人名单。本村乡耆徐茂等人邀请普济寺高僧下山修建寺院的同时，其实也是在法脉上重新建立联系。太空、古登二位僧人修复的"南北两寺"，指的是寿宁寺以及本村的另外一座寺院兴寿院——寿宁寺元代的碑刻中提到兴寿院是本村郭氏创立；寿宁寺嘉靖碑的碑阴也列有兴寿院的庄子地土，可见嘉靖年间兴寿院已被视为寿宁寺的一部分。嘉靖中，南峪口村乡耆等人通过法脉叙述与词请的方式，把寿宁寺与敕赐普济寺联系起来，此联系似乎不是上下院的关系，而更像是一种联

---

① 祖印：《寿宁寺重修殿宇实行碑》，见《五台山佛教·繁峙金石篇》，第447页。

盟关系。

南峪口寿宁寺与普济寺联系起来之后，更多的繁峙县村庄庙宇成为寿宁寺的下院。根据碑末所列题名，当时寿宁寺不仅有大量土地，而且另有更多的"下院"。这些寺院包括：天延村灵岩寺、洪水寺、故福三教院、齐城秋月寺、龙雾峪山寺儿地土僧房、三会洪福寺、家家井寺、狮子坪庵8处寺院，以及宝山寺庄1所。① 这些寺院的分布如图3-5。

这些寺院的分布地区，有两个特征值得注意：一是狮子坪、宝山及寿宁寺，它们都分布在进山的要道，说明这些寺院和寺庄的建立其实是山区开发中的一部分。二是其余的下院皆分布在华严水以东地区，这里离县城最为遥远，卫所的屯地很多，比如故福（亦作"固伏"）、家家井（亦作"贾家井"）二处同时亦有大量的卫所屯田；另外嘉靖碑碑阴题名中也能看到"官舍周沂"等字样，这说明一些利用卫所势力的人，这时也利用王府（普济寺）的影响。

从这些寺院的广泛分布可以判断，繁峙县寿宁寺绝不仅仅是一个村的寺院，参与寺院修建的人来源非常广泛。碑文中提到，寿宁寺的水陆殿、乐师殿、伽蓝堂，分别是冶口村退休官员柴橝、双井村太学生张绰古以及代州聂营的赵元所建，在寿宁寺中增建殿宇不是一般人可以做到的事，这几位施主显然兼具身份与财力。从碑阴残缺的捐施题名可一窥寿宁寺的影响范围，这些施主所在的村落包括故福、东庄、平刑、三泉、铁家会、大营屯、在城西关、姚头村、狮子坪、黑石庄、宝山庄、做头村、姚家庄、下如越村、佛连坊屯、中庄屯、高塄村、公主村、华严村、梨峪村、下狼间村、天延村、羊圈村、三会村、百家庄、吕家沟村、上辛兴村、付家庄等。这些村庄的分布几乎遍及繁峙县全境，说明寿宁寺的重修及其与普济寺建立联系等事情虽然以本村乡耆为主，但是对寿宁寺有兴趣的人来源之广泛，远超过本村的范围。

捐施的资金在修寺之外，还被用来购置土地。碑末特意指出兴寿院有"僧房地土"，具体的地点和四至没有列出。碑刻同时列举了宝山寺庄的范围："东至东岭，南至□□，西至香平岭，北至海子凹"，但却没像其他寺产

---

① 祖印：《寿宁寺重修殿宇实行碑》，见《五台山佛教·繁峙金石篇》，第446—453页。

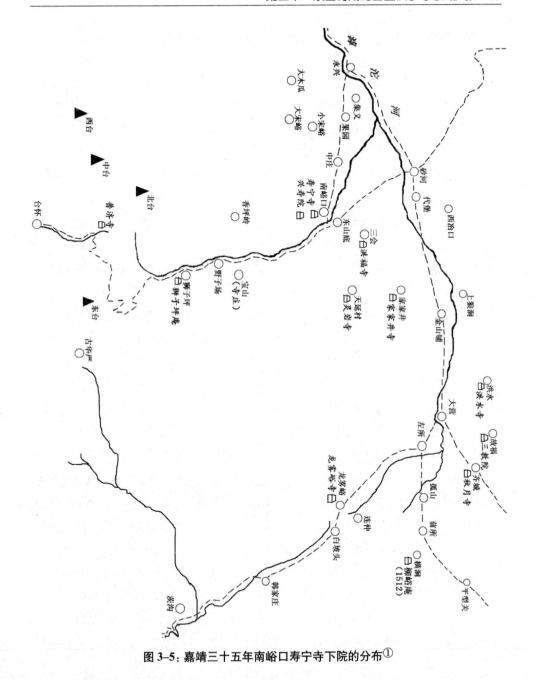

图3–5：嘉靖三十五年南峪口寿宁寺下院的分布①

———————

① 资料来源：底图为山西省测绘局绘编《山西省地图集》第129《繁峙县》，山西省测绘局1995年版；交通路线则参考了光绪《繁峙县志》卷首《疆域图》，第192—193页。

那样标出具体的亩数和粮数，暗示了这块位于山区的土地应该未在官府登记。碑阴还记载寿宁寺"节次治买地土"共约 20 亩，从记录来看，卖主分别为郑佩、吴黄、吴玠、吴应奎、吴世元、吴世为、吴见地、吴世朋、孟□卯、刘钊、杨见等，每块土地少则一亩余，多则三亩余，非常分散，但是每块地都注明了"粮"（税粮）若干，表示这些地其实都是在官府有登记的。在这些卖主之中，郑佩就是邀请太空满下山的众乡耆之一，其余卖主多为吴姓，从他们的姓名用字判断，他们应该是南峪口另一位乡耆吴世美的亲戚。

嘉靖中叶寿宁寺与普济寺的联结，表现了峪口村的乡耆以及其他众多乡村的民众由于进出山区的需要，在利用敕赐普济寺以及王府的影响力。从修桥连接五台山与南峪口村，到入山道路沿途的宝山寺庄的控产，都表明峪口村诸乡耆其实在参与开发五台山，在这个过程中，敕赐普济寺是很便利的角色。这座新修建的寿宁寺在与普济寺联结的同时，其自身亦逐渐变成了一个庞大的控产的机构。而纵观明中叶普济寺的发展史，寿宁寺不过是以普济寺为中心的庞大寺院网络中的一个节点而已。在禁山体制之下，这个寺院网络的意义在嘉靖末年的一次诉讼中体现了出来。

禁山体制下五台山开发的重要特征是州县官府无法进入收税，寺院的控产虽然被允许，但是由于它们"地不属于有司，人不入于编户"，最终引起有司的反弹。[①] 嘉靖四十五年（1566）十月，立于显通寺的《卷案》碑记录了这一冲突发生的过程。这通碑记录的内容是嘉靖年间寺院与州县官府历次诉讼的节录，它记录了一些诉讼文书的概貌，展示了五台山寺院利用官僚程序维护自身利益的完整过程。嘉靖四十年到四十五年（1561—1566）之间的某个时候，根据僧人的说法，五台知县袁国诏认为寺院有上千顷土地却不纳税粮，从而要求征粮，以五台山僧录司、僧纲司为首，五台山 12 大寺等不服州县的安排，向山西提刑按察司申诉，山西省最后否决了五台县的要求。[②] 参与抗议州县征税的五台山 12 座大寺之中，就包括前文探讨的五台山普济寺。因此地方村落投献普济寺之举和寺院向州县抗争二事便联系了起来——投靠普济寺，其实意味着地方居民在州县系统之外，还有另外的选

---

① 吕坤：《摘陈边计民艰疏》，见陈子龙等编《明经世文编》卷 416，第 375 页。

② 关于这个案件的细节，参考本书第四章第一节。

择；在五台山区开发的过程中，当州县税收制度还没有进入的时候，这种选择特别重要。五台山寺院被朝廷赋予了相当的权力和地位，它不仅足以成为寺院控产的张本，而且也为其他人参与禁山的开发提供了庇护。鉴于各种纠结复杂的制度性的牵扯和利益关系，明代五台山的禁山之开，就注定不是一个容易的过程，嘉靖末年州县官府和寺院的冲突，仅仅是这个过程的序幕而已。

本 章 小 结

最迟景泰年间，五台山由于靠近二边的防线，所以被列为禁山。弘治以后，二边修筑了边墙，对五台山地方社会发展影响比较大的是东面茨沟、吴王口、龙泉关一带的边墙。边墙的修筑助长了边墙两边禁山政策执行上的差异。在边墙以东，茨沟的矿徒一直没有获得合法地位，嘉靖以来军队的容忍和庇护，使得采矿成了被默认的行为。万历初，矿徒到了边墙之西，并和王府结合起来，进一步构筑了他们的庇护网。五台山在边墙以西，它被排除在龙泉关、茨沟营军队驻防的范围之外。也就是说，五台山寺院在这片地方的开发中更加显得重要。边墙当然只是一道法律和行政的区别界线，实际上两边来往并无障碍。在直隶巡官御史看来，进进出出关塞隘口的僧人与奸细难以分辨，严防边塞的结果使得边塞之外五台山的经济活动环境相比较而言更加宽松，因此从嘉靖年间开始，僧人、商人以及一些边将肆无忌惮地在五台山伐木。他们在五台山的经济活动还受到寺院的保护，位于五台山东南角的龙泉寺的建立，本身即是僧人与某些边将合作的成果，这个寺院后来被描述成化民的角色，一直是身份暧昧的五台山民们布施的对象。

山区开发的过程中，五台山有大量的各种规模的寺院得到兴建，僧官也获得"监管山场"的权力，山场的题名上往往有僧官和各大寺院的住持。但由于参与五台山经济活动人员的复杂性，使得寺院并不能实现完全独立的控产，他们还需要借助其他权威比如王府等等。山区开发的情况也影响到山下地方社会的建构，通过代州峨口的例子，我们其实可以看到一个在成化年间还是很"民"的地方，怎样最迟在嘉靖年间这里的居民出现了几种不同的身份并存的情况。另一个繁峙县峪口等村的例子，则说明了嘉靖中期以后，地方村落选择了王府的香火寺普济寺，他们的这种选择同样跟山区的进出和控产的需要有关，普济寺的僧人德满等人修建从峪口到石嘴的板桥18座，把峪口等村落和整个五台山寺院聚集区更紧密联系起来。通过上下院关系的建立，以峪口村寿宁寺为中心，形成一个庞大的寺院网络。五台山的范围变得更加模糊和不确定。

在明中叶的五台山社会，地方行政系统呈现出多元化的格局，州县只是其中一个参与竞争的行政系统，它的影响扩大，要到嘉靖末至万历时期赋税改革和土地登记成为潮流之后才逐渐实现。

第 四 章

进入版图: 州县权威在山区的推进

从嘉靖末到万历末, 是州县官府试图对五台山寺院征收赋税和征发徭役的漫长时期。在此时期, 五台山寺院经历了从不向州县纳税到向州县纳税的转变。这个过程不是一步完成的, 它的转变经历了几个重要的契机, 第一个是嘉靖后期到万历九年 (1581) 的赋役改革和土地清丈, 第二个是万历十一年 (1583) 开始的垦荒政策, 第三个是万历十八至二十年 (1590—1592) 的张守清事件, 第四个则是万历四十一年 (1613) 关于赋税蠲免的诉讼。这些政策和事件改变了人们与寺院以及与州县官府的关系, 在这个过程中, 王府与军队的势力被排斥, 最终导致了五台山寺院从不向州县官府纳税到纳税的转变, 禁山政策实际上被放弃, 五台山寺院此前享有的 "特许经营" 的权利亦被打破。这个过程充满了曲折, 本章意在通过梳理这一过程, 探讨五台山寺院怎样逐步采取向州县纳税的办法, 以应付一些对他们不利但是他们难以掌控的社会经济政策, 并进一步探讨五台山区赋役制度的改变多大程度上影响了五台山社会中的权威结构。

第一节 "丈地均粮" 与五台山边界的出现

一、"丈地均粮" 的展开

15 世纪中叶到 16 世纪中叶, 地方州县官府逐渐开始改革赋役制度。《明实录》记载正统三年（1438）繁峙知县称该县原有编民 2166 户，逃亡的居半，剩下的 1000 余户，又要从事供应柴炭、看管草场、修理官府祭祀场所、采秋青草、充当巡检司弓兵以及供给军需等等，因此他要求把一部分差役均摊给徭役较轻的五台县。① 从繁峙知县的描述来看，当时繁峙县仍以力差为主，同时户口流失情况较为严重，户口数字难以落实。到了成化年间（1465—1487），曾任繁峙知县的马通的传记提到繁峙县民"善逋赋"，尽管马通认识到繁峙县难以治理，但是他并没有更实际的措施来解决所谓"逋赋"的问题。② 繁峙县户口流失和逋赋的问题一直难以解决。

一个推动州县进行大规模赋役改革的契机是嘉靖中叶的一轮非常频繁而激烈的入侵和抢掠，这群抢掠者在官方文献中通常被指认为"虏"（意指蒙古人）。土木之变以后，此类侵扰每隔数年就有一次，而到了嘉靖中叶，入扰的频度和烈度达到顶峰，五台山周围一带损失惨重。比如嘉靖三十二年（1553）至嘉靖三十四年（1555），入侵繁峙、崞县、代州等处，"凡三载，其祸蔓延不绝，孳畜田产荡然尽矣，且加之以饥馑，重之以徭役，民贫盗起，父子兄弟不能相保，其疾苦饥寒之状，伤心惨目，难以枚举"，"居民罹锋镝者，相与枕藉沟壑"③。嘉靖三十五年（1556）王三益就任繁峙县知县，他目睹兵燹之后地方的惨状，开始实行一些赋役方面的改革措施。王三益在地方任职 4 年（1556—1559），临行之时"邑人赴当道借寇者始千人"，希望能挽留他多任一段时间，在尝试失败后，"启行之日，百姓祖帐称觞，联络境外，因欲立石以记其去后之思"。写这篇《邑侯王公去思记》的王三聘是位代州进士，他当年在去北京户部任职的时候路过繁峙县，被繁峙县民请去写此传记。④

根据这份去思记，王三益在莅任后，"先释淹狱，以开无辜，全活干连

① 《明宣宗章皇帝实录》卷 44，"中央研究院历史语言研究所" 1962 年版，正统三年八月乙卯，第 10867 页。
② 孙继皋：《山西太原府代州繁峙县知县累赠光禄大夫太子太保礼部尚书兼文渊阁大学士马公神道碑铭》，见氏《宗伯集》卷 7，《四库全书》集 1291，上海古籍出版社 1987 年版，第 413 页；道光《繁峙县志》卷 3《职官志》亦作成化中任，但同卷《宦迹》作弘治中任，兹从碑铭与县志《职官志》。
③ 王三聘：《邑侯王公去思记》，见道光《繁峙县志》卷 6《艺文》，第 155 页。
④ 王三聘：《邑侯王公去思记》，见道光《繁峙县志》卷 6《艺文》，第 155 页。王三聘是嘉靖三十五年进士，任户部主事，见乾隆《代州志》卷 3《科目志·甲科》，第 491 页。

包赔者百余家"，作者没有介绍何谓干连包赔。接着王三益"除逃亡之役，而颠连无告之众方为息喘"，这是蠲免逃亡的里甲户的徭役，接着他又改革徭役征发的方式：

> 往年公用之常额，出自都里，岁计不下千金，一切革之，里甲止于使令而已。[①]

从这句引文可判断，嘉靖三十五年（1556）繁峙县官府的徭役征发已经货币化了，考虑到前述正统三年（1438）的材料提到繁峙县仍是征发力差来看，货币化的变化大约发生在正统三年到嘉靖三十五年（1438—1556）之间的某个时候。材料没有明确货币化的徭役是如何向都甲摊派的，但是毫无疑问的是，繁峙县行政经费已经有了一个相对固定的数字（"常额"）。王三益革除公用常额之后，州县官府其实减少了不少白银收入，而补救的措施是里甲"止于使令"，这似乎应该理解为徭役承担的方式从纳银代役倒退到纯粹力役的方式，里甲从提供白银变为提供人力。

王三益设法获取其他收入以抵消上述改革对财政的影响。他的另外一项改革是通过"均徭"的办法来增加州县税收。这种"均徭"政策，不是像通常理解的那样在州县里甲系统内部重新分配徭役，而是向某一类的土地增加税收：

> 县膏腴之地，多为军余置买，公（王三益）于若属每名粮一石加征银一钱五分，共起征银一百三十三两，乃悉载宪纲，为不朽之典。[②]

这群被称作卫所军余的人，他们的真实身份未必像制度规定的那样是在卫所有登记的军户余丁，不过否定式的定义却是可以成立的，即他们是没有州县户籍的人，不必承担州县的徭役。因此，他们在州县登记的田地，就是该州县之内的寄庄，这类土地有额粮而无丁役。为了解决"军余"有赋无

---

① 王三聘：《邑侯王公去思记》，见道光《繁峙县志》卷6《艺文》，第155页。
② 王三聘：《邑侯王公去思记》，见道光《繁峙县志》卷6《艺文》，第155页。

役的问题，繁峙知县王三益采取的是在寄庄额粮之上加征附加税的方法。繁峙县官府通过这种起征方式增加的收入只有区区 133 两，仅凭这些银两州县官府不可能有很大作为。

繁峙县行政经费另外的重要来源是寺院和所谓的官山，这种途径的收入是如此之大，以至于王三益能够利用这种收入在地方大兴土木，包括修敌楼、浚壕沟、改建县衙和学宫、维修祀典之内的诸庙宇等：

> 盖二千金费也，而财之不扰于公私；数千人役也，而力不征于田亩。惟需材于废寺、官山，助工于四方游食。凡待哺之民争为赴公，劳民之内而有活民之恩，非悦以使民者乎！南山中聚巨寇数十处，据险劫人，公分部健勇生擒之，而境内安堵。庚申大饥，既发仓廪，复劝民出粟，其所全活者数万人，无有远近，皆指其室家曰："此辈皆我公所生也。"其遗爱于人如此！①

地方残破之后王三益大兴土木的目的之一显然是为了解决所谓游民的生计问题，以工代赈所花费的 2000 多两银子，居然都是"需材于废寺、官山"。繁峙县境内的官山只可能是位于繁峙县南、北两面的山区，由于北山遍布三关隘口，重兵驻守，州县官府公然砍伐林木的可能性似乎不大，因此这里所谓的官山应该就是边防压力相对较小的南山即五台山。

除了利用公共工程的名义在五台山砍伐木材，繁峙县官府同时又擒拿到"南山巨寇数十处"，其实山区的所谓巨寇，未必像引文所言的劫掠为生，当时五台山区情况的主要特点，是有很多不在州县体制之下的人群：

> 有奸民史文忠者，投献王府，侵夺南山田土，民不堪命，公绳之法，而党徒股栗，自是强宗豪右、弄法舞文者若将远去，而无所控诉之民咸相安于无事矣。②

----

① 王三聘：《邑侯王公去思记》，见道光《繁峙县志》卷 6《艺文》，第 156 页。
② 王三聘：《邑侯王公去思记》，见道光《繁峙县志》卷 6《艺文》，第 155—156 页。

南山即五台山，在山区开垦的"民"，指的应该是州县辖下的里甲户；从所谓"奸民"的作为来判断，他们其实就是那些打着王府旗号，不向州县缴纳赋税的人。王三益在处理"南山田土"问题上态度强硬，说明此后山区的一些土地，实际上又回到了"无所控诉之民"的手里，这篇去思记的作者对于"民"的立场的支持是不言而喻的。

在王三益改革的基础上，嘉靖末隆庆初，繁峙县开始了另一轮以"丈地均粮"为主要内容的赋役改革。王三益卸任几年后，嘉靖四十五年（1566）秋上任的繁峙县知县杨守信发现繁峙县仍然有"赋烦役重"的弊病，而开始进行清丈土地和赋役改革：

> 遂穷弊源，下条格，首以均地粮为急务。履地亩，辨高下，度肥硗，上下陂险间，丈量均平，使兼并影射者无所肆，而困输者得以自立。以故夏秋二税，不两旬而报完，上恬下安，催科得以息肩，二百年不解之害，一旦遽释。①

此篇德政记的作者安嘉善是一位代州进士，时任南京刑部主事。德政记作于万历元年（1573），杨守信任职的时间是从嘉靖四十五年到约隆庆二年（1566—1568），因此这是一篇追记的文献。② 隆庆二年（1568）清丈出的土地有8119顷余，是原来旧管地2788顷的3倍。③ 在掌握土地数字的基础上，杨守信接着推行均平徭役，"参酌丁粮之中，而定其等则，爰立庸调不刊之典，庶贫富均和"，即以土地和人丁的情况，来制定各户需要承担徭役的等

---

① 安嘉善：《邑侯杨公德政记》，见道光《繁峙县志》卷6《艺文》，第156页。县志将德政记的作者记作安嘉言，代州进士，但查乾隆《代州志》卷3《科目·甲科》，第491页，甲科只有安嘉善，嘉靖四十四年进士，兹据州志改；并参考王家屏《湖广左布政使安公墓志铭》，见光绪《代州志》卷9《集传》，第438页。

② 安嘉善：《邑侯杨公德政记》，见道光《繁峙县志》卷6《艺文》，第157页。万历《繁峙县志》曾记载了隆庆二年丈量的土地数字，可知杨守信的任职最迟到隆庆二年。关于杨守信任职时间的另外一个证据是，在他之后，隆庆短短的6年之中，居然先后有5位知县莅任，以每人1年任期计，已经占去了5年时间，也就是说，他的任期最可能是到隆庆初年，见道光《繁峙县志》卷3《职官志·历宦》，第89页。

③ 李裕民：《新发现的万历〈繁峙县志〉研究》，《明史研究》第2辑（1992），第181页。

级。然后"爰立庸调","庸"与"调"指的都是纳银代役的方法。① 繁峙县
均平地粮的改革,从土地清丈,到以人丁、土地为准则制定徭役等级,到纳
银代役,其实已经是万历清丈和一条鞭法的内容。

杨守信在进行土地清丈的同时,还通过其他的途径扩大了税收的范围。
第一个措施是垦荒,杨守信通过招垦鼓励一些人编入里甲。"仍开垦荒田,
劝助佃资,招纳流移,奠安逋负,怀来王尧相等一百五十九人复业。"这部
分人登记了里甲,而里甲登记联结的是土地占有。第二个措施是把山区的一
些人口和土地纳入版图,"除矿徒之害而山寇为屏息","县南境有縻家沟,
奸宄窃据负固,公以法镇抚,解劝归版图,地粮亦为乐输"。② 縻家沟位于五
台山西台之外的山区,处在繁峙、五台二县的交通线上,这部分山区居民选
择了输税入籍。第三个措施是继续向寄庄征收额粮附加税,"征寄庄粮银以
填实差徭,贤侯王小山(王三益)之美政延久未报,公请拟阳曲县事例,每
石征银一钱奇,以补逃亡。"③ 这个附加税虽然比王三益当年征收的要低,但
杨守信将此向上级申报备案,作为一项征收的制度确定下来。杨守信在开拓
税源并将其制度化方面,比王三益更加彻底。

杨守信的均粮改革在繁峙县引发了争议。杨守信在任时曾试图将其均
粮的措施上报以形成制度,"公尤虑日久湮没,具册申详,报诸执政,使垂
于后,后被豪右恶其害己,将欲付诸烈焰,义民杨林公讼于上,乃益明且定
焉"。这些"豪右"应该就是那些有大量土地的人,在对待繁峙县的赋役改
革上,他们与县人是两个不同的利益群体。这场斗争旷日持久,从"益明且
定"来看,在此德政记写作的万历元年,繁峙县民仍没有取得最后胜利,而
此时离杨守信离任已经有若干年的时间了。安嘉善在叙述完杨守信的政绩之
后说,"今八九年间,邑之荐绅士民罔不颂扬羡慕,至有五袴二天之谣"。繁
峙县民的第二个努力是礼仪层面的,即试图把杨守信奉祀名宦祠内,"时事
变迁,幸逢洛阳会吾王公廉介仁明,深恤民隐,从县人杨林、郭英等数百人
议,将请于上,以崇祀公名宦",为配合申请名宦的活动,县人委托安嘉善

---

① 安嘉善:《邑侯杨公德政记》,见道光《繁峙县志》卷6《艺文》,第157页。
② 安嘉善:《邑侯杨公德政记》,见道光《繁峙县志》卷6《艺文》,第157页。
③ 安嘉善:《邑侯杨公德政记》,见道光《繁峙县志》卷6《艺文》,第157页。

作了这篇德政记。① 洛阳王公指的是隆庆年间的另外一位知县王永亨。② 从"将请于上"来看，似乎到写这篇记的万历元年崇祀明宦的申请还没有批下来。县人的这项努力最后似乎并没有成功，根据清康熙知县齐士琬的《移祀名宦记》的记载，康熙时在名宦祠受祭祀的并没有杨守信，齐士琬根据搜罗到的一本旧县志，发现杨守信与另外 4 位曾在本地做过官的人被祭祀在繁峙县西瓮城内的一个"祠堂"内，齐士琬决定把这 5 人移祀到名宦祠内。③ 由此推测，明代的义民杨林等人把知县杨守信奉祀名宦的斗争并没有取得胜利，他们只好在一座"祠堂"内祭祀这位知县。万历年间县人与卫人的斗争仍在进行，万年四年（1576）夏，原知县王三益的去思碑被风雨吹倒，"士民不忍没厥绩"，向当时的知县吴玙申请重新立碑，知县在原碑文之外，另外撰写了一篇碑记，以纪念此事。④

繁峙县知县杨守信试图将改革措施"具册申详"即希望获得上司的确认，以此判断，繁峙县丈地均粮是知县自发进行的。在繁峙县之后，隆庆三年（1569）定襄县也进行了清丈，与繁峙县不同的是，他们的清丈是由更高层级的官员太原府同知主持进行。万历《定襄县志》载"隆庆三年地四千一十三顷七十三亩五毫五丝，本府同知殷廷举奉委丈地均粮"⑤。派遣殷廷举在定襄丈地均粮的，一定是比他职位更高的太原知府或省级的官员，也就是说定襄县的土地清丈至少是府以上的行为，它表明土地清丈受到了高级官僚更多的重视。定襄县隆庆三年（1569）清丈后的土地数字，比永乐十年（1412）多出约 1000 顷。同时，尽管永乐十年（1412）、成化八年（1472）、正德七年（1512）、嘉靖三十四年（1555）等历次实际征收的赋税数目有增有减，但黄册登记的土地数目却丝毫未变（即 3175 顷 13 亩 2 分）。换言之，定襄县的土地自永乐以来从未清丈过，隆庆清丈是 150 多年来第一次大规模的土地清丈。⑥ 虽然主持定襄县清丈的殷廷举是太原府同知，其辖区包括代

---

① 安嘉善：《邑侯杨公德政记》，见道光《繁峙县志》卷 6《艺文》，第 157 页。

② 道光《繁峙县志》卷 3《职官志·历宦》，第 89 页。

③ 齐士琬：《移祀名宦记》，见光绪《繁峙县志》卷 2《祠祀志》，第 243—244 页。

④ 吴玙：《重刻贤令王公德政碑记略》，见万历《繁峙县志》，第 29—30 页。

⑤ 万历《定襄县志》卷 3《田赋志·地粮》，第 400 页；万历《太原府志》卷 16《职官·同知》，第 102 页有隆庆元年任同知之殷廷举。

⑥ 万历《定襄县志》卷 3《田赋志·地粮》，第 397—401 页。

州各县，但是没有证据显示殷廷举在定襄之外的其他州县进行过类似的清丈，此次清丈或许只局限于定襄本县。

几乎在繁峙县、定襄县清丈均粮的同时，五台县也发动起来，他们的目标是原本不属于州县额田的五台山寺院土地。下面将以嘉靖四十五年（1566）十月立于显通寺的《卷案》碑为线索，梳理这一事件的过程。根据碑文，当时五台知县袁国诏"不遵旧例，听信吏书亡捏诸山一十二寺僧有万余，马骡千匹，积粟万石，种地千顷，不纳税粮"，要求向寺院征粮。至此，五台山寺院长久以来享有的免粮特权出现了争议，它标志着五台县官府正式以征税为武器试图进入五台山中心区。五台山僧录司、僧纲司等不服州县的这种安排，向山西等处提刑按察司马某申诉，而马某再令太原府调查，太原府知府在报告中首先指出五台山各寺皆为朝廷敕建或敕赐，并且有龙亭，有僧录司、僧纲司衙门，有朝廷颁发的官印，也有皇帝的敕谕，"难以变更"，报告接着讲述了查验土地的结果：

> 及查山场土地，各上司公干路经，亲眼睹视，俱是阴山陡漳、峻岭峡沟，并无征粮田地，纵有护寺山坡，止以钁砍自种苦荞、燕麦、麻菜，僧众聊日度生。又况山高风猛，不收五谷，何得积粟万余？若加征纲，各僧逃窜，空遗名山古刹，缺乏焚修，有违先皇设立旧制，亦乃辜负其初。①

太原知府虽然也承认每个寺院都有些护寺山坡，也种植荞麦、燕麦等作物，但是他并不认为这些土地到了足以征税的程度。他的第二个理由其实是提醒山西的官员五台山寺院之所以不能征税，是因为他们承担不起寺院由于纳税而荒废的责任。太原府知府的调查，突出了五台山寺院能够作为一个独立的行政系统的象征：作为官僚机构表征的僧官衙门、官印以及作为其合法性来源的龙亭和皇帝的敕谕。可想而知，这些象征正是寺院主动展示给太原知府看的。这份报告最终被上级认可和批准。

---

① 嘉靖四十五年《卷案》碑，碑存显通寺，碑文只提到"去任袁知县"，查万历《太原府志》卷16《职官》第138页，知县名字叫袁国诏。

嘉靖中叶开始的丈地均粮的改革浪潮预示着新的时代变化，州县行政系统开始行动起来了。嘉靖万历年间繁峙县好几任知县都雄心勃勃，政绩突出，受到县民的拥戴；定襄、五台等县都有类似的举动，皆是当时知县权威增强的表现。清丈均粮政策的实行，使得五台山周围越来越多的土地登记在了州县系统之下，五台山寺院在抵制州县征粮压力的同时，刻意强调自身的免税地位，强化了它作为独立的行政系统的地位。

二、万历禁山令与雁平道的扩权

万历初的历史，有一个重要的僧人参与其中并留下了一些记录，我们借此能够一窥万历初年五台山社会的变化。这个僧人叫憨山德清，德清初于南京报恩寺出家，后来报恩寺遭火灾，为了募缘重修，同时也为了实现自己独立发展的抱负，德清决定北游京城和五台山。万历元年（1573）首次登临五台，随后以不耐冰雪严寒而东游京城，听讲参禅之余，拜访了二王（王凤洲、王麟洲）、二汪（汪道昆、汪仲淹）等当朝官员，在汪道昆的鼓励下，决定离京，在道业上寻求突破。万历三年（1575）二月，德清从太原出发，受当时平阳知府胡来贡所送，结下因缘。随后与僧人妙峰福登同至五台，受到塔院寺住持大方圆广的接待，圆广为他们在北台之下一个叫龙门的地方寻几座旧屋居之。[①]

万历五年（1577）十月发生了塔院寺住持大方圆广被"奸商"告发的案件，差点被已经升任雁平道的胡来贡"配递还俗"，塔院寺几乎废弃。德清的俗家弟子居士谭贞默（法名福征）后来在替乃师注疏年谱时说："向闻大方被诬，正为山中砍木奸商作难，诸山乞憨祖往解于胡公，既以解大方难始，复以禁台山木终，一时诸山为之感动，洵世佛法无二也"，"此后兴建寺院，皆赖此山林木，否则无以取材矣"。[②] 大方住持被告发，显然是因为砍伐山木之故，但是年谱注疏中说"复以禁台山木终"，实际上指的是德清和

---

①　德清：《憨山老人年谱自叙实录》，《北京图书馆藏珍本年谱丛刊》第 52，北京图书馆出版社 1999 年版，第 642—664 页；并参看江灿腾《晚明佛教丛林改革与佛学净辩之研究——以憨山德清的改革生涯为中心》，（台）新文丰出版公司 1990 年版，第 84—91 页。

②　德清：《憨山老人年谱自叙实录》，第 664—674 页，年谱将此事系于万历四年，但是胡来贡任雁平道是万历五年，据此改为万历五年。

胡来贡三年之后的另外一件事情。

胡来贡任雁平道的时间是万历五年至六年间（1577—1578），而从万历六年至十年（1578—1582），又转任河东道。① 他虽然已经不在代州任职，但是仍然对五台山寺院的发展有重要影响。万历八年（1580）胡来贡和当时的山西巡抚高文荐一起，再次推动强化禁山体制，根据万历《清凉山志》中的《侍郎高胡二君禁砍伐传》：

> 万历庚辰间，东莱顺庵胡公来贡守河东道，视兵雁门，因登清凉，冥识胜境，目击其废，即有感焉。于时巴蜀凤渚高君文荐巡抚山西，胡公归郡，因白之高公，公具本题准，严加禁革，砍伐乃寝。其题本云：
>
> "臣窃照山西自平刑以抵偏老，为边者千有余里，东则车辅云朔，西则比邻虏巢，总之华夷之限，一山之隔耳。所幸北楼、宁武之间林木葱郁，资为保障，而五台一山，重岗深树，恃为内藩。父老相传，谓两山之树，往者青霭相接，一目千里，即为胡马跳梁，曾不得一骋而去，今砍伐殆尽，所存者百之一耳。自前巡按贺一桂题请申饬之后，人心稍稍敛辑，而弊端尚未尽绝。盖在北楼一带，则大同、浑、应居民庄窝盘踞，以砍伐为本业，诘之则连逮党众，未能尽举而置之法，稍稍治其首恶而余者又复放纵如故，且浑、应州官秦越异视，往往护其奸民，辄归罪于山西之缉捕者。五台则奸商视贩木为奇货，往岁依山取利，每年动以万数，今自题禁之后，各商垂涎旧事，心未遽已，年年以掺买旧木为名，乃私窃砍伐，希图夹带。且深山之中，人迹罕至，旧无设有，而山寺僧官势力微弱，又不能与之抗衡，是以奸商之辈，夏则千百为群，肆行窃取；秋则假买旧木，因之驾运。在官府以为旧木业已出山无用之物矣，与其以天地之材任其朽败而无用，孰若稍稍变价，取千百之利以济边。殊不知旧木非天降地涌，何以岁岁不绝！而此辈知有变卖旧木之例，转相砍伐，何有已时！臣自去年稔

---

① 光绪《山西通志》卷12《职官谱三》，《续修四库全书》史部641，上海古籍出版社1995年版，第295、308页。

知此弊，是以严行禁止，一切寸木不许变卖。此辈不遂其奸，又或投托势要，广布大言，假以真定抽印以供造办为因，且供造办与固边疆孰重？损其所重，益其所轻，非所以为国也；矧抽印之木，民十公一耳，内不足以充其材具，外有以虚其边防，而奸商势要藉以抽印，大言恐吓，以致官司莫敢谁何。臣看得地之所恃以为险要者，山也；山之所依以为屏蔽者，木也。今边疆为蠹者有二焉：矿夫穴山，奸民伐木。而边臣徒知穴山为患而禁之，不知伐木为患尤大耳。况五台一山，为天下名胜，而今万阜童童矣，又何名胜之有！种弊已久，材木将近，然犹三年之病，可及畜艾时也。若复姑息，不为严禁，将来孰任其咎！且无根之民，不务稼穑，伐木苟延，山木有尽，岁月无穷，岂以为久常之计？为今之计，在北楼则备行浑、应二州，无籍人等，尽行驱逐，而两州掌印官，亦当以边疆为重，不许党护编民，别生异议。其在五台，僧官、巡检带领弓兵，日夜巡缉，一有奸商豪势砍伐入山，擒获赴道，以凭问罪。以后不论新木旧木，不开变卖之端，但有一木出山至河川者，即坐本官以卖放之罪。奸商势要不得假抽印之名复滋砍伐，庶乎事有责成，人无异念，而封疆藉以永固矣！伏乞皇上轸念边防屏固久弊，敕下该部，再行查访，速赐题覆，俯从末议施行。"等因。

奉圣旨："兵部知道。"准议施行。①

高文荐的奏疏里提到的前巡按御史贺一桂，是万历元年（1573）任，因此贺一桂题请禁止伐木也大约在此时。② 贺与高的奏疏是可靠的，因为此后的五台山僧人曾多次提到贺、高二人的禁山令。根据《清凉山志》，高文荐的禁山令是万历八年（1580）胡来贡来五台山之后向他建议的。胡来贡和五台山僧人德清熟稔，考虑到德清年谱说他"复以禁台山木终"，说明此禁山令出台是在德清的推动之下进行的。两年之后（1582）《清凉山志》的作者镇澄来五台山参加德清、妙峰举行的法会，并留在了五台山，和德清建立

---

① 万历《清凉山志》卷5《侍郎高胡二君禁砍伐传》，第51—52页。
② 光绪《山西通志》卷12《职官谱三》，第295页有贺一桂，庐陵人，万历元年任巡按御史。

了密切关系，镇澄可能是从德清那里获取了一些关于禁山令的内部消息甚至高文荐的题本，并把它们收录进了他日后编纂的《清凉山志》。

从这份奏疏可看出山西巡抚高文荐对于州县官府不是很信任，他差点就要指责州县官府是商人同党了。商人每年夏天入山伐木，秋天水涨的时候以采买旧木为名，将原来砍伐的木材通过水路运输出去，地方官府将这些"旧木""稍稍变价，取千百之利以济边"，也就是说，州县收取木材税是为了供应军饷。高文荐称，在他去年严行禁止后，这些商人又以抽印为名，继续砍运木材，地方官也"莫敢谁何"。无论是熟视无睹，还是抽取费用，还是以抽印为名放行，州县官府都在配合商人的伐木和运木。高文荐此疏的一个重点是警告州县官府：此后不准卖放。

巡抚高文荐把巡逻山区的责任交给了僧官和饭仙山巡检，他们跨越州县官府，直接向雁平道负责。高文荐赋予了五台山寺院系统对山区森林的管辖权，他认为以前僧官权力太小，现在他要扩大他们的权力。同时，作为州县系统一部分的巡检，也被赋予和僧官同样的治安之责，五台山巡检虽属于州县系统，但却直接向雁平道负责。高文荐此议的意义在于他在五台山寺院系统和州县系统之间画了一条理想化的管辖权的界限：五台山区以内僧人和巡检负责，河川地带州县负责。这种管辖权的划分和禁山命令的重新申明，在理论上有阻挡州县势力进入五台山区的意义。

万历九年（1581）张惟诚以山西省按察司佥事的身份，被任命为雁平兵备道，他就任雁平道之后，其所辖地域范围和事权进一步扩大。根据州志收录的皇帝给予张惟诚的《雁平道坐敕一道》称：

> 敕山西按察司佥事张惟诚：近该抚按官题称："冀宁守巡驻扎省会，所属地方遥制为难，要分附就近兵备道统辖，易于督理。"该部议覆相应。今命尔整饬雁平兵备道，驻扎代州，管辖代州、繁峙、五台、崞县，仍分管广武、北楼、平刑三守备，并东路、北楼参将地方。①

根据张惟诚的履历，他是万历九年（1581）到万历十九年（1591）任

雁平道。① 在此期间，张惟诚陆续获得其他的头衔，包括万历九年（1581）任按察司金事，万历十二年（1584）加升本省右参议，不久加升按察司副使，十七年（1589）加升布政司参政。② 应该注意的是，雁平兵备道本属按察司的派出机构，几乎所有历任的雁平道都兼按察司副使或金事的身份。③ 张惟诚不一样的是，他在万历十二年（1584）和万历十七年（1589）增加的头衔，都是布政司的官职，包含了府州县系统。根据敕命，雁平道除了管辖三关的守备、参将等军事系统以外，还把原来属于冀宁道所辖的代州、繁峙、五台、崞县等纳入其管辖，而冀宁道是山西布政司分司，由布政司参政或参议兼任，驻扎省城太原。④ 也就是说，雁平道张惟诚职衔的行政属性，已经横跨布政司与按察司，他虽然主要管辖军队，但也兼有监督各州县的权力。

雁平道的职权同样也在扩大，包含了更多民事的内容。如果我们把这份敕命与州志中的另外一份嘉靖年间的《雁门道行敕一道》相比，会发现万历敕命的不同之处在于它所列举的雁门兵备道的职责，除了修理边墙、选练军马、管理钱粮等兵备道的任务以外，另外新加的职务范围则包括严禁砍伐三关树木以及屯田。关于屯田，敕命又称：

> 近又该户部议覆，将屯田事务命尔兼理。其边内荒芜田土，若有官豪势要侵占，逐一查明，分给屯丁，量给牛种，仍严禁滥征，以妨农业。俟三年后，如果成熟，准令各军自食其力，免给月粮。外若有多余田土，亦要设法招种，照前免科。俟三年后，或令当军，或令出租，临时听从民愿。年终通将开垦过田亩数目造册奏缴，青册送部查考。⑤

这一段明确说，垦荒的范围是"边内荒芜田土"，即三关边墙以内的地方，如此一来其范围则完全可以涵盖代州及下属三县了。根据这个垦荒计

① 下一任吴同春，万历十九年任，见光绪《山西通志》卷12《职官谱三》，第308页。
② 万历《代州志》之《官师志·备兵使》，第70页。
③ 正德十二年孙清《重修振武卫记》，见万历《代州志》之《艺文志》，第208—210页；同书《官师志》，第69页。
④ 《明史》卷75《职官四·各道》，第1842页。
⑤ 万历《代州志》之《艺文志》，第191—192页。

划，被认定是荒地的土地可以分配给屯丁垦种，也可以向民人招垦。这项关于雁平道职权的规定，为雁平道日后在五台山垦荒提供了法理依据，并为赋税制度进入五台山区提供了契机。

三、万历清丈：五台山寺院的赋税定义

以隆庆六年（1572）黄册的数字为比较的基础（即"旧管"），万历六年（1578）、万历九年（1581），山西全省范围内进行了两次清丈，清丈的数字见于《张居正改革与山西万历清丈研究》收录的黄册。[①] 这次清丈的范围包括卫所土地和王府庄田。[②] 在此之前，五台山附近有的县已经进行过清丈，面对新一轮的清丈行动，各个州县对此事的态度差异很大。就定襄县而言，虽然在隆庆三年（1569）已经清丈了土地，有了新的土地数字，但是在随后的万历六年（1578）、万历九年（1581）两次大规模清丈中，定襄县并没有把隆庆清丈的数字制成黄册申报上去，而是填报了永乐年间的旧数字。[③] 繁峙县的情况跟定襄县几乎一样，该县在隆庆二年（1568）已经实行土地清丈，但是万历六年（1578）和万历九年（1581）黄册填报的仍然是未清丈之前的数字。就振武卫屯田而言，万历六年（1578）清丈屯田数字增加 10 倍，但是填报到黄册上的数字只增加了 1 倍而已，万历九年（1581）又略微增加了一点。这表明，各州县卫所对于万历六年（1578）、九年（1581）的大规模清丈，要么是敷衍了事，只随便填报旧的数字，要么是少填报，各州县其实都在试图降低自己的税额。

与其他州县相比，万历清丈影响比较大的是五台县，该县黄册的数字不全，如果仅仅比较万历六年（1578）与万历九年（1581）两个数字的话，五台县黄册上的民田在万历九年（1581）清丈后增加了三分之一，换言之，万历九年（1581）清丈之后，五台县要承担的税收负担比以前要重很多。[④] 万历九年（1581）清丈，五台县再次申请将五台山寺地土与本县民田一例

---

① 张海瀛：《张居正改革与山西万历清丈研究》，山西人民出版社 1993 年版。

② 五台山下聂营有 500 多顷王田，见《明神宗显皇帝实录》卷 126，万历十年七月庚辰，第 2356—2357 页。该处提到"先是，晋府与宁化王府争田，各具奏。山西抚按辛应乾、刘士忠为之逐一清丈"，辛、刘就是具体负责万历九年太原府清丈的山西省官员。

③ 张海瀛：《张居正改革与山西万历清丈研究》，第 493—495 是清册原文，页 229 是张海瀛的整理。

④ 张海瀛：《张居正改革与山西万历清丈研究》，第 227—235 页。

清丈摊粮，其程序是，五台县呈雁平道张惟诚，张惟诚呈巡抚辛应乾，辛应乾批"仰雁平道速查旧案详报"，雁平道又令五台县"将始末文卷吊前来检查"，检查的内容是嘉靖四十五年（1566）那次纠纷的案卷。雁平道经过检查这些文件，确定五台山已经被免税，并将此检查的结果上报巡抚辛应乾，辛应乾批准五台山免于清丈。然后将此结果通过太原府传达给五台县，五台县传达帖文给五台山僧纲司，僧纲司转而将此帖文刻石立碑在显通寺，即《免粮卷案碑记》。这通碑的碑阴就是本书第一章讨论的万历九年（1581）"五台山四至"，这个边界出现的背景正是土地清丈，根据碑文：

> 万历九年七月内，奉圣旨丈田亩清浮粮以苏民困事。案查五台山寺地土有无税粮等情，本司申呈前例旧规，具呈五台县，转申雁平道，仍蒙申呈府按："看得五台山寺多系奉敕建盖，地土原非县民额田，历来查无征粮事例。况俱瘠薄山岗、阴寒陡涧，且籍僧不过百十，余顷俱系四外游来，依山暂住。今欲与民一体编派，势必题请，纵使征粮，亦不过数十石耳。一入县额，各僧输纳不前，必至逃窜，恐得其税未必有裨国储，贻其害适足以累百姓。合候非施行，令该县将五台山寺地土循旧，姑免清丈征粮，庶事体不致更张，僧俗两不偏累。"等缘由，照详，蒙批："如议行。"①

引文中的"本司"指的是五台山僧纲司，僧纲司提供的理由，部分内容与嘉靖末年那一轮申文有所重复。二者的差别是，嘉靖末年重点在强调山区自然条件恶劣，"并无征粮田地"，万历九年（1581）这次重点在强调寺院"系奉敕建盖"，"地土原非县民额田"，如果要与五台县民一样纳税，"势必题请"。也就是说，行政系统上的不同使得五台山寺院必须通过向更高级别的雁平道和山西巡抚申诉来击退州县官府的征税要求。雁平道在此案件中的角色起了决定性的作用，它与县建立了直接关系，案件中几乎没有州、府的角色。

免税之争完全是通过行政组织和官僚程序来进行的，但是推动这些组

---

① 万历九年《免粮卷案碑记》，见《五台山碑文选注》，第259—261页。

织和程序运转的却是一些个人。著名僧人憨山德清当时在五台山，经历了事件的全过程，山西省免除了五台山清丈之举，有他居中斡旋的功劳，其自叙年谱记载：

> （万历）八年庚辰，予三十五岁，是年特旨天下清丈田粮，寸土不遗。台山从来未入版额，该县奸人蒙蔽，欲飞额粮五百石于台山，屡行文查报地土，合山丛林静室无一人可安者，自此台山为狐窟矣。诸山耆旧白予，予曰："安之，诸师无忧，缓图之。"予于是力宛转设法，具白当道，竟免清丈，未加升合，台山道场遂以全。①

憨山德清提到五台山"从来未入版额"，点出了五台山寺院与州县官府交锋的问题焦点，也就是州县试图将五台山的土地纳入版图。从德清的描述来看，当时州县行文到五台山寺院，的确给僧人们造成很大压力。德清去寻求帮助的，很可能就是当时的雁平道张惟诚，张后来甚至被当作五台山的一位"护法"，其免除清丈之事被载入《清凉山志》。②张惟诚被作为护法，这是寺院用以构建其免税合法性的一个方式。

当时山西巡抚和雁平道向五台山寺院大开绿灯的原因，除了德清的游说之外，还有一个重要的因素是来自朝廷的压力。在万历母亲李太后的赞助下，万历时期全国许多地方都出现了佛教复兴的局面。③万历清丈之时，五台山塔院寺大白塔的维修工程接近竣工，德清等人积极筹划举办大法会，并力图将其与万历皇帝求嗣联系起来，法会成了德清等人获取政治资本的重要活动。④万历十年（1582）七月，塔成，碑文由主政的大学士张居正亲自撰写。⑤督修的山西省各级官员都受到了赏赐，现存于塔院寺的一通当年的题

---

① 德清：《憨山老人年谱自叙实录》，《北图藏珍本年谱丛刊》第52，北京图书馆出版社1999年版，第685页。按：清丈时间应该是万历九年，而非万历八年。
② 《清凉山志》卷5《雁平道参政张君惟诚清粮传》，第52—53页。
③ 陈玉女：《明万历时期慈圣皇太后的崇佛——兼论佛、道两势力的对峙》，（台）《国立成功大学"历史学报》第23号（1997）。另一个个案是普陀山，见［日］石野一晴《明代万历年间における普陀山の复兴—中国巡礼史研究序说》，《东洋史研究》64（1）（2005）。
④ 德清：《憨山老人年谱自叙实录》，第686—690页，万历九年，德清建无遮会，万历十年华严讲，离开五台，参看同书第690—693页。
⑤ 万历十年张居正《敕建五台山大塔院寺碑记》，见《五台山碑文选注》，第262—266页。

名碑里，所见官员就包括主持地方垦荒清丈的雁平道张惟诚以及批准免粮的山西巡抚右佥都御史辛应乾，甚至还包括五台知县张学颜。① 五台山寺院成功抵御州县官府入侵的办法就是不断地诉诸其政治上的庇护关系，在政治压力面前，负责清丈的官员不得不成为五台山的"护法"，当土地清丈问题被转化为一个政治问题，土地清丈也就无疾而终了。

从时代背景看，五台山清丈之争不过是当时州县范围内"清丈均粮"潮流的一部分，在此潮流之下，越来越多原来不在州县辖下的人口和土地变成了需要向州县纳税。州县官府急切地试图将其权威施之于五台山僧纲司的辖地，其结果虽然皆以失败告终，但是州县持续的行动给了五台山寺院很大的压力，五台山寺院需要不断地请托，不断地展示其作为独立的行政系统的一些象征，并积极构建与免税免役相关联的"护法"系统。不仅如此，五台山在万历清丈时演化出了一条明确的边界线"五台山四至"，即本书第一章在探讨五台山范围的时候所绘制的五台山地图，这条线是五台山寺院和五台山僧纲司面对州县官府时的防御线。这条界线的划定，表明在赋役改革和清丈政策下，州县权威不断在山区推进，在多元行政权威的竞争中逐渐取得优势。

第二节　垦荒令对寺院—州县关系的影响

一、张惟诚的垦荒政策

雁平道的管辖范围虽然涵盖一州三县，但他主要的职责是整顿军备和边防，同时实行屯田，保障军需。万历十一年（1583），曾经主持代州各县清粮的雁平兵备道张惟诚，颁布了屯垦政策。万历十四年（1586）编纂的《代州志》记载：

> 顾边地甚广，抛荒甚重，民苦无耕具耳。万历十一年，雁平道张

---

① 万历十年张居正《敕建五台山大塔院寺碑记》，见《五台山碑文选注》，第 262—266 页。碑在塔院寺，另外，今塔院寺天王殿内，有块当年的小题名碑，记录着奖励者的名单。

公惟诚委通判周评等查理三关塞下，共得荒田三万余亩。都御使侯公于赵题准作官垦田，其牛具、种子与农器等物，俱给官银置买，且相险阻，就水草立堡十五，立仓二十，立庄二十有二，分官军居耕其地，而委员督率。秋收，则以其半贮蓄各仓，为买马赏功不时赈济之费；以其半入五补助厂，而为六军万姓嗷嗷待命之需。耕守相资，官民俱利，久之则食其可足乎！①

张惟诚的垦荒令针对的是三关的荒田，根据官方的设计，开垦的主角是军队，开垦的土地是军屯，军屯的收入分别作为买马赏功之费以及补助"六军万姓"，也就是说，屯田是典型的军屯。万历《代州志》同时也记录了这些新垦的塞田的地点，东到平刑关、西到广武关，雁门关18隘口的每个地方都有一定数字的垦田数和牛羊的数量。②代州人吴嘉会在其撰写的《山西东粮府题名记》中称赞张惟诚屯田的效果："自辟田千顷而蓄储陈陈，岁以数万计。"③万历《代州志》列举了山区的一些屯田地点，其中包括位于五台山灵境寺附近的一块。张惟诚的垦荒令是万历年间五台山一带唯一的垦荒政策，各州县都没有出台另外的相关政策。

张惟诚的屯田垦荒政策看来非常成功，代州人吴嘉会曾称赞道，"行之一岁，郡中澹焉；行之再岁，旁近邑澹焉；行之又再岁，适平、潞告之饥，公凄然不为闭，于是迢迢千里之氓，大者转毂，小者属褓，虚而来，实而往"④。也就是说，受惠的不限于军队，还包括代州三县甚至更远地方的居民。在此财力支持下，张惟诚在代州有很多作为，除了赏功、赈济、建立各种仓库的措施之外，还包括很多其他的工程，比如在代州城建立文昌祠，重修振武卫西大门和代州钟楼，建立五座义学等。⑤甚至《代州志》也是他请判官周弘襜所修，因此州志关于垦荒的评价都是很正面的，地方士绅纷纷称赞他的功绩。

---

① 万历《代州志》之《御戎志·屯田》，第121—122页。
② 万历《代州志》之《御戎志·屯田》，第120—121页。
③ 万历《代州志》之《艺文志·山西东粮府题名记》，第232页。
④ 万历《代州志》之《艺文志·平籴仓记》，第228页。
⑤ 万历《代州志》之《建置志·宫室》，第15—25页。

　　张惟诚离任以后，反对他的意见开始浮现。万历十九年（1591）继任雁平兵备道的吴同春本年向户部提交了一份清单（"造册该部"），列举了张惟诚任内所积贮的银粮、缎帛、布匹、牛羊等项，以及其建议处理的方式。吴同春详细列举了张惟诚得以充实各仓的资金来源，比如富塞仓的仓谷、牛羊、布匹、棉花、盐等项即来自"积剩盐菜行粮等银所买"；平籴仓的仓谷是挪用"代州库贮获功悬赏银"，而缎帛是动用广武仓、北楼仓"积除豆价银"等等。其挪用的这些收入，除了购买各类物品贮仓之外，还有历年"各界军士借过杂粮"数千两白银。吴同春指责雁平道"塞地之粮入仓原多虚名，而塞粮之给于军，原系实累，况连年以塞粮扣军粮，在军久已抱不平之冤，今若复扣军粮以抵塞价，在官岂容为再误之举！"而当时上疏参论张惟诚的还有巡按御史贾希夷，户部对贾奏的回覆是派人亲自去调查。兵部主事张贞观即奉命前往，张贞观调查回来之后，于万历十九年（1591）九月写了一份奏疏，从该奏疏的引述，我们才得以知道前述吴同春造册的内容。

　　张贞观在其奏疏中称，他从平刑关、北楼口、雁门关、广武关等，"遍阅十八隘口之边备并纠塞田敛散之详与积贮盈余之故"。根据张贞观的报告，张惟诚资金的来源包括"六营司队每军派银五钱"，每年收入 1 万两，而每年借出去的只有 5 千两；还有一个来源是克扣的民壮盐菜银与行粮；另外提到的是，"剥削极苦者，莫若塞粮，收以虚数售功，放以实数贾利，石约七钱，岁逾二万，十载之军膏，半悉入之仓庾。扣克极大者，无如军马，军逃而支犹故，马倒而支犹故，簿有循环，粮无开住，累岁之边需二分，皆听其恣取"。不过张贞观还是赞同张惟诚的能力，对张著作的《筹边二十八议》赞不绝口，因此建议朝廷要赏罚分开。圣旨批"户部知道"[①]。无论是吴同春还是张贞观，从他们对张惟诚储边政策的指责中可见，其设立的各仓储积的实物和白银，没有一种收入是来源于他主张的军屯，换言之，计划中所谓新垦的土地，雁平道其实是收不到租税的。

　　① 万历十九年张贞观《查议雁平道积贮功罪疏》，见氏《掖垣谏草》卷 2，《四库全书存目丛书》史64，（台）庄严文化事业有限公司 1996 年版，第 454—456 页。

二、伐木垦田的合法化

虽然雁平道张惟诚的垦荒令并没有特别包括五台山，不过他可能也考虑到在五台山弛禁。万历十四年十二月，巡按山西御史陈登云题："本省五台山木非边防所关，议欲暂弛山禁，俾各饥民樵采，以博鬻贩之利。"陈的这份题本，应该也是事先与雁平道沟通的结果。据此推测，其实雁平道也有在山区弛禁的意思。但陈登云的这份题本，似乎并没有被批准，在名义上，五台山仍然是禁山。① 不过，它至少说明山西省高级官员和雁平道执行禁山政策的意志已经动摇了，他们更倾向于弛禁，而万历垦荒恰恰提供了这样一个契机。关于万历垦荒政策对寺院控产的影响，主要的资料是当时五台山僧人密藏道开写给几位居士的信件。密藏道开是著名僧人紫柏真可的弟子，为了重刻大藏经募缘并寻求刻经地点，万历十四年（1586），他从南方的嘉兴到了北京，取得了万历皇帝的母亲李太后的赞助，万历十五年（1587）来到五台山，随即邀请诸位居士写了刻大藏愿文。② 道开在五台山，住在憨山德清的旧居妙德庵。

万历十五年（1587）密藏道开刚来到五台山的时候，四处了解情况，当时他曾急切想要获得五台山僧纲司的协助。当时的僧纲司都纲是塔院寺的住持大方圆广和尚，圆广是万历初年德清、妙峰等人的好朋友，道开当时设想把刻经地点设在僧纲司所在的显通寺，但是圆广却似乎对达观（紫柏真可）、道开师徒不是很热情。万历十五年（1587），道开在写给巡按山西御史傅光宅的信中，希望傅光宅能够向僧纲司推荐自己，"垂一语，嘱都纲住持云：'此山门怎么陵替，何不请高僧为兴隆之？'间或又问：'达观老师父、密藏师曾到此否？'则此辈当自有来学之心矣"。在道开看来，僧纲司可以向巡抚、巡按及雁平道直接递交请求，是最方便维护自己利益的机构。他曾说："深幸本山都纲司额有申文抚按司道事例，省平地起风波，动世惊疑。又幸抚按司道即批申告示，皆超情破格，尤便踵行。"并在信中私自拟好了几件

---

① 《明神宗显皇帝实录》卷181，万历十四年十二月乙酉，第3385—3386页。

② 道开：《示寂先师楞严寺住持了然和尚行状》，见氏《密藏开禅师遗稿》下卷，《藏外佛经》第15册，黄山书社2005年版，第73—75页；诸居士在万历十五年的《刻大藏愿文》，见《密藏开禅师遗稿》之《发愿文》，第7—15页。

事情，先私下知会巡按傅光宅，同时满心希望可以说服僧纲司代为递交申请，通过官方程序获得批准。①

道开对僧纲司这一机构寄予厚望，但并不表示他完全依赖僧纲司。在同一封信中，他揭示了僧纲司和州县官府的矛盾，并希望加以利用。稍前的时候，大概州县出台了一个政策，限制僧人游荡（"戒媱"），而僧纲司"申劾有司"，当时批词还未下来，道开推测说"批词未复，未复则彼此当有鹬蚌相持之势，此时乘而利之，乘此以清外障，乘彼以荡内魔，两无姑息"。与此同时，他希望拉拢雁平道张惟诚，"雁门兵枭大有吏才，垦荒蓄赈皆其政也"，希望傅光宅能够引导他，"令作名山护"，并且说"五台令亦笃实忠谨，幸提奖之"。② 在另外一封信中，他提到五台山都纲被人向山西省官员告发，省里已经批示到县（大概是五台县），道开为此给代州知州陈宗凯写了一封信，要求他帮助解救都纲，因为他担心如果都纲获罪，五台山可能有更大的麻烦。③ 道开既要争取和维护僧纲司的权力，又希望扶植雁平道、州县长官作为护法的努力，体现了一个刚来到五台山的僧人面对僧纲司系统和雁平道、五台县系统时难以取舍的心情。

他面对这两套行政系统的复杂心情，同样体现在他对垦荒政策的态度上。在写上一封信的时候，他还在称赞张惟诚的垦荒之举，似乎垦荒政策并未影响到五台山寺院。但是最迟到第二年年初的时候，情况就发生了变化。万历十六年（1588）密藏道开在写给傅光宅的另外一封信中论及：

> 五台因缘，他尽可缓，独申文一节，必得批行立石，斯为至要全美。即门下归速，不及立石，而有按院批申，立案该道府州县，亦足

---

① 道开：《与傅侍御》，见氏《密藏开禅师遗稿》上卷，第39—41页。傅光宅约万历十五年巡按山西，考证如下：于慎行：《明故中宪大夫四川按察司提学副使金沙傅公合葬墓志铭》，见氏《谷城山馆文集》卷22，《四库全书存目丛书》集147，（台）庄严文化事业有限公司1996年版，第642—645页提到傅光宅于万历十三年任河南监察御史，接着"按行二关"，荐举故蓟镇将领戚继光，被皇帝责备，"公方受命按晋，因请告归"。也就是说，他先是举荐戚继光，后来巡按山西，在山西任内不久即因举荐事被责。关于举荐一事，《明史》卷212《戚继光传》第5616—5617页提到戚继光在张居正死后半年被改任广东，由于张居正死于万历十年六月，可知当时已经是万历十一年初，戚过了一年谢病归，当在万历十二年，归三年之后，傅光宅荐举之，当在万历十五年，也就是说万历十五年，傅光宅巡按山西。

② 道开：《与傅侍御》，见氏《密藏开禅师遗稿》上卷，第39—41页。

③ 道开：《与陈代州居士》，见氏《密藏开禅师遗稿》下卷，第61—62页。

以为日后张本也。近者告开垦升粮者纷纷，为害甚切肌骨，过此则蔓难图矣。张兵臬甚仁慈敏慧，第其有屯荒蓄赈之令，而下官多奉行太过，亦难可辨察。苟有以通其情及示以禁山不可概开，僧地既有额免，不应为豪民所中，而辄升其粮，则此公必豁然大悟，而名山受福多矣。倘有司有所纠劾于僧，或贪或媱，有实迹可据者，亦应尽法，不必姑惜。治吏胥商民以护名山，治秽恶僧人以服有司，斯法公情允，人无得而议矣。①

　　当时收信人傅光宅已经递交了请辞山西抚按的报告，道开虽然已经知道了这种情况并建议他以生病为名义请辞比较妥当，但是他仍然在请求傅光宅的帮助。在这段引文中，可以看到他一方面希望雁平道张惟诚能够厉行禁山令和豁免寺院额粮，但同时也同意让渡一部分僧纲司的权力给予雁平道；如果有"秽恶僧人"，他也请求雁平道惩罚。他在信中提到，他听说憨山德清给傅光宅写了一封信并怀疑德清在信中提到五台山，他为此亦提示傅光宅不要去保护塔院寺（指塔院住持大方圆广，时任都纲），"护之反损光明"。②

　　道开不仅与僧纲司不和，也和其他的敕建（敕赐）寺院无甚交往，便只好寻求其他非敕建（敕赐）寺院的帮助。除了他所住的妙德庵之外，还有一座重要寺院是狮子窝，该寺院是万历十四年（1586）僧人智光、净立等约53人"构屋结社"所建，③并推举净澄等12人说法。④道开可能加入了这个念佛社，他曾经在约万历十六年（1588）为居士瞿汝稷写的经解跋中自称"五台山古狮子窝释道开"。⑤万历十六年（1588），他又获得另外一位五台山僧人无边捐赠的大博庵一所，作为刻经之地。⑥另外与道开关系比较密切的寺院还有凤林寺、龙泉寺等，下文将会涉及。

　　①　道开：《与傅侍御》，见氏《密藏开禅师遗稿》下卷，第68—69页。信件中提到当年正月十一傅光宅递交了辞职的奏疏之后离开北京，考虑到傅光宅在万历十五年被罚，因此该信的年代应为万历十六年。
　　②　道开：《与傅侍御》，见氏《密藏开禅师遗稿》下卷，第68—69页。
　　③　万历《清凉山志》卷2《五峰灵迹》，第21。
　　④　李世达：《狮子窟净业记》，见万历《清凉山志》卷9《异众感通传》，第104—106页。
　　⑤　道开：《跋持准提陀罗尼福用解》，见氏《密藏开禅师遗稿》下卷，第73页。
　　⑥　明河：《补续高僧传》卷22《无边传》，《续修四库全书》子部1283，上海古籍出版社1995年版，第304—305页。

道开在五台山的策略，本来是在道府州县和五台山僧纲司之间观望取舍，甚至一度希望渔翁得利，但是这样做适得其反。万历十九年（1591）闰三月礼部奏"异端之害惟佛为甚"，并列举了几个例子，其中一个就是道开，礼部指其"潜住惑众"，要求严行禁逐。[①] 在朝廷官员反对道开的情况下，甚至连垦荒的事情也引火烧身，万历二十年（1592），他的友好寺院凤林寺和狮子窝受到了繁峙县的起诉。为了挽救它们，道开给"都门檀越"写了两封信，要求他们保护寺院，在其中一封信的结尾有"伏惟慈鉴"几个字，从这个称谓看，收信人很可能是当时积极赞助佛教的李太后，或许因为写信给太后有碍体统，所以道开文集的编者故意忽略收件人的名字，仅以"都门檀越"称之。在这封信中，他提到了雁平道的垦荒政策对于五台山影响之大：

　　贫道窃谓五台为畿辅右臂，所恃以林木为藩屏，其中多设名蓝大刹，是又以三宝为城堑，不独称圣境也。无奈久为奸商大猾擅为利薮，每每赤手砍伐，图获巨万之利，而寺院尽为牛圈，僧徒皆为奴隶。且各处流民潜住在山，以砍树为生计，以开垦为窠巢，木假抽印为重，地藉纳粮为名，斧斤行于前，一火纵于后，往往利归民家，祸遗僧寺，边防由是而坏，僧寺由是而废，此从来之害所不能解者。万历六年间，曾经胡雁平揭帖，高抚台题请，为边防重计，设禁甚严，山林渐茂。未几，又以垦荒之例开此衅端，其害入骨。万历十七年，本山都纲司具申按院，蒙批道，转行府县查勘，已经回申本道，未蒙转详。昨因陆太宰游山，适吕抚台亲历其地，目视其事，遂毅然为边防长计，作名山护法。此盖文殊有灵，所以冥资大权，发如是心耳，极为庆幸，愚谓台山复兴，固在此一举。但行繁峙县查议，只缘据目前，将狮子窝、凤林寺等处二三山僧坐砍伐开垦，拟遣，招详，特蒙宽其既往，概行释放，兼给告示禁约，亦云"念事非一朝，罪非一人，以前罪端姑免究治"，此深见抚台护法至意。继而该县重前申究，诚未洞察奸商巨蠹，正欲借此为口实，因而乘风夤缘，嫁祸于僧，以此为影身草耳。愚谓若必罪其山僧，而实中其奸计。今后即有禁治，而又罪归

于僧，利归于民，此则愈禁而愈不能禁矣。盖僧人修造百不过一，而商民伐木、卖板、开垦十居八九，今独禁僧而置商民于度外，诚所谓放饭流坎而问无齿决也，其害在彼不在此。为今之计，锁锁不能尽述，但乞查万历六年前院题请事例，九年免粮案卷，及十七年都纲司申文，则洞见毫微。然须姑免山僧之罪，严禁附近奸商之家，不许砍伐，断夤缘之路，收开垦之令，免征粮之役，严令有司防范，僧徒守护，此后一木不许出山，尺地不许开垦，此则一断永断，边防不待整而自固，僧寺不待保而自安，此所谓灸膏肓之病，而正得其窾窍耳。但此情不能上达，诚恐有负吕抚台此番盛心，愿借重鼎言，一转致之，惟此不独为名山功德，而实为国家长城万世之利也，伏惟慈鉴幸甚。①

　　道开此一信件，刻画出了州县官府选择性执法，故意刁难凤林寺等寺院的形象。信中提到，其实早在万历十七年（1589），五台山僧纲司已经向巡按提出申诉，抚按则转给雁平道以及州县查勘，当时正值州县向雁平道回申之后，道开还不知道雁平道有何决定。②显然，在傅光宅离开山西之后，道开已经很难获得山西行政系统的内部消息，加上又与僧纲司不和，使得他面对这场官司的时候，形势非常被动。他只好向宫中的太后求助，希望太后能够通过某种途径把他的请求转达给山西巡抚吕坤。

　　道开面对的吕坤是明代著名的理学家，他于万历十九年（1591）底任山西巡抚，在任内安流民、立保甲、整顿边防，政绩颇著。③在狮子窝一案上，吕坤先是出了一纸"禁约"，重申禁山的规定，对于两座寺院暂时既往不究。吕坤的这一转变，道开在给太后的信里没有明确说明是何原因，他在另外一封信里则提到，吕坤其实是受到吏部尚书陆光祖的压力。陆光祖自号"五台"，时人多称之为"陆五台"。他是明末很重要的居士，与当时的高僧紫柏、道开师徒的关系非常密切。万历二十年（1592）初，陆光祖在退休还乡的途中，被紫柏邀请到五台山龙泉寺小住，其目的可能就是要商谈如何应对山西巡抚对两座寺院的敌对行动。由于陆光祖的官阶地位非常之高，所以

① 道开：《与都门檀越》，见氏《密藏开禅师遗稿》上卷，第25—27页。
② 道开：《与傅侍御》，见氏《密藏开禅师遗稿》上卷，第40页。
③ 郑涵：《吕坤年谱》，中州古籍出版社1985年版，第50页。

他到五台山后，"盘桓十余日，地方官无不侍候"①。巡抚吕坤显然亦碍于上司的情面，决定暂时对狮子窝、凤林寺不加追究。道开在写给另一位礼部官员曾凤仪的信里透露说：

> 昨因陆太宰游山，适吕抚台亲历其地，目视其事，遂毅然为边防长计，作名山护法，此盖文殊有灵，所以冥资大权，发如是心耳。……此深见抚台护法至意。②

其实道开非常清楚，他虽然在多封书信中称吕坤为"护法"，不过是因为吕坤碍于情面暂时免除了对两座寺院的惩罚而已，它的长远效果十分有限。当时的政治舆论氛围对这些与官员交通的僧人非常不利，紫柏和道开在五台山接引朝廷官员的活动引发了其他一些官员包括吕坤的不满。根据 10 年后御史康丕扬的追述，紫柏在五台山，"抚按欲行提问，彼惧而随光祖归"。根据康丕扬的这个叙述可知，虽然巡抚吕坤当时是给了陆光祖一个情面，但是他其实还是存心要追究紫柏的责任，紫柏也不得不离开五台山。③

陆光祖离开五台山后，繁峙县地方官"复为近习所中，申请重究"，而吕坤也顺水推舟，批复雁平道再行研究，而雁平道又委托繁峙县审判，所以最后案件又回到繁峙知县手中。当起诉者和审判者都是繁峙县官府的时候，结局是可想而知的。因此万历二十年（1592），道开只好转而向礼部郎中曾凤仪求助，希望曾凤仪向更高层级的山西巡抚和雁平道何应奇通融言说，使狮子窝和凤林寺免受追究。他的主要理由是"在各寺修造有限，而商民贩卖板木无穷"，但是官府政策是"独禁僧而置商民于度外"。④ 道开认为这些人依托繁峙县知县，抓住二三个五台山寺院不放。五台山寺院一贯支持禁山政

①　《明神宗显皇帝实录》卷 370，万历三十年三月乙丑，第 6926 页。
②　道开：《与曾舜征居士》，见氏《密藏开禅师遗稿》下卷，第 66 页。
③　《明神宗显皇帝实录》卷 370，万历三十年三月乙丑，第 6926 页。
④　道开：《与曾舜征居士》，见氏《密藏开禅师遗稿》下卷，第 66 页。当时的雁平道当为何应奇，见光绪《代州志》卷 1《职官表》，第 39 页下。何应奇是万历二十年任，见《山西通志》卷 12《职官谱三》，第 308 页。

策，但现在居然成了禁山政策实施的牺牲品。①

　　山西巡抚吕坤一度重申禁山令，但到了万历二十一年（1593），其态度很快转变，转而主张开禁了。他一方面指责五台山寺院不受约束、不向州县纳税，同时也试图以收税来合法化伐木的行为，以五台山为官山，"课与商民"：

　　　　至于砍伐山林，最难缉禁，臣欲于沿边一带山峦，除百里之外，照前禁约，其百里之内，树木大小，不下千百万，论法则严禁为得，论势则概禁不能，与其纵恣奸盗，岁以为资，不若课与商民，官收其利。……擅伐盗伐者，责成原课商民拿获盗砍之人，坐赃问罪。至于开垦地土，属民者照亩纳粮，以供军马；属僧者减半起科，以资焚修。②

　　吕坤虽然把伐木和垦田分开来谈，僧人只允许垦田，但是正如僧人道开一再强调的那样，以垦田为名义伐木的现象非常普遍，也就是说，通过这样一个政策，五台山无论商民还是僧人，都获得了垦田伐木的权利。道开在给陆光祖的一封信中称"迩来五峰竞秃，万木空闻。释子逋逃，征粮荒瘠"③。道开这封信没有明确时间，从上文推测，应该反映的是吕坤在五台山推行伐木垦田合法化之后的情况，当时应该至少部分寺院已经被征粮了。伐木同样获得了合法化，万历二十四年（1596），巡视芦沟桥御史蒋汝瑚在讨论京畿航道税关的时候曾奏，"山西商自五台山运木"，证明了商人伐木的确已经合法化。④ 这一转变标志着禁山政策实际上已经结束，寺院作为一套行政系统和控产机构，已经不能再宣称独立于州县之外，万历九年（1581）所划定的免粮范围"五台山四至"已经没有意义了。

<hr />

① 当时的繁峙知县是河北安肃县的邢云路，今五台山有万历二十年（1592）邢氏诗碑一块，题为《与重玄谈禅》，可见繁峙知县在惩罚二三寺院的同时与五台山某些高僧仍保持交往。

② 吕坤：《摘陈边计民艰疏》，见陈子龙编《皇明经世文编》卷416，《四库禁毁书丛刊》集28，北京出版社2000年版，第375—376页。

③ 道开：《与陆太宰》，见氏《密藏开禅师遗稿》下卷，第72—73页。

④ 《明神宗显皇帝实录》卷302，万历二十四年九月癸卯，第5662页。

第三节　张守清事件：输税入籍的挫折

在明代的五台山，并不是只有寺院和州县官府这两套行政系统，还有另外的行政系统，比如卫所和王府等。本节将以张守清事件为个案，探讨在州县权威推进的背景下，多元权威结构与输税入籍的推行如何相互影响。

关于张守清事件的资料，除了《明神宗实录》中保存的几段相关记载外，不少官员的文集和奏疏也都提到这一事件，最主要的有如下几篇文献：第一篇是万历十九年（1589）给事中张贞观的《请议处解散矿盗疏》，张曾巡视三关军务，并亲自审问过张守清，他的这份奏疏对于了解地方官和张守清的立场是最直接的资料。① 第二篇是山西巡抚乔璧星的《平矿盗功罪疏》，乔参与了事件的最终解决，此文为矿盗事件平定之后所撰。② 第三篇是赵南星撰的《张守清传》，传文中没有提到他为何替张守清立传，只是在评论的部分透露了他对"朝中当事者"冒功领赏的不满，以及他对张守清的同情。③ 不过，他大约在矿徒问题刚获解决的万历二十年（1590），曾被其上司吏部尚书陆光祖提拔为吏部考功司郎中，而陆光祖随后曾赴五台山保护受州县官府起诉的寺院。④ 因此，赵南星对矿徒事件的了解可能是从陆光祖等人那里打听回来的，他本人并没有去过五台山。第四篇是万历四十年（1610）瞿九思纂《万历武功录》中的《矿盗张守清列传》，其原始资料来源不详。⑤ 这几篇文献的内容可以相互印证或补充。

此前矿徒主要盘踞在五台山东麓，最迟万历初向西来到了山西境内，以张守清为首领。关于张守清事件的大致情况，赵南星的《张守清传》记载：

①　万历十九年张贞观《请议处解散矿盗疏》，见氏《掖垣谏草》卷1，第423页。

②　乔璧星：《平矿盗功罪疏》，见氏《乔中丞奏议》卷3，（台）汉学研究中心1990年影印本，第16—21页。

③　赵南星：《张守清传》，见氏《赵忠毅公诗文集》卷13，《四库禁毁书丛刊》集68，北京出版社2000年版，第366—367页。

④　《明史》卷243《赵南星传》，第6299页。

⑤　瞿九思：《万历武功录》之《矿盗张守清列传》，（台）艺文印书馆印行1980年版，第61—62页。

　　张守清，山西人也。少而贫，随其母至真定，奴于诸生阎白亭之家，既而逐之。之五台山，诸矿贼铲利交争，数相杀伤，守清每为剖决，片言辄服。……守清于山中聚工鼓铸，分给众贼。延师教子，时时斋僧济贫。晋中一二宗室从之借贷，有与缔姻者；中贵之礼五台文殊者，守清皆款接重馈之；长安渐闻其事，有二谏议，使人吓守清，得万金。既而今上问："五台有矿贼，何土臣不一言也？"晋中当事者惧，以属备兵使者吴君同春，将捕之，或曰："是不可捕，惟使人招之耳。"招之果即来，来则下狱中。初，守清不意为贼所推，坐享富厚，久无事。守清能约束其下，立法场杀人，曾有妇人朝山者，一贼以枪搴其冠，守清即斩贼首示妇人，以是环山之民皆获安堵。守清以众悦之，忘其犯法，至狱中，怏怏不食死。先是，阎生有故人李姓者，为倒马关参将，往谒之，因之五台，过守清，至其所居名铁铺，问："张守清在此乎？"众贼皆大惊且怒，入报守清，即出迎，执礼甚谨。入则见其官室器用如王侯，仆从甚盛。顷之，设席张金鼓，水陆之珍毕具，歌舞佳丽。酒罢，守清留之宿，阎生曰："吾将之倒马关李将军所耳"，守清曰："当为作书"，问："何以识之？"曰："素与往来"，乃作书付阎生，厚馈之。见李参将，亦问何以识张君，曰："其少时不肖之厮养也"，相与叹羡。移时守清死，后矿贼遂为害，土人皆思之。①

　　首先应注意的是采矿者的身份问题。赵南星讲张守清是山西人，但未具体指出是山西哪里，《万历武功录》则直接说张守清是五台人。②从他曾经为倒马关李参将的厮养以及诸生阎白亭的奴仆来看，张守清显然出身寒微。这群采矿者的身份，官员们常用"矿盗"、"矿贼"、"贼"、"亡命"等称呼来指称，即便赵南星这样一位同情张守清的官员也不例外。除了采矿者之外，引文中还提到"环山之民"、"土人"等，这群人显然也是与采矿者一起居住在山区。其他的文献对山区的居民也有一些描述，比如《万历武功录》还提到这一带还有晋府"佃民"、"流寓"等；山西巡抚吕坤则提到采矿者之外，山中还有"各处流民"、"不止万家"等等。① 从官府的立场来看，大量的山区居民是州县官府管辖不了的化外之民。

张守清在这个化外之地有着独立于州县的权威。乔璧星评价说"万历初年，张守清遂为雄长，何傻子等各以类附，啸聚召呼，遂至三千余众，僭号称名，自操生杀，今据招内知名有案者，杀死已几百人，威势大张，有谋必遂"②。但在赵南星看来，张守清在五台山鼓铸，所得利益分给工人，而且还时常在寺院举办斋会和救济穷人。采矿者有纠纷，他亦可以仲裁。杀人有法场，表明他非常有纪律。对于张守清维持山区秩序的角色，赵南星给予了很大同情，他称赞张守清"大聚而不贪，分之而不争，杀之而不怨，此其才谊有过人者"。

张守清盘踞五台山20年，绝不是躲躲掩掩，其房屋奢华，仆从甚多，公开交结从山西省到五台县的各级官员、驻防武官、宦官、宗室成员，构筑了广泛的关系网。也因此，张守清在山区的势力得到他们的默认，地方官对他的采矿行为视若无睹，"地方官隐匿不报"。③ 例如，万历十二年（1584）二月直隶御史报告五台山南部的铁铺村有采矿者：

> （直隶巡按御史汪某）言阜平县柳树沟有矿山，北邻山西铁铺村，系晋府官庄，以故矿盗窝住，乘间突来掏挖，官军追逐，则退归本村，盘踞王庄，究诘不易，乞行山西抚按，严行驱逐，启王知会，毋得私容此辈到庄潜住。兵部覆：如议行。④

晋府官庄铁铺村在五台山南、清水河畔，是五台通往北京的必经之地。铁铺村不是唯一的晋府官庄，从铁铺村沿溪流而下，至少还有一个叫作石嘴的市镇也是晋府官庄，嘉靖年间塔院寺重修碑记题名中就有"晋府管石嘴□庄潘赋"⑤。从铁铺到石嘴这片地方应该基本上是晋府的势力范围（参看图

① 吕坤：《摘陈边计民艰疏》，见陈子龙编《皇明经世文编》卷416，第375页。
② 乔璧星：《平矿盗功罪疏》，见氏《乔中丞奏议》卷3，第17页。
③ 《明神宗显皇帝实录》卷225，万历十八年七月乙丑，第4191页。
④ 《明神宗显皇帝实录》卷146，万历十二年二月甲子，第2724—2725页。
⑤ 嘉靖十七年《敕谕山西五台山碑文》，见《五台山碑文选注》，第228—230页。

1–2)。直隶的军队对窝藏在这里的矿徒无可奈何，最后不得不上奏朝廷，希望朝廷能让山西巡抚、按察使等官员与晋王沟通，虽然朝廷批准了他们的请求，但结果要么是山西的巡抚、巡按消极应付，要么是晋王府不予配合，总之五台山矿徒问题并没有解决，没有资料说明朝廷为何没有跟进这一事件。

五台山寺院与张守清关系密切。本书第三章龙泉寺的个案中，探讨了莽会首开山之后怎样与"盗贼"和平相处，以及万历年间龙泉寺怎样被僧人塑造成教化山民的角色。实际上万历《清凉山志》所言"（山之野民）皆愿施重修其寺"指的大概就是张守清这群人。[①] 他们的关系十分融洽，万历十三年（1585）山西的退休官员居士王道行来五台山参观并为其母亲打醮，在他看来，五台山寺院正好可以起到山区教化的作用：

> 环五百里不毛之地，深林绝巘，非僧众处之，必为盗薮，今廓尔清夷，其便一。银河、茨沟多鼓铸少年，习于矫虔闻罪福之说，闇然自化，其便二。四方檀信靡靡向风，导之以善，言易入而教易从，其便三。西域胡僧行七年，始至，乐中华土风，澹而忘归，足以见帝图之无外，佛事与有助焉，其便四。且也乌合数千指，皆三月谷传餐而食，雍容有仪，如揖洙泗之庭而听葵丘之命，可以观礼；游僧至止，不相殊离，察其可任，举局镶授之，无德色，亦无怍容，可以观义；一衲捐生，至动人主，遂成万年伟构，可以观烈，斯亦何负于名教哉！[②]

王道行主张寺院可以观礼、义、烈，与名教一致，所以五台山寺院不可攻击，不过这段议论却反而证明了寺院与采矿者、"乌合之众"等有密切联系。王道行在他的游记中同时还说，"至如营建太多，樵采不节，一旦山童而泽竭，虽有委输，虞不宿饱，制节谨度，维怀永图，则王政所宜讲也"，王道行反对伐木合法化的意思很清楚。王道行是当时著名的居士，万历十五年（1587）密藏道开刚到五台山的时候，在写给山西巡按傅光宅的一封信里，就希望傅光宅留意他，道开的那封信还提到他在五台山听到的情况，

---

①　万历《清凉山志》卷3《诸寺名迹》，第27页。
②　王道行：《游五台山记》，见氏《王明甫先生桂子园集》卷14，国家图书馆胶片，第42页。

"昨归清凉，有僧告以此地信名胜，第与黄巢故址比邻，其遗风流俗犹有存者。迄今四山多豪客窃发，业于卤劫，不以为怪，虽有司莫可奈何。不独四山，即灵岩秃民，大多其种族"①。对比王道行和道开的这两段材料，可知在五台山"豪客"、采矿者、僧人的身份界线十分模糊。张守清事件过后，山西巡抚吕坤曾指责寺院"窝聚矿徒"，显然是有根据的（详后）。

张守清的问题在于，他虽然广交各路官员与权势人物，但他的利益并不能获得正式的行政系统的保护，为此有必要区分正式的行政系统与有体制背景的个人。他的保护者基本上都是有不同体制背景的个人，但是这些个人关系的维持，是建立在张守清不断地行贿也即是交保护费的基础之上的。例如他跟藩王之间有"借贷"和婚姻关系，对宦官"重馈"，对原来的主人阎生"厚馈"。除此之外，地方文武官员也多受贿，例如五台知县王允中"逢令节辄受多赃，不思养虎遗患，过铁铺，甘与酬酢"；"防矿官百户谢承恩、张自强，武弁庸流，贪饕下品，御暴而反以为暴，赃证甚明"。② 这种关系的危险性在于：一旦保护费达不到对方的期望，双方就可能决裂。以宦官为例，万历十八年（1589）皇帝知道张守清的事情，实得之于五台山进香的宦官，这个宦官的名字已经很难知晓。③ 曾参与处理此事的山西巡抚李采菲的传记指出，张守清事件被揭露，原因据说是宦官不满意张守清的贿赂，"会大珰祀五台者有所要求于张，意弗厌，归为上言守清作奸状"④。甚至张守清事件公开化以后，还有御史顶风索贿："长安渐闻其事，有二谏议使人吓守清，得万金。"⑤ 也就是说，张守清选择的这些庇护者，对他而言同时也是敲诈者。

万历十八年（1589）七月皇帝亲自过问张守清事件以后，当年九月山西抚按官奏："山西五台县，向因采矿者张守清潜行盗矿，彼时官军驱逐，

① 道开：《与傅侍御》，见氏《密藏开禅师遗稿》上卷，第39—41页。

② 乔璧星：《平矿盗功罪疏》，见氏《乔中丞奏议》卷3，第21页。

③ 万历《清凉山志》卷4《帝王崇建》，第38页提到万历十二年，五台山修斋的宦官有尤用、张本；二十六年到二十八年，主要是御马监太监王忠和官员曹奉。而矿徒问题浮出水面的万历十二到二十年之间的宦官在五台的活动，《清凉山志》没有任何记载，有故意掩饰的嫌疑。

④ 余继登：《嘉议大夫巡抚山西都察院右副都御史临江李公墓志铭》，见氏《淡然轩集》卷6，《四库全书》集部别集类第1291，上海古籍出版社1987年版，第50页。

⑤ 赵南星：《张守清传》，见氏《赵忠毅公诗文集》卷13，第366—367页。

即已解散。后复托名晋府佃户，希图潜藏，近亦闻风远遁。"抚按官此奏显然是为了大事化小，希望息事宁人。但是纸包不住火，万历皇帝很快从其他渠道了解到事情的真相，结果"督抚官不行具奏，罚俸二个月"，雁平兵备道张惟诚也受到罚俸半年的处罚。①事实情况是，张守清并没有逃走，面对朝廷的压力，他主动申请在铁铺村编保甲，从巡抚李采菲到州县官府，都顺水推舟地采纳了这个建议：

> 庚寅（万历十八年）秋，上有诏，诏台御史按验，于是制置使萧大亨及御史贾希夷，为檄晓譬，令归降，不则天讨必加若等。于是张守清踵军门上状，具言矿盗则有之，实无它肠，愿假清死罪。顷铁铺村人袁秉臣言状亦如之，愿立为保长，使开矿纳税。事下雁平兵备使张惟诚，属代州守黄思道，五台令常自新问状，请以铁铺村土著，及晋府佃民、流寓，大率四百九十二户，编为一甲，即立张守清为保长，郭贵为保正，许廷珍为保副，丁廒为老人，开矿取砂，岁赋一千五百两，封输县官以佐边。先是，上诏督抚详议具奏，不许虚文塞责，是时御史李采菲议官使使者监临，而以所煎砂官七民三，便。顷代州守及五台令请以十分为率，官去其五而以半予民。于是守清即以所置屋三十五所，改为乡约所。而制置使及台御史皆以为可，乃上书请立循环文簿，每二季一算，而以由使封输布政使，岁杪转运民部。②

这个建议如果得到批准，那么在不损害张守清利益的前提下，不仅矿盗、而且包括流民和晋府佃户，都会被编入保甲，张守清等采矿者则转变为保长、保正、老人等州县行政体系之下的一套身份，如此一来张守清不仅可以继续以王府为庇护伞，而且也取得民政官僚体制的承认，无疑多了一层保护。张守清自请"输税"、"分砂"的建议，刚好迎合了地方官增加税收的想法，也使得万历皇帝"方待守清以不死，许之开矿输税"③。对张守清等采矿者征税的计划，与把他们编为保甲是同一个过程，即向州县入籍纳税、接受

---

①　《明神宗显皇帝实录》卷227，万历十八年九月乙丑，第4220—4221页。

②　瞿九思：《万历武功录》之《矿盗张守清列传》，第61—62页。

③　张贞观：《请议处解散矿盗疏》，见氏《掖垣谏草》卷1，第423页。

州县管辖的过程，实际上这个建议也是代州知州、五台知县向上级提出的。巡抚李采菲所言出产矿砂官七民三、或者后来州县所言五五分成，对于自费工本的采矿者来说，这种课税比率非常苛刻，而对收税的官府来说则是非常有利。① 山西省和州县官员提出对朝廷极具吸引力的协议，无疑是为了使他们抚绥采矿者的政策得到批准。从张贞观的奏疏以及朝臣的议论中，皆可以看出收税的建议一度获得相当多的朝廷官僚的支持。②

张守清以入籍为庇护的企图，得到山西巡抚李采菲的同意，李的墓志中曾提到，"公恐其久而犷悍也，编其众而什伍之"。也就是说，即便是山西省的最高行政长官，也同意按照官方的组织样式来整编矿徒，当然李巡抚最后因为这个政策被朝廷内部的强硬派弹劾，被指控包庇采矿者。③ 他们声称，张守清分矿输砂的请求不过是他的一种策略而已，尤其是万历十九年（1590）给事中张贞观在实地视察山西，"广询博访"，并面讯张守清等人之后，上题本列举了五大理由反对允许张守清输税的请求，其中说道：

兹守清故一盗首也，招纳亡命不下三千余家，设立头子不下二百余名。缔婚藩王以张其势，阴行小惠以罗其交，其徒有不遵约束者，立毙杖下，以鼓其焰，俾远近相邻村落，知有守清而不知有朝廷之法。所谓衡命者非也，乃漫不为一处，而惟彼是徇，守清曰输税则曰输税，守清曰分砂则曰分砂，纪纲无乃几于不振矣！此其不可者一。或谓时当财用匮乏之时，分砂取税不无少补……未许之先，守清不过为窃矿之鼠贼，犹潜踪隐迹而不敢肆，一许之后，守清且将为主矿之官户，即招亡匿逋，而何所嫌？至监官分砂之说尤为不伦，彼党类数千，各利其有，孰肯以砂一一就厂煎分哉！即不煎分，监官其又如彼何？④

① 全汉升：《明代的银课与银产额》，见氏《中国经济史研究（下）》，（台）稻乡出版社1991年版，第601—623页。

② 冯琦：《答邢崐田中丞》，见氏《宗伯集》卷72，《四库禁毁书丛刊》集16，北京出版社2000年版，第174—175页。

③ 余继登：《嘉议大夫巡抚山西都察院右副都御史临江李公墓志铭》，见氏《淡然轩集》卷6，第50页。

④ 张贞观：《请议处解散矿盗疏》，见氏《掖垣谏草》卷1，第423页。

　　张贞观看到，张守清才是输税分砂、自为官户、建立保甲、成立乡约所等等建议的真正提出者，地方官只不过顺从了他的请求。张贞观担心一旦给予张守清"官户"的合法身份，他便拥有合理的山区统治的权利，如此一来官府更加难以对其监督。在张守清事件的处理上，朝臣的态度和山西省以及州县官府的态度并不一致，这也是张守清自我合法化最终失败的重要原因。山西省的官员从巡抚到知县，其实都在积极地推动"入籍输税"的进行，但是以张贞观代表的朝臣强烈反对。

　　除了不准入籍之外，朝臣还试图剥离开张守清和王府的关系。由于张守清和代藩潞城王、新宁王有姻亲关系，万历十九年（1591）五月，巡按御史连标"疏乞敕守清改过散党，仍谕二王绝婚"。此建议被批准，① 潞城王和新宁王受到了责难。比如新宁王朱鼐钧，后来御史连标质疑他主管代府的资格的时候，即提出他曾"交通矿盗"。② 张贞观、连标反对张守清入籍输税的请求，以及要求他断绝和藩王的姻亲关系，是在破坏张守清任何自我合法化的可能性。

　　采矿合法化的失败给军队系统提供了机会。张贞观提议解散采矿者，堵塞矿洞，"派拨该地方壮丁轮番守哨，仍于东路、北楼二营共拨军三百名，设防守官一员，统住其地，即将原党所居房屋给各军居之……防守官每半月具有无矿盗结状，投送该道查考，候一二年无复矿盗为窃，方行议撤"。万历皇帝御批"该部知道"③。这个建议得到了皇帝采纳，万历十九年（1591）夏，朝廷"令各产矿处，有司不许私收商税，复有诏，赦守清罪，得归故籍"④。张贞观反对纳税、"封洞置守"的建议，"部覆报可"。⑤ 也就是说，在朝臣的主张下，朝廷拒绝了征税的建议，允许派驻军队，封闭矿洞。

　　这场争论的结果是军队的势力在五台山增强了，州县系统受到排斥。根据兵部的奏疏，采矿者并不愿意回籍，"给票许散回籍，三限并无一人至者"，拒绝回籍，其实是拒绝入籍。不仅如此，根据兵部的报告，"至是复

---

① 《明神宗显皇帝实录》卷 236，万历十九年五月某日，第 4373 页。
② 《明神宗显皇帝实录》卷 282，万历二十三年二月己未，第 5220 页。
③ 张贞观：《请议处解散矿盗疏》，见氏《掖垣谏草》卷 1，第 425 页。
④ 瞿九思：《万历武功录》之《矿盗张守清列传》，第 61—62 页。
⑤ 《明神宗显皇帝实录》卷 236，万历十九年五月乙丑，第 4373 页。

聚众于黄草梁山及阜平县行劫，被官军四出搜捕，守清穷蹙投降"。报告称军队进行了武力镇压。① 事件平定后，继任的山西巡抚乔璧星提请朝廷奖励平盗有功者，并弹劾包庇纵容矿徒的地方官。② 根据这份建议，万历二十年（1592）二月，朝廷对相关官员进行了赏罚：

> 论平五台山矿盗功罪。总督萧大亨、原任兵备吴同春、守备黄天爱、参将刘为栋等赍银币有差，知县陈说、王允中削职为民。③

文中的萧大亨当时是宣大总督，吴同春是雁平兵备道，黄天爱是振武卫掌印指挥，刘为栋是东路营参将。④ 不仅如此，上文提到，当时在吏部任职的赵南星对于军队谎报镇压、获得封赏的行为非常愤慨。其实，无论是诉诸武力，还是谎称诉诸武力，都表明军队有故意张大其事的嫌疑，只有夸大张守清的威胁，军队才能名正言顺地在矿区增强力量。受到处罚的两位百户，地位相对比较低，他们成了高级武官的替罪羊，并没有影响军队在山区的地位，事件的处理结果，反而是在山区加强军备。受到奖励的除了卫指挥、参将等，还有更低级别的千总、把总、千户等多位，甚至还包括武官的家丁以及普通军士。朝廷同意用矿徒的财产弥补他们的损失："前项被伤家丁孟官等三名，每名赏银三两；沈虫儿官与买补马匹；王禄等六名，各赏银一两以为医马之资。合用银两，即于各贼马骡并妇女变卖银内动用，庶激劝益昭，官军思奋，裨益地方非浅尠矣。"⑤ 再加上上文提到的张贞观建议军队瓜分矿徒的房屋，这些主张意味着军队可以公然分赃。

事件过程中多个行政系统皆参与其中。除了军队，五台山僧纲司都纲盛公也积极配合，他因为"督率藉僧众之力"也被提出表扬，但是史料并没有显示最终奖励如何。另外，州县系统也积极配合军队平乱，繁峙县知县李先春，五台县知县常自新，"诚心任事，竭力奉公，拆房数千间，根株悉拔，

---

① 《明神宗显皇帝实录》卷240，万历十九年九月癸酉，第4463页。
② 乔璧星：《平矿盗功罪疏》，见氏《乔中丞奏议》卷3，第16—21页。
③ 《明神宗显皇帝实录》卷245，万历二十年二月乙巳，第4567页。
④ 乔璧星：《平矿盗功罪疏》，见氏《乔中丞奏议》卷3，第16—21页。
⑤ 乔璧星：《平矿盗功罪疏》，见氏《乔中丞奏议》卷3，第16—21页。

填洞百十座，薮穴皆空”，也被提请奖励。知县受奖赏并不表示平乱后的制度安排倾向于州县，因为他们只是奉命行事，当时大的格局已经明朗化，就是张守清事件必须解决，继任知县不会再犯政治错误。而前面两任五台知县就没有这么幸运了，他们遭到革职甚至“斥为民”的惩罚。① 更重要的是，张守清输税入籍、成立乡约的建议被否决，州县官府并没有获得实际的利益。这件事说明州县扩权的障碍之一，是五台山本身多元行政系统并存的政治生态以及它们之间的力量对比。张守清事件表明州县系统的力量虽然已经进入五台山，但远没有取得最后胜利。②

虽然州县权威增强的趋势受到打击，但是张守清事件之后仅仅两年，万历二十一年（1592）山西巡抚吕坤在奏疏中称已经把五台山民编为保甲了：

> 其五台山寺，诸僧不下数千，伐木寛窗百万，淫占妇女，窝聚矿徒，且自称寺系古刹，不属州县，保甲难以签编，盗贼无所畏忌，甚为地方之害。臣以为地不属于有司，人不入于编户，山中聚结，俱系各处流民，大约不止万家，隐祸可忧，议处当亟。已经臣题，奉钦依，将五台山僧及寄住流民，在繁峙地方者属繁峙，在五台地方者属五台，编为保甲，严加盘诘矣。③

吕坤题请把原来自称“不属州县”的五台山佛寺和所谓流民一起纳入保甲系统之内，从“奉钦依”来看，这个建议应该得到了皇帝批准。吕坤推行保甲其实是他整顿山西计划的一部分，其他的配合措施包括整顿王府和卫所等。或许因为刚刚解决了张守清问题，那些曾经与采矿者有联系的势力，无论是藩王还是游方僧人，都面临强大的政治压力。这恐怕也是吕坤能够在山区推行保甲制的重要原因。从将僧人编保甲一事来看，吕坤推广编户的目标得以实现。但我们并不清楚保甲推行的程度如何，原来的采矿者、晋府佃

---

① 乔璧星：《平矿盗功罪疏》，见氏《乔中丞奏议》卷3，第21页。
② 参考科大卫《动乱、官府与地方社会——读〈新开潞安府治记碑〉》，《中山大学学报（社会科学版）》2001年第2期
③ 吕坤：《摘陈边计民艰疏》，见陈子龙编《皇明经世文编》卷416，第375—376页。

户等人是否也被编入保甲，保甲的实行是否意味着他们从此转变为州县的编民？不过至少在形式上，在五台山寺院行政系统之外，又另外多了一层州县行政系统保甲的架构。

值得注意的是，万历中期，由于宁夏、朝鲜、播州之役的进行以及宫廷失火后营建之需，朝廷财政入不敷出的情形十分严峻，因此从万历二十四年（1595）开始，朝廷大规模向各地派遣矿监税使，以图增加税收，由此采矿在全国范围内得到合法化。① 但在五台山，采矿活动本身非法化的情况却没有改变。张守清事件之后，矿徒问题继续存在。赵南星提到"守清死，后矿贼遂为害，土人皆思之"②。崇祯初，山西巡抚耿如杞亦谓："夏县、繁峙诸矿日滋群盗窃取，而国家不得毫厘之用"，而建议让"良有司"开采。③ 崇祯末代州人张凤翼仍然称"吾代南濒矿穴，银河、铁铺之间，往往为大盗薮，每啸聚，辄以梃刃相加，遗草人民。不敢问"④。由于反对州县收税而导致采矿合法性的失败，进而为军队势力占优势提供了机会，这一点，恐怕是朝臣和巡抚吕坤都始料未及的。

第四节　寺院从卫所到州县的转变

一、妙峰与官僚的交往

经过万历二十一年（1593）纳税与编里甲的变化之后，似乎输税纳粮的争论暂时平息了下来，但是五台山寺院却仍然受到地方州县官府、衙役的不断侵蚀。万历二十八年（1600）八月巡按山西监察御史赵某登临五台山，"查得先年有司官凡用天花、蘑菇等菜，俱令僧人买纳，亏短价值，已经告发禁革外，近来不遵明示，指以官花为名，仍作派买，致累僧逃"。派征天

---

① 杨三寿：《万历矿税大兴起止时间考》，《云南师范大学学报》2000 年第 5 期；关于矿监税使问题的研究回顾，见方兴《明代万历年间"矿监税使"研究的现状与问题》，《江汉论坛》2014 年第 2 期。

② 赵南星：《张守清传》，见氏《赵忠毅公诗文集》卷 13，第 366 页。

③ 约崇祯元年山西巡抚耿如杞疏，见顾炎武《肇域志》之《山西三》，《续修四库全书》卷 590，上海古籍出版社 1995 年版，第 573 页。

④ 张凤翼：《贺蒲汭田少府奏绩序》，见氏《句注山房集》卷 13，《四库禁毁书丛刊》集部 70，北京出版社 2000 年版，第 242 页。

花已经是嘉靖以来五台山寺院面对的老问题了，从禁令的不断出台来看，它们的实际效果显然非常有限。万历二十八年（1600）的这一次，巡按赵某所能做的，仍然是循旧例颁布禁令而已。他要求布政使司和按察使司联合雁平道，转行"临近州县"，要求州县与僧人平买平卖。于是太原府通知各州县，如果再令僧人买纳、亏短价值的，"官注劣考，该吏拏问"。紧接着该年十月，巡抚山西地方都察院右佥都御史白某列举了寺院受到种种"讹诈"的现象：

> 近访得有司假以馈送，发阴于五台山都纲住持，横索天花，僧官不敢受价，将天花空骗者；又有以送为名，科派僧人，敛银入己者；又有本山僧众或伐尺寸之木以供薪火，彼巡山衙役视为首功报县官；又因为奇货，必置严刑，甚则罚谷折价，尽满其欲，而后僧人始从未减者，各等情到院。据此，看得天花产元山中，居民俱得采取，不独僧家专利，而有司往往空骗，以致指此科派敛银。如灵境寺僧真霖，科派福登等寺，可为殷鉴。至于僧奉香采取柴木为薪，乃被积役吓诈，官亦借此科罚，种种弊端，难以悉数等因。①

由巡山衙役的职位可知，这个时候官府已经派人到山区巡逻，尽管巡逻背后的指使力量必定是以纳税为名号的"奸商"或"猾民"。由于他们可以以垦荒为名砍伐林木，但是僧人属于另外一套行政系统的管辖，在法律上他们却不可以伐木，于是但凡发现僧人伐木，则首告县官。他们把被逮伐木的僧人当作"奇货"，尽情敲诈之后，才减罪发落。如此一来，僧人的经济活动和财产控制变得非常容易受到州县威胁。

五台山寺院在万历三十四年（1606）之后出现复兴的局面，这与万历中期以来妙峰等著名僧人的刻意经营有直接关系。妙峰早在万历十年（1582）就与憨山德清在五台山举办大法会，得到慈圣皇太后的赏赐，之后他便离开五台山。在此后的 20 年间，他创办寺院，云游四方，并募化三座

---

① 万历三十一年《太原府代州五台县为禁约事》碑，碑存万佛阁，无标题，碑文为忻州师院赵林恩抄录。

铜殿供奉在五台、峨眉和九华三座佛教名山。万历三十四年（1606），其中一座铜殿供奉在了显通寺的后院，"上闻而赐金三百，钱十五万，慈圣太皇太后赐数倍之……上及慈圣所赐金钱幡幢法器无算，中涓相继于道"①。第二年（1607）皇帝派御马监太监卢永寿送大藏经一部，供奉在显通寺，显通寺随即被赐新名"敕建护国圣光永明寺"，妙峰并向朝廷推荐了一位僧人做该寺的住持。② 万历四十年（1612）显通寺举办了宏大的法会，并起盖了"七处九会"大殿，为大殿各处匾额题字的有德、潞、晋、冀、沈等诸藩王。③可以说，自从妙峰返回五台山后的短短几年，他再次为五台山寺院获取了大量的政治资本。

在妙峰重回五台山之后，五台山寺院与州县官府因为赋税问题产生的紧张关系逐渐发生了变化。可能受到他的政治资本和声望的吸引，当时山西省、太原府以及本地州县的许多官员都与他有交往。比如，太原知府唐公靖来游五台山时，五台知县李佩韦就在显通寺招待他，并在妙峰的精舍写诗酬唱，他们的诗歌被刻在了石碑上。④ 由于妙峰多次邀请，约万历四十年（1612）九月，山西按察使李维桢与其朋友杨元素，以及"里人诗僧"复远等人，便于当年趁防秋赴雁门关之际，由妙峰陪伴，自太原来五台山游览。在遍览五台山各处寺院和胜迹后，李维桢提到显通寺不远处：

> 居民可二百家，屠沽、犹杂、子女，诱僧崇饮宣淫，而亡命偷魁窟穴焉。邑之猾又私市侩，是物辄榷，贫僧尺布斗粟，恒割半，甚苦之。永明寺僧持戒，足不出门，望之攒眉。余闻伽蓝陀长者："先以地施外道，后更以施佛。官家何爱此尺寸地，不以畀僧，而令诲淫诲盗乎！"⑤

① 李维桢：《圣光永明寺记》，见氏《大泌山房集》卷54，《四库全书存目丛书》集151，（台）庄严文化事业有限公司1997年版，第643页。

② 德清：《敕建五台山大护国圣光寺妙峰登禅师传》，见《憨山老人梦游集》卷16，第631页；万历三十五年《敕谕山西五台山碑文》，见《五台山碑文选注》，第27—30页。

③ 显通寺"七处九会"大殿，今仍保留着昔日藩王的这些题额。

④ 诗碑，无题额，俱存显通寺。

⑤ 李维桢：《五台游记》，见氏《大泌山房集》卷60，第21页。

　　从李维桢的观察可知，五台山台怀已经形成了一个市镇，有两百家左右的居民，他们所做的生意包括屠宰、贸易、演剧以及色情业。重要的是，在这个市镇，有市侩征收商税，五台山寺僧在此买卖，甚至要被课货物价值一半的高额赋税。征税一事表明，最迟在万历末年，这个市集已经被纳入州县官府的管辖。这种情况显然是地方势力打着纳税的旗号，进入五台山区的结果。

　　李维桢说，从官府监管五台山市集中获得最大利益的并不是寺院，而是州县的豪强（"邑之猾"）、市侩和"亡命偷魁"等群体，他们借集市堂而皇之地在五台山经营牟利。这一次利益受到损害的同样是五台山寺院和僧人，也就是说万历年间的税收问题对寺院在山区控制和土地占有方面的影响，已经非常深入且广泛。李维桢借寺院一个头陀的话，指责说五台山区之所以如此混乱，都是因为官府政策的缘故，如果官府不在台怀征税，承认寺院对这块土地的占有，那么这些狡猾的人群就不会群聚台怀，就不会有这些"诲淫诲盗"的事情发生。

　　山西监察御史苏惟霖，也与妙峰多有交往。妙峰多次在太原拜谒他，[①]他也曾在万历四十年（1612）借三关阅兵之机路经五台山访问妙峰，并应妙峰之请，为新建的"七处九会"大殿题写"清凉妙高处"等字，妙峰"色喜而跋之碑阴"。[②]苏惟霖甚至为妙峰撰写行实碑记，赞扬他的种种功德行为。[③]

　　妙峰返回五台山后，五台山寺院又保持了向外扩张的态势，寺院的土地和下院在增加。尤其是妙峰来五台山之后，曾为显通寺置买护寺庄产地土若干，其中庄田有阜平县东王柳口庄一处、长寿庄一处，县西则有峤崎岭庄一处，它们具体的土地数量以及纳税的情况都不清楚，不过，显通寺的这几处庄田皆在阜平县，已经超出万历九年所划的"五台山四至"的范围。从下文来看，这几块土地应该没有诡寄为卫所屯粮，而一直以寺院的名义持有。除了这些庄产，妙峰所置的下院则有五台县沟南六度庵一处。[④]他当时的作为还不止这些：

---

　　①　苏惟霖：《西游日记》，国家图书馆藏胶片，第 19、37、47 页；苏惟霖：《复樊昌南中丞》，见氏《西游札子余》，国家图书馆藏胶片，第 1 页；苏惟霖：《真来佛子传赞》，见氏《西游杂著余》，国家图书馆藏胶片，第 13—16 页。

　　②　万历四十年苏惟霖《清凉妙高处》碑，碑存显通寺，碑文为赵林恩抄录。

　　③　万历四十一年苏惟霖《御赐真正佛子妙峰祖师行实碑记》，见《五台山碑文选注》，第 294—299 页。

　　④　妙峰祖师塔碑之碑阴，无题额，碑存显通寺。

师初入台山，以道路崎岖，于是溪设桥梁，石铺大路三百余里。修阜平县桥，赐额普济，建接待院，为往来息肩之所，又于龙泉关外忍草石，建茶庵，敕赐惠济院，舍药施茶，岁常赐金若干。随蒙颁赐龙藏，建砖阁安供，后创七如来殿。又于阜平立长寿庄，奉圣母，建殿阁，前后七层，范接引弥陀像，高三丈六尺，山门钟鼓，两廊寮舍，规模宏敞，又为一大道场，赐额慈佑圆明寺，置供赡田数顷。①

妙峰在阜平县的建设桥梁，兴建茶庵和寺院等，皆获得朝廷的赐名或赐额。这几处工程，都是建立在五台山往来北京的必经之地，其中在阜平县长寿庄建立的圆明寺，同时设置供赡田数顷。可见，五台山寺院虽然因为被州县征税而受到打击，但是，在妙峰等高僧的努力之下，五台山寺院获得了又一次"扩张"的机遇。

二、向州县纳粮的屯地

由于州县权威日益强势，在动辄被人勒索的情况下，五台山寺院应对的一种方式就是投献卫所，自称寺院的土地是卫所屯田。在今天五台山万佛阁檐下立着一通万历四十一年（1613）的《各寺免粮碑》，该碑讲述了寺院投献卫所的原因以及后来产生的问题：

钦差整饬雁平等关兵备山西等处承宣布政使司右参兼按察司佥事阎为开豁寺粮事。照得五台山各寺边地土，原非振武卫六所额设屯地，止因先年各僧就寺开垦，恐人挟诈，报作山粮，陆续增至四百五十余石，一概混入屯粮内。后因年远土浮，止存石山，砍之不下，耕之不得，赔粮贻累，屡经告豁，皆混称屯粮，不得其原委，且苦无抵补。②

寺院称山区土地贫瘠无法耕种的说法，自从州县开始试图向他们征收赋税徭役的时候，就已经是如此了。他们这个时候重新提出这个问题，其目

---

① 德清：《敕建五台山大护国圣光寺妙峰登禅师传》，见氏《憨山老人梦游集》卷16，第631页。

② 万历四十一年《五台山各寺免粮碑记》，碑存万佛阁，碑文参见《五台山碑文选注》，第292—293页，不过该书误认为碑存五台山灵境寺。

的正是为了要摆脱向卫所缴纳的"山粮"。早在万历初年垦荒清丈政策推行的时候，已经有大量的山区土地包括五台山边界地区的部分土地变成卫所屯田；另外万历清丈的时候，五台知县曾试图"飞额粮五百石于台山"。① 前引文显示，到万历末年陆陆续续上报的山粮，已达四百五十石之巨，此一数字与万历清丈时州县要求他们交税的数目十分接近，这也间接证明了五台山寺院的土地早在清丈的时候就已经开始投献卫所了。从清丈到万历末这数十年来，五台山部分寺院一直以卫所屯地的名义持有其土地。

需要说明的是，振武卫本来在山区并没有屯地，万历垦荒时山区才出现了几块屯田，其中一块位于灵境寺附近，已经进入到"五台山四至"之内了。当然这些所谓的屯田，主要是五台山寺院、山区居民自己开垦的，很多人为了躲避州县征税，就把这些土地投献到卫所或王府名下，成为所谓的屯田。万历《繁峙县志》说繁峙县不仅"东西南北周围数百里，军民杂处"，而且"其南五台一带，繁峙居民甚少，旧时多系四野流民自行开垦，遂为村落，亡命不逞之渊薮也，往往为他郡豪右及振武卫官侵为己业，间有不得其平者，则投献王府"②。从知县的角度看，这些土地当然是卫所或王府"侵占"的；而如果从寺院或山区居民的角度看，却是他们为了保护土地免于纳税的投机之举。

五台山的一些寺院每年缴纳大量的山粮给振武卫，严格来说，不能表示寺院在卫所登记过土地，"山粮"充其量只是一种正式化了的保护费而已。《各寺免粮碑》在介绍了投献的原因之后，透露了卫所子粒和山粮相区别的一些细节：

> 今据僧如意等赴两院告豁，行本道查得："原题振武卫额该屯粮三千八百有奇，节年增出山粮，亦近三千八百，是两项粮石，报部已有定数。今幸查报部外，新增粮五百五十余石。犹恐寺地未必尽系阴寒石洞，难以悉蠲。随据都纲司册报，尚有堪种地九十二顷一十七亩零，该粮一百五十七石四斗三升八合二勺，仍应照旧征粮。不堪种

① 德清：《憨山老人年谱自叙实录》，第 685 页。
② 万历《繁峙县志》，第 26 页。

地一百六十七顷六十一亩，该粮二百九十七石五斗一升九合，悉应开除。"又蒙巡按山西监察御史苏批："山屯新增之粮，既可以补不毛之地蠲除赔累之数，又可以存焚修之人者。非该道细心查核，则宽限无名之科，岁饱武弁而无益于屯政。敲骨吸髓之害，日归穷衲，且尽洗乎上灵。前院屡征屡豁，了不得其端倪。一日穷委搜源，竟两利乎僧俗。如议。转行县衙、屯官，分别清楚，勒石给帖，永远遵守。有变更者，官即需索，民即吞并，法律森严，不可贷也。此缴。"①

这些上报的屯田并非额定的屯地，五台寺院报称的山粮也不属于卫所"报部"的部分，很显然振武卫这部分收入，虽然被纳入该卫的"新增粮"部分，但并没有真正被申报上去，它实际上成为卫所武官的个人小金库。因此巡按御史苏惟霖说，这些"无名之科"无益于屯政，只会使卫所武官中饱私囊而已。这次的判决，僧人投献的土地被暴露出来，根据山西巡抚魏允贞的批示，这部分土地不堪种的，豁免了税粮；而堪种的，收税做军饷用途。五台山寺院经此一案，其土地由于可以正式纳税而获得了保护，不仅武官不能敲诈需索，民人也不得讹诈，这种保护正是五台山寺院希望的结果。

按照这一判决结果，卫所的势力被排除了，州县的权威进入了五台山。布政使司右参兼按察司金事阎某批示：

　　除行县、卫外，合立碑晓谕各僧，照今数开豁，每年止将应征屯粮，赴五台、繁峙两县，各就近上纳，与振武卫无干。②

根据这一批示，僧人们每年只需将原来缴给振武卫的非额屯粮，现在转缴给五台县和繁峙县，从而完成了寺院向州县官府纳税的重要转变。这份判决的意义是，至少在法理上和象征意义上，五台山寺院再也不能宣称寺院与州县"互不隶属"了，再也不能以种种借口规避州县的征税。

有必要仔细评估一下寺院向州县纳税的程度以及这件事情的真正性质。

---

① 万历四十一年《五台山各寺免粮碑记》，碑存万佛阁。
② 万历四十一年《五台山各寺免粮碑记》，碑存万佛阁。

判词说"照今数开豁",其所谓的"数"即被豁免的土地的数目和纳粮数,见于该碑的碑阴,我们据此资料进行一些分析(见表4-1)。

表4-1:五台山各寺免粮表

寺名	原土地数(顷)	原纳粮数(石)	堪种数(顷)	纳粮数(石)	上纳县份
显通寺	2.925	5.85	1.325	2.65	五台县
南台顶金灯寺	21.295	42.59	6.725	13.45	五台县
白龙池	19.535	39.07	7.12	14.24	五台县
石塔寺	41.14	82.28	14.66	29.32	五台县
南台顶灵境寺	113.57	227.15	18.155	76.31	五台县
中台顶地	5.03	5.03	1.92	1.92	繁峙县
八功德水西林寺	12.29	9.974	6.24	3.324	繁峙县
北台顶塔院寺	15.79213	13.1852	5.9213	5.2732	繁峙县
西台顶	21.30	18.4	7.153	6.48	繁峙县
中峰寺	4.74	8.464	1.91	3.416	五台县
白云山寺	2.16	2.974	1.06	1.487	五台县
合计	259.77713	454.9672	72.1893	157.8702	

这些数字不过是当时投献卫所、混作屯粮的一部分土地,而不是五台山寺院全部的土地数字。这个名单中只有11所寺院,但是万历三十一年(1603)的《太原府代州五台县为禁约事》碑阴"诸山大小寺"收录的各类寺院名单已经达90所了,也就是说大部分寺院的土地占有、投献情况都没有反映出来,甚至上文提到的卷入土地诉讼的凤林寺、狮子窝等居然也没有在列。如果仅就在列的11座寺院进行分析,在万历四十一年(1613)除豁之前,他们一共投献土地约260顷,原纳粮数约455石,但是各个寺院投献的土地数量非常不均匀,像金灯寺、白龙池、石塔寺等一些默默无闻的小寺院居然投献了数十顷的土地,而五台山的首寺显通寺投献的土地却只有区区不到3顷,也就是说,五台山寺院土地占有的真实情况还是不清楚的。

土地数字的不清楚与土地的登记方式有关。州县税收制度进入五台山后,州县官府可能已经掌握了一些五台山寺院的土地数字,万历四十一年

（1613）的判决使得州县官府得以掌握更多的数字，但没有证据显示他们曾经在五台山清丈过任何土地。实际上，上面表内的数字是"据都纲司册报"，也就是说是僧官自己报上去的。根据上面的分析，另外必定有大量的堪种的寺院土地，或者没有混入屯粮的土地，在诉讼过程中没有被曝露出来。

万历四十一年（1613）的这一结果无疑是有利于寺院的，一方面，虽然他们需要向州县缴纳赋税，但是由于大部分土地被定义为"不堪种"而获得免除，其缴纳给州县的税粮数字要远远低于原来交给振武卫"山粮"的数字，也就是说，他们只需要缴纳很少量的税粮，寺院的土地占有可以获得州县体制的保护；另一方面，按察使苏惟霖的这份判决还对地方官府提出警告，判词中明确写道，"转行县衙、屯官，分别清楚，勒石给帖，永远遵守。有变更者，官即需索，民即吞并，法律森严，不可贷也。"根据这一结果，五台山寺院可以获得州县和卫所两方面的文件保证，可以借此拒绝"官"、"民"的敲诈勒索。这个判决对寺院而言是一个胜利，所以他们才把该判词刻碑，立在五台山僧官衙门所在的显通寺山门之处，以为作维护其土地之法律依据。

对于接受州县权威的寺院而言，他们在选择州县的同时，也选择了一定的控产方式。我们以崇祯年间五台山永安寺为例，崇祯十六年（1643）地方有乡宦试图"霸占"五台山凤林寺的田土：

> 本寺僧祖二虎禅师建立丛林，荷蒙神宗皇帝太后圣母敕赐庄田，额粮二十二两一钱有零，坐落繁峙县大明烟、茶铺、油房、大南沟等处，东至瓦厂梁，南至南马圈，□□□□□高尚会，北至香柏枝梁，以供接众之需，契焰两据，有年管业。于崇祯十六年五月□□日……成、陈英等平空构寮，谛串宦仆王明、冯登云、高福增、阎呆成、樊金、刘大臣、陈才等狐假虎威，……州□乡宦白手鲸吞，婪□复炽，倚主威权，逼写挟仇送官，赫银二百余两，齐茂、李化龙等证。……伤，□天无路，幸蒙户部马□遇□□□龙泉关，路经茶铺村，目击其事，有本科诉其前缘……国恩为重，再惜名山香火，捐俸金七十四两□钱，与张宅补作种料，浼□同郡乡官□续原郡，送修□□□寺……虞晨钟夕梵，喜祝□天外，仍念僧系弱门，自不与虎党狐群诤胜，亦岂堪恶

□□□□□未遂伊……宪批，何以永杜后患，緐是本科泣呈各上司，并本州给帖，俱准，批繁峙县立案刻石，杜绝凌忧。①

　　这块碑坐落在今天繁峙大明烟村永安寺，永安寺是正德年间号"二虎禅师"的僧人彻天德胤所建。德胤与当时振武卫籍的绅士谢兰、吴嘉会、代州的皇戚崔元等人有些来往。② 由于他名气比较大，因此五台山有些重修的工程找他主持进行，比如嘉靖十七年重修大白塔，③ 隆庆三年（1571）重修圆照寺等等，④ 甚至代州知州也曾请他修代州城内圆果寺塔。⑤ 万历初，二虎禅师被万历皇帝的母亲李太后在保定府满城县方顺桥边，置接待寺一所，额名大慈宣文寺。"又置赡寺地十顷余亩，以护香火"。而大明烟的永安寺据说是"五台山大境石凤林寺的下院，为管理庄产租赋所建"。⑥ 德胤生活时期，是五台山禁山最严的时候，他所主持修建的寺院、积累的财产，也往往得到皇太后、地方卫所和皇戚等人的支持，在当时对于保护寺院的土地占有是比较有利。

　　变化就发生在万历到明末这段时间。崇祯末年的纠纷可以看出，凤林寺的所谓佃户，勾结宦仆，把土地"串进宦宅，帖害本寺"，具体过程碑文语焉不详，但是从所谓寺院被宦仆挟持要送官究治，吓诈200多两白银来看，寺院本身应该有某些不合法的地方。后来虽然户部马某，捐俸金补偿给张宅，以换回寺院的土地，僧人亦愿意如此了结此事，但是显然乡宦不满意，僧人不得不到各衙门告状。最后获得代州给帖，繁峙县立案刻石。寺院虽然获得胜利，取回了土地，但是碑文列举了庄田额粮的四至范围和额粮的高低，则表示判案后该寺占有的庄田无疑进一步暴露了，这通碑进一步证明

　　① 崇祯十六年《敕建五台山凤林寺钦置庄田遭变□复奉公给帖以杜后患以永香火碑记》，见《五台山佛教·繁峙金石篇》，第54—56页。文中的□，是碑文残损处，录文个别字词可能有误，由于笔者并未见到原碑，未便擅改，谨照原文转录于此。
　　② 隆庆三年黄玉《五台山凤林寺彻天和尚行实碑记》，见《五台山碑文选注》，第253—256页。
　　③ 嘉靖十七年祖印《五台山大塔院寺重修阿育王所建释迦文佛真身舍利宝塔碑并铭》，见《五台山碑文选注》，第238—240页。
　　④ 隆庆三年朱载堉《重修圆照寺碑记》，凤林院德胤重立，见《五台山碑文选注》，第18页。
　　⑤ 隆庆三年黄玉《五台山凤林寺彻天和尚行实碑记》，见《五台山碑文选注》，第253—256页。
　　⑥ 崇祯十六年《敕建五台山凤林寺钦置庄田遭变□复奉公给帖以杜后患以永香火碑记》，见《五台山佛教·繁峙金石篇》，第54—56页。

了万历清丈时所立的"五台山四至"的地理和税收的界线意义都已经被突破。从地理界线上来说，寺院庄田坐落的大明烟、茶铺、油房、大南沟等处，在万历九年（1581）的时候是位于"五台山四至"之内的，此范围的土地可以免清丈，但是当崇祯十六年（1643）立这通碑的时候，却完全没有提到对它本来应该十分重要的这条界线。从引文中的"契炤两据"来判断，他们已经有土地买卖或施舍的契约，可以说，当时永安寺以契约方式控产并作为土地诉讼时的证据，也即是接纳了州县官府的权威在确认土地占有上的有效性和合法性。也就是说，在经历了从"不入版额"到征粮纳税的过程之后，寺院控制土地的方法也发生了变化。

本 章 小 结

本章叙述了嘉靖末到万历末年州县权威在五台山区逐渐取得优势的过程。这个过程开始于嘉靖末隆庆初开始的"丈地均粮"。在丈地均粮实施的过程中，很多原来没有在州县登记的土地和人口现在在知县那里有了登记。这个趋势向五台山区扩张，使得嘉靖末年即发生了五台县与僧纲司之间的第一次争论。随着万历八年（1580）山西巡抚高文荐的禁山令，五台山寺院与州县系统之间刻意区分的趋势越来越明显，到了万历九年（1581）免清丈的时候，划定了明确的五台山范围，这个范围以赋税来定义，正是嘉靖末年以来州县权威在山区增强的表现。

在雁平道垦荒政策之下，有些人（被僧人称作"奸民"）打着垦荒纳粮的名义在山区砍伐森林，另外一些商人，则以朝廷抽印为名义继续入山砍伐森林，万历中叶还有一部分人开始在五台山中心区以征税为名义设立市场。在这种压力面前，牺牲的是号称不用交税的寺院，它们成为违反官府垦田伐木等禁令的牺牲品。正是在被人"讹诈"的威胁下，寺院纷纷宣称自己的土地属于卫所屯地，而它们每年以"屯粮"的名义缴纳一部分保护费给卫所武官，试图借此逃避那些"奸商"和"奸民"的"讹诈"。可以说，从万历清丈开始，由于州县日益强势，寺院和卫所的势力暂时结成了一个联盟。

寺院以军队为庇护，与张守清事件发生也不无关系。张守清为了保护自己，先称说自己是晋府佃户，然后又试图游说州县官府把游民、矿徒甚至晋府的佃户编入保甲，自任乡约。山西巡抚李采菲和五台知县不仅同意张守清的"输矿分砂"建议，而且也同意把五台山矿徒"编其众而什伍之"，其背后其实是张守清等人一直在推动着，它同时也展现了整个州县官僚系统试图把其管理范围扩及五台山的冲动。这个趋势由于朝臣张贞观等人的反对而中断，取而代之的是军队的势力。张守清事件的解决暂时阻止了"民化"的趋势。这段期间是军队（卫所）与州县势力拉锯的时期。

万历中期，妙峰等高僧回到五台，他带来了广泛的人际关系网和政治资本，同时他与山西省的高级官僚积极交往，在此情形之下，五台山寺院开始要求"告豁"即免除缴纳给卫所的"屯粮"，最后审判的结果是大部分"屯粮"被豁免，寺院只需将其中一小部分缴纳给州县，从而实现山区土地的赋税由卫所向州县的转变。这个转变是寺院在追求利益最大化的过程中，试图重新确定它们与卫所以及与州县关系的结果，五台山区从此进入州县版图。

第　五　章

从动乱到行政系统的变革

明末清初五台山一带发生了两次动乱，第一次是崇祯六年（1633）至崇祯八年（1635），第二次是顺治五年（1648）年底到顺治八年（1651），如果加上清军在五台山区后续围剿行动的话，清初动乱其实一直持续到顺治十三年（1656）。这样长时间的动乱、大规模的军事行动以及朝代更替都是明初以来地方从未经历过的，它无疑会对地方社会产生重要影响。动乱对于五台山地方行政系统有何影响？原来地方的军事系统、王府系统、州县系统以及五台山寺院行政系统各自发生了哪些变化？本章首先讨论动乱中地方将领的角色、清军如何进驻山区、明代防卫体制发生了哪些变化以及王府系统终结的过程，接着讨论的是顺治、康熙时期山区寺院系统发生的变化及其与州县官府权威之间的关联。

第一节　军队的变化与王府的终结

一、明末战乱和军队系统

明末的战乱最初于崇祯元年（1628）在陕西延绥爆发，崇祯三年（1630）底逐渐由陕西扩大到山西中南部，崇祯六年（1633）动乱的区域进一步扩展到五台山周围一带。顺治年间吴伟业编撰的《绥寇纪略》排比明末的各类官私文书，记载了叛乱者与明军作战的大致过程。纪略中多次提到山西巡抚许鼎臣的作战谋划，有的地方引用了他的奏疏，可知许的奏疏至少是一部分资料来源。根据《绥寇纪略》的记载，崇祯六年（1633）正月，叛乱者"围盂县，践忻州，窥定襄，践五台"，临洮总兵曹文诏奉旨从陕西进入山西，连续在霍州、盂县、定襄、寿阳等地与叛乱者作战。① 从其"临洮总兵"的官衔和"奉旨"调兵的情况来看，曹文诏当时并不是奉山西巡抚许鼎臣的命令。同年二月，巡抚许鼎臣标下猛如虎在西堰村、碧霞村（不详位于何县）作战，杀死叛乱者首领混世王，然后北上与曹文诏等在寿阳方山开府村合击叛乱者，《绥寇纪略》言其斩首449级，"五台、盂、定襄、寿贼平"。② 斩首和"贼平"这句的来源大概就是许鼎臣报功的奏疏，许鼎臣稍后曾在另一份奏疏中宣称叛乱者已经被击败，对此吴伟业评论道："鼎臣之言亦聊以宽文法，纾主忧。"③ 也就是说，徐鼎臣有夸大作战成果的嫌疑，从事态的发展来看，当年正月、二月蔓延到五台山西面和南面的叛乱，的确没有被真正平息。

　　崇祯年间军队的角色值得关注。当时明军的军事行动具有跨区域的特点，军队也有若干支，在五台山一带行动的不全是原来驻防三关的军队，在山西平乱的军队也并不都属于山西巡抚指挥。同样，明朝在直隶境内的军事行动中，各支军队也是各行其是，《绥寇纪略》在记载崇祯六年（1633）直隶战事的部分提到：

　　　　十月犯行唐、灵寿、阜平，寻犯赵州，至宁晋，举人李（阙）并其姊与弟皆死之。贼阻清水河不得渡，掠南宫县甚酷。梁甫兵在获鹿，不时至，贼恣踩柏乡西去。兵科卢兆龙请致梁甫，于理不行。五台山广袤数百里，南通畿辅，东枕云中，北接雁门，西连太原，贼据显通寺，以中台为奥突，其中糗粮足，庐舍完，贼阻其险，以游魂假息，我师有真、保二镇重兵，兼邓玘之川卒，倪宠、王朴之京营，合诸将兵力，珍遗亡延命之寇，沛若有余。顾群帅颉颃不前，猥云山深路岐，

---

　　① 吴伟业：《绥寇纪略》卷1《渑池渡》，《四库全书》第363册，上海古籍出版社1987年版，第863页。根据四库总纂纪昀等人撰写的本书提要，该书最迟在顺治九年已经编纂完成。
　　② 《绥寇纪略》卷1《渑池渡》，第864页。
　　③ 《绥寇纪略》卷1《渑池渡》，第865页。

边长而贼众，虽奉明诏夹剿，实莫肯深入霆击也。①

这段史料应该部分来自兵科卢兆龙弹劾总兵梁甫的奏疏，而其中关于叛乱者盘踞五台显通寺和中台的记载，言之凿凿，应该有可靠的消息来源。从引文看，无论是保定总兵梁甫还是邓玘的"川卒"、王朴的"京营"，这些军队都避免与叛乱者接触，他们此举大概是为了保持自己的军事力量。另一部专门记载明末战乱的书《怀陵流寇始终录》对于太行山一带的叛乱者皆泛称为"五台山贼"。该书在记载崇祯六年（1633）十月战事的时候，提到在河南的官军与叛乱者连番作战，叛乱者失败后也是"直奔五台山"。②另外还有报告说他们"十月复回"河南。③如此反反复复、难以捉摸的战事，在地理上很难确定这些与官军作战的武装都是来自五台山，大概《怀陵流寇始终录》中各支"五台山贼"的记载皆来自各地将领的报告，其目的大概是为了保存自己的实力。

在官军不敢深入进攻的情况下，五台山陆续有些其他武装也进来了。除了崇祯六年（1633）这一批被称作"流寇"的叛乱者之外，还有崇祯七年（1634）、八年（1635）明朝的叛卒和后金政权的军队。《崇祯实录》提到崇祯七年正月，"山西平阳、汾州防河之戍，多逃自灵丘、广昌，径走五台"④。崇祯七年（1634）八月间后金政权的尚可喜、孔有德等从大同深入内地并击败代州的明军。⑤崇祯八年（1635）二月，有延绥士兵要到大同入伍，因押送的军官克扣粮饷，导致200余名士兵叛逃，从平刑关入五台山，平刑关守备王弘祉"诡称追逐"，其实按兵不动。⑥崇祯八年（1635）五月，另有一伙二三十人的"盗匪"，从平刑关进入繁峙，杀死对阵的守备一员和士兵若干，山西省的官员判断他们是来自大同的叛卒。他们一路收

　①　《绥寇纪略》卷1《渑池渡》，第867—868页。

　②　戴笠、吴殳：《怀陵流寇始终录》卷6，《续修四库全书》史部441，上海古籍出版社1995年版，崇祯六年十月戊辰，第234页。

　③　戴笠、吴殳：《怀陵流寇始终录》卷6，第248页。

　④　《崇祯实录》卷7，"中央研究院历史语言研究所"1967年版，第237页。

　⑤　《清太宗实录》卷19，天聪八年八月乙卯，第255页；卷20，第262页。

　⑥　崇祯八年二月二十九日《内有"叛兵入关狂逞"残稿》，见《明清史料》癸编第2本，"中央研究院历史语言研究所"1975年版，第134—135页。

纳地方的叛人，在五台山脚下的小柏峪车厂村，采取埋伏的手段击败官军，杀死平刑关守备梁某，最后往五台山扬长而去。①崇祯八年（1635）八月，一支后金军队毁宁武关，"入略代州"，掳掠大量人口牲畜，至五台山而返。②同时，另外一支后金军队则从蔚州、广昌，越平刑关，试图从五台山东麓的茨沟进入直隶，在茨沟和明军进行了一场战斗。这场战斗规模不大，但是却有驰援的津镇总兵巢丕昌、茨沟参将冯举等数十位明朝将领被推荐褒奖。③

这些不同的人群进入五台山，他们对于五台山寺院活动的影响主要是掠夺寺院财富，根据崇祯十年（1637）受五台僧人妙象委托撰写募缘疏的官员钱谦益的记述，"崇祯六年九月，流寇入焉；七年七月，逆奴入焉，奴则旋去而复来，寇则久踞而后遁。赤麋辫发，更番选佛之场；蟊贼羯胡，蹂践清凉之国。掺金剔玉，腥秽佛身。碎锦剥绫，毁伤法宝。"④其中的"流寇"应该指的就是河北军方宣称夹击的叛乱者，"逆奴"指的是后金的军队（"辫发"、"羯胡"这些词显然指的是满洲军队）。但是当时五台山寺院的其他活动仍然在进行，崇祯八年（1635）三月，云南僧人见月读体来五台山受戒未果，在塔院寺居留了一年多，崇祯九年（1636）七月出山，这段时间内他在五台山参加了读经、讲经、登台等活动，并未提到有任何兵荒。从他描述的这些和平景象来看，最迟崇祯九年，山区已经基本上没有动乱了。⑤妙象的募缘疏从侧面说明了崇祯六年（1633）、七年（1634）的动乱只是暂时性的。实际上，崇祯九年（1636）、十年（1637）间五台山僧人又开始募修寺院或募建寺塔。⑥总的来说，这一轮动荡中，尽管五台山寺院的财产受到掠夺，

①　崇祯十年六月初九日《兵部等部会题"兵科抄出山西巡抚吴甡题"稿》，见《明清史料》辛编第4本，"中央研究院历史语言研究所" 1962年版，第340—343页。

②　《清太宗实录》卷24，天聪九年八月庚辰，第317—318页。

③　约崇祯八年七八月《为守御紫荆等关事宜章》（残件），见《中国明朝档案总汇》第47册，广西师范大学出版社1999年版，第356—386页。

④　钱谦益：《五台山募造尊奉钦赐藏经宝塔疏》，见《牧斋初学集》卷81，《续修四库全书》第1390，上海古籍出版社1995年版，第393页；并参考张联骏《清钱牧斋先生年谱》，《北京图书馆藏珍本年谱丛刊》第64，北京出版社1999年版，第695页。

⑤　见月读体：《一梦漫言》，香港佛经流通处1974年版，第29—31页。

⑥　崇祯九年如璧《重修永明寺七处九会大殿碑记》，见《五台山碑文选注》，第307—308页。崇祯十年钱谦益：《五台山募造尊奉钦赐藏经宝塔疏》，见《牧斋初学集》卷81，第393页。

寺院系统并未遭到很大破坏。

崇祯六年（1633）至八年（1635）的这一轮动乱之后，军队的势力不仅没有受到大的损害，而且其触角进一步伸入到五台山内。崇祯十一年（1638），五台山被纳入驻防龙泉关的将领防卫范围。五台山周围的州县中，阜平县受创最重，以此为理由，战后驻守龙泉关的军队力量得到加强。崇祯十一年三月宣大总督卢象升、监臣魏邦典的奏疏中提到，真保镇监臣陈镇夷檄派刘光祚马兵 3000 驻龙泉，同时陈镇夷本人也"出口蹓路看，离关正西二十余里有旧路岭，南北大川一道，为到山西大同总路"，"旧路岭南北大川"显然指的是经旧路岭、五台山通大同的道路。这句引文表明，宣府将刘光祚驻扎龙泉关，其防卫的范围已经包括山西境内的五台山。对于龙泉关守将扩展防守范围的安排，兵部也表示同意，"光祚即于龙泉伸出山西地面，不必又移固关"①。

该年六月，真保镇监臣陈镇夷报告河北各地防卫的情形时说，阜平县城被攻破之后，"此城倒塌已极，又经流贼残破，居民十六七家，大费收拾，万一有事，如何保守！而龙泉关、茨沟营俱在其境，不容不极力整顿，以接关城气脉"。除了要求整顿东部龙泉关、阜平县城等地的防卫之外，他要求朝廷拣选有能力的人任该县知县。② 在崇祯年间的这场动乱中，州县系统受到打击，军队的影响在增强。

二、明朝王府与军队的不同命运

顺治元年（1644）的政治形势变化非常迅速，一年之内经历了明朝、李自成大顺政权与清朝三个政权的轮替。在此改朝换代之际，位于太原的晋王、大同的代王皆受到了毁灭性打击。顺治元年（1644）二月初八，李自成军攻克太原。③ 进入太原后，要求晋王府的宗室出钱，并杀死不服从的宗室

---

① 崇祯十一年三月二十日《兵部为抵御清兵与剿农民军事奏稿》，《清代档案史料丛编》第 6 辑，中华书局 1980 年版，第 22—23 页。该奏稿没有提到刘光祚的官职，查《明史》卷 269《刘光祚传》，第 6918 页，刘在崇祯八年由山西副总兵任宣府，到崇祯十一年在河南与叛乱者战斗，该年冬才从河南回保定，因此推知崇祯十一年初的时候仍是宣府任职，具体职衔则不清楚。

② 崇祯十一年六月初一《兵部题"真保分监陈镇夷题"残稿》，《明清史料》辛编第 4 本，第 381 页。

③ 崇祯十七年三月初九日《兵部为宣大巡按杨尔铭题报贼势已压云境情形并有旨事行稿》，见《中国明朝档案总汇》第 46 册，第 90—97 页。

和王府官员多人。① 李自成接着向北进攻，至忻州，"官民迎降"。② 五台知县也纳城投降。二月十三日李自成军进入代州城，"州参出迎，部道皆逃"。二月二十日往北过雁门关，接着攻打宁武关。③ 明朝总兵周遇吉、宁武道王胤懋在宁武关战死。④ 李自成军进逼大同。

大同是另外一个藩王即代王的封地，面对强敌近逼，大同的藩王不得不出资助饷。此事之促成，背后有明显的军队操控。早在李自成攻下太原之时，大同总兵姜瓖已经主动派人联络李自成，为其内应。⑤ 当年（1644）三月初九日，代王朱传斋在向皇帝请饷的奏疏中称"传闻贼拨已过雁门，直抵云中地界，镇城西南一带风鹤震惊，阖镇人心畏寇甚于畏虏"。防卫的危机使得军队有更好的理由向王府索取军饷，代王在疏中列举了多次助饷之事：

> 臣极边寒藩也，世无积蓄，中外皆知，客岁城军缺饷，臣□助银钱四千两，奏知御前，无庸复赘。今年正月防河，发兵启行，哗索，臣同胞弟传㵧等勉凑银钱一千四十六两，臣又劝谕郡王，管理宗室捐钱六千三百两，俱付饷司去讫，其王宗各名，容臣胪列另奏。此时城守又乏需矣！臣目击空虚，谨将臣祖母三宫自备养赡米五百石，铜钱五百两，俱送城头为宗藩之倡。切念两月之内，三次之捐，在臣之力竭尽无余，在兵之腹难充万一，臣恐目前贼困于外，军饥于内，抢攘之祸有不忍言者。⑥

代王向皇帝申请"不拘何项银两，速发数千万，方可有济"。代王在疏中提到历次捐军饷的事，最近的一次是本年正月兵哗的时候，有些则发生得更早。此次由藩王出面向朝廷请饷之事，可能是姜瓖在刻意促成。同

---

① 顺治《太原府志》卷1《人物·节义》，山西人民出版社1991年版，第451—452页。
② 崇祯十七年三月初九日《兵部为宣大巡按杨尔铭题报贼势已压云境情形并有旨事行稿》，见《中国明朝档案总汇》，第46册，第3393号，第90—97页。
③ 崇祯十七年三月初九日《兵部为宣大巡按杨尔铭题报贼势已压云境情形并有旨事行稿》，见《中国明朝档案总汇》，第46册，第3393号，第90—97页。
④ 顺治《太原府志》卷1《人物·节义》，第450页；卷2《宁武大战》，第477页。
⑤ 顾诚：《南明史》，中国青年出版社1997年版，第526页。
⑥ 崇祯十七年三月初九《兵部为代王奏报闯寇已逼藩封情形并请速发银两事行稿》，见《中国明朝档案总汇》第46册，第3392号，第83—89页。

一天，宣大巡按杨尔铭也要求皇帝发帑金"十数万"。并报告说，大同南边的朔州守备叛变，朔州已经陷落，"各宗室当铺尽抢"。皇帝批，"即行措给（军饷）"。①

军队势力坐大的情况并没有因改朝换代而改变。李自成在姜瓖的帮助下进入大同，根据后来姜瓖给清廷的奏疏中称，李自成在大同驻扎了6天，"云之宗姓约计四千余，闯贼盘踞六日，屠戮将尽"②。姜瓖的情况说明，与王府的遭遇不同，他的军事力量并没有被消灭，而是保存了下来并借机壮大。四月李自成进入北京，五月在山海关被清军击败后，退却到山西。六月初八，大同总兵姜瓖再次发动叛乱，杀掉李自成在大同的守将张天琳，转而投降清朝。③姜瓖当时的野心并不是仅为大同总兵，他在降清后，又暗中扶植明宗室枣强王，并用崇祯年号向山西各地发檄文。④此举显然有"挟天子以令诸侯"之意。从姜瓖的角度看，王府所代表的皇帝的权威仍然具有利用价值。

清廷最初派往山西的代表，不是军队，而是仅带领少许随扈招安地方的原明朝恭顺侯吴惟华。据吴惟华自述，他是被清朝摄政王多尔衮派遣招抚山西的，顺治元年（1644）六月十六日，他"以只身冒险出龙泉关，招抚代州、五台、繁峙、崞县，恢复定襄、静乐二县"⑤。该年七月十九日吴惟华"启报山西代州阖城归顺"⑥。招抚政策意味着明朝地方的军队仍然保持着实力。实际上，七月二十九日吴惟华的另一份奏疏提到了招抚出奇的顺利，"自出龙泉关，入山西境，而山西各营兵马，一经爵招抚，将为大清国之将，兵为大清国之兵矣。无一不听爵指使，倾心归服，以报效朝廷耳。"他在奏

①　崇祯十七年三月初九日《兵部为宣大巡按杨尔铭题报贼势已压云境情形并有旨事行稿》，见《中国明朝档案总汇》第46册，第3393号，第90—97页。
②　顺治元年八月初六《姜瓖启清查山西大同明宗室产业事本》，见《清代档案史料丛编》第4辑，中华书局1979年版，第149—150页。
③　顾诚：《南明史》，中国青年出版社1997年版，第526页；姜瓖降清日期见顺治二年七月二十一日《记注残叶》，见《明清史料》丙编第5本，商务印书馆1936年版，第494页。
④　顺治二年七月二十一《记注残叶》，见《明清史料》丙编，第5本，第494页。
⑤　顺治元年十二月二十二日《山西太原总镇恭顺侯吴惟华揭帖》，见《明清史料》甲编第1本，中央研究院历史语言研究所1930年版，第97页。
⑥　《清世祖实录》卷6，元年七月甲辰，转引自《清实录山西资料汇编》，山西古籍出版社1996年版，第33页。

疏中要求在这些降清的军队之外，朝廷应另外派兵增援，以围攻仍然盘踞太原的李自成的势力。①

在清廷急需用兵之际，这些投顺的将领设法要求更多的利益。顺治元年（1644）八月初六大同总兵姜瓖启奏，要合理化他对明藩产的占有：

> 窃自逆寇发难以来，肆虐流毒，几遍寰海，凡所攻陷，劫掠焚毁，备极惨毒，而宗藩罹祸尤甚。云之宗姓约计四千余，闯贼盘踞六日，屠戮将尽。兼过天星、张天林百计搜查，几无噍类，而素居州县，潜匿乡村与逸出者，所存无几。宗之房屋尽为贼居，地土庄窝无一不为贼据。臣于恢复之后，节行司府严查，除从军效力有功将佐，比因钱粮无措，原无厚赏，量给房地住座耕种，用示酬劳外，仍查出贼遗故宗空房共一千六十所，地一千三百七十余顷，大小庄窝五十八处，复令各官逐加踏勘，从公酌估。房以大小，地以肥瘠，分别等差，召人住种，按征租课，用佐军需。当此改革之始，百务维艰，而计□□□□亦济急之一助也。②

姜瓖通过证明明藩宗室死亡殆尽，其产业也已经被人霸占，说明这些藩产已经是无主之产，以此合理化他对这些藩产的占有。他对于这些藩产的处理，一部分是分给将领个人，另外一部分作为官田和官房，以租课充军饷。虽然清廷批示要求抚按官核查大同的王府遗产，最后是否核查则不得而知。这份资料提到的是大同，但是有资料显示代州三关的将领也有听命于姜瓖的情况。顺治二年（1645）二月，原任署镇守山西三关总兵王钺上疏，自称他在李自成溃败的时候奉姜瓖之命攻打宁武关。③

改朝换代对明代权力格局的改变，不仅包括军事力量的崛起、王府的受创，也包括在明代多元地方行政系统之下的利益安排，比如原先在明代军

---

① 顺治元年七月二十九日《招安山西大同等处吴惟华揭帖》，见《明清史料》丙编第5本，第409页。

② 顺治元年八月初六《姜瓖启清查山西大同明宗室产业事本》，见《清代档案史料丛编》第4辑，中华书局1979年版，第149—150页；此启本亦被收入《清代档案史料丛编》第6辑，中华书局1980年版，第132—133页。

③ 顺治二年二月二十五《原任署镇守山西总兵官王钺启》，见《明清史料》甲编第2本，第102页。

队庇护之下的非法经济活动采矿，这时候也获得合法化的机会。代表朝廷招安地方的恭顺侯吴惟华提到五台山的僧民申请以"官采"的方式开发五台山的银矿：

> 臣前在五台山，有僧民首告，本山有银矿洞口，明时多为悍民盗开，且常争采，掳杀僧民，群盗蜂聚，倘得官开，则民以息争，国以充裕。闻此，不胜加额，臣思募民做矿民，以矿为常业，而不起盗贼之心；立税助公，国藉矿以丰富，而永无仰屋之叹。其应用柴、炭、铅、铁，自有富民亦思取利而通易焉，是一举而三善，目前济急似无出于此者。①

吴惟华的这个建议，清廷不置可否，只批示"户部酌议具覆"，没有证据显示这个建议曾被朝廷采纳。这个建议的重要性在于，五台山的这些僧民利用新朝"库藏处处如洗，征收钱粮又蒙恩蠲免分数，正苦生财无术"的财政困境，② 主动要求承揽开采五台山银矿，也就是说希望通过交税的形式，获得朝廷赋予的合法的山区开发权利。考虑银矿洞口应该仍然由降清的军队把守，这个建议背后可能仍是这些驻守军队。

当时，虽然姜瓖以大同归顺清朝，但太原还在李自成军占领下，他们在最后时刻，又一次屠戮了剩余的明朝宗室。"八月，陈永福以伪文水伯镇晋，时宗支实繁有徒，永福甚忧之，阴令四城伪将，分信缉捕。于初八日城门昼扃，大索一日，得千余人，杀于海子堰闲宅后，妻产并没于贼。明日，大赦，时诸王子弟邨居者俱获免"③。明王府的宗室面对陈永福的屠戮行动，已经没有任何抵抗的活动。

顺治元年（1644）九月十三日，清军兵临太原城下。十月初三，清军在"西洋神砲"的帮助下攻下太原城。④ 清朝同样不会保护前明王府，晋府的宅邸被挪为它用。顺治三年（1646）晋府宅邸大火，"灰飞蔽野，烟烬逾

---

① 顺治元年（1644）八月十二日恭顺侯吴惟华《题为请开山矿裕国利民以广弘仁事》，"中央研究院历史语言研究所"藏明清史料，档案号 006203。

② 顺治元年（1644）八月十二日恭顺侯吴惟华《题为请开山矿裕国利民以广弘仁事》，"中央研究院历史语言研究所"藏明清史料，档案号 006203。

③ 顺治《太原府志》卷2《宗侯就义》，第477页。

④ 顺治《太原府志》卷4《灾祥·砲取太原》，第540页。

月始息。嗣后只为过兵休宿之所，或屯贮草豆"①。山西巡抚马柱国的传记也提到，"每遇兵至，即先治牛酒郊迎劳慰，俾无哗掠。入城授馆晋邸，无与民争"②。顺治二年就任太原府推官的牛应徵的传记也提到，"每大兵过，安插晋邸，民得安堵。时晋初定，军丁骄悍，不奉约束，公严治之，无少贷，猾吏奸胥畏公如神明"③。这里一方面提到晋府的悲惨结局，另一方面也显示了当时军队势力的强大，地方官需善加处理。

经过顺治元年的战乱，王府的势力被消灭殆尽。他们的命运和军队系统形成明显的对比，前明的军队基本上保留了下来，并成为清军的一部分。在山西的战事基本上结束之后，原明军队势力开始受到清廷的一些限制。比如曾奉姜瓖之命的原三关总兵王钺在顺治二年上疏清廷，根据该疏所言，清廷并没有按其愿望授予总兵职衔，反而把该职授予了另外一个人。王钺对此十分不满，他列举了顺治元年（1644）为清朝攻下的城池和自己为此花费的金钱，要求朝廷给予相应待遇。④ 除此之外，还有军官受理民事。顺治三年（1646）六月，山西巡抚申朝纪参劾平刑关守备梁肇荫，其中一个罪名即"本官擅受民词，差军牢王祉真吓张见、冯贤世、杨相银一十七两，王祉真亲口供证"⑤。梁守备应该也是前明的地方将领。这些将领在明末获得的特权通常会被清廷和地方大员否定，他们的不满是不言而喻的。实际上，随后发动反清叛乱的主要人物，就是姜瓖等原明军官。

三、清军的驻防与屯垦

顺治五年（1648）十二月，原明朝降将大同总兵姜瓖起兵反清，姜瓖反清主要是因为清廷不仅否定了他的利益，还怀疑他的忠诚。清廷不仅严辞批评了他在归顺清朝后仍拥立代府枣强王宗室的行为，而且还拒绝他在顺治元年（1644）瓜分明宗室土地的安排。⑥ 顺治五年（1648）十一月清廷以防

---

① 顺治《太原府志》卷4《灾祥·晋殿灰烬》，第541页。

② 顺治《太原府志》卷3《职官》，第494页。

③ 顺治《太原府志》卷3《职官》，第497页。

④ 顺治二年二月二十五《原任署镇守山西总兵官王钺启》，见《明清史料》甲编第2本，第102页。

⑤ 顺治三年六月初九日山西巡抚申朝纪，"中央研究院历史语言研究所"藏档案，档案号087893。

⑥ 《姜瓖为处理被农民军查分的明宗室房产事启本》，见《清代档案史料丛编》第6辑，第132—133页。

御喀尔喀蒙古之名，派遣英亲王阿济格去大同，阿济格在大同"擅加大同、宣府文武官各一级，私除各处官职"①。此举进一步损害了姜瓖在大同的利益，并加剧了双方之间的猜忌。姜瓖抱怨清廷没有给予"效忠归顺之民"以安全保证，也没有善待降清的官员。②他在该年十二月以反清复明为号召起兵，叛乱很快扩展到山西全省，当时全省有多个地方的州县官被杀，清朝在山西的统治受到严重冲击。③顺治六年（1649）正月，五台山北面的繁峙县被他们攻破，清朝知县崔尚质被杀。④

在五台山周围，起兵响应姜瓖的多是前明的军官。在代州、繁峙一带主要是刘迁。刘迁是前明副将，代州城西七里铺人氏，他起兵凭借的是其姻亲聂营郎氏的力量："郡人刘迁就其姻娅郎氏之资号召亡命。"⑤顺治六年（1649）二月山西巡抚祝世昌揭帖中称刘迁"诈称起用伪总兵、伪牌、伪言，每日招聚乌□"⑥。从刘迁叛乱起用"伪总兵、伪牌"的情况来看，他们确实在利用原明朝边将的威望和势力。该年三月，祝世昌的另一件揭帖中称，"山西兵马壮勇，尽在三关，今三关皆为叛党所掠"⑦。祝世昌在该年七月的揭帖中亦称，"姜逆叛乱以来，不逞之徒随声吠影，如刘迁倡众摇惑平刑、雁门一带，迫胁良民"⑧。从此语气来判断，参与叛乱的应该包括三关的部分军士，从祝世昌所言"不逞之徒"来看，叛乱的就是那些对新朝不满的人。为叛军内应的也包括当时部分清军将领，刘迁起兵之后，代州的"兵备道臣之司旗纛者，亦已裹甲而俟以援，丙夜蚁附者矣"，在军官们准备响应叛乱的情况下，代州城内的大姓冯亨期向雁平道告密，"为画墨守方略"，并"悬重资走死士乞救云中"⑨。几天后，大同英亲王阿济格的援军赶来，击溃刘迁，才解了代

---

① 《清世祖实录》卷44，顺治六年六月壬寅，第356页。

② 《清世祖实录》卷43，顺治六年三月辛未，第344页。

③ 姜瓖之变的大致经过参见顾诚《南明史》，中国青年出版社1997年版，第526—546页。

④ 道光《繁峙县志》卷4《名宦》，《中国地方志集成·山西府县志辑》第15，凤凰出版社2005年版，第104页。

⑤ 高珩:《皇清诰封福建道御史定宇冯公暨张太孺人合葬墓表铭》，见冯曦编《代州冯氏族谱》卷2《志传上》，1933年3月印本。

⑥ 顺治六年二月初一《山西巡抚祝世昌塘报》，见《明清史料》甲编第6本，第516页。

⑦ 顺治六年三月二十二日《山西巡抚祝世昌揭帖》，见《明清史料》丙编第8本，第717页。

⑧ 顺治六年七月初五《击败贼首刘迁塘报》，见《明清史料》甲编第3本，第250—251页。

⑨ 高珩:《皇清诰封福建道御史定宇冯公暨张太孺人合葬墓表铭》，见冯曦编《代州冯氏族谱》卷2《志传上》。

州之围，接着阿济格援军又匆忙赶回大同，因为那里的战斗更激烈。①

　　当时在代州一带与叛乱者进行作战的清军，主要是山西巡抚、雁平兵备道所辖的标兵、宣府标右营以及代州东路营的军队，这部分军队应该也是明朝延续下来的，前线指挥作战的是雁平道。根据山西巡抚祝世昌的塘报，在他的命令下，雁平兵备道许可用追击盘踞在五台山的刘迁的军队，顺治六年（1649）七月，清军由繁峙县南峪口、东山底，一直往山内进攻到茶房，即刘迁所住的南寨山底。"马贼由华严岭竟奔五台而去，亦有奔至南寨下者，三将遂将马兵屯驻茶房，以后步兵。嗣后，徐副将、神副将督令步兵沿两山而下，中途尚有油梁、四道沟、悬空寺，尽是步贼，拒山要截，我兵乘势攻杀，皆往山巅逃匿，步兵俱至悬空寺、茶房两处扎营。"另外一路清军也由小柏峪进入山区并攻取骆驼岩。② 也就是说，刘迁军队是从南峪口逐渐往五台山内撤退，没有后续报告当时清军是否进入五台山寺院集中的地区搜索刘迁。祝世昌随后病逝，继任山西巡抚的是刘弘遇。

　　顺治六年（1649）宣大总督率领的清军主力主要对付的是大同姜瓖等大股的反清武装，无暇顾及僻处山区的五台县。直到顺治七年（1650）清朝基本消灭姜瓖的叛乱势力后，宣府总兵李延寿（又名刚阿泰）才带领清军赶来，从五台山北面的峨口进入五台县，袭击了刘迁在五台的大本营窦村，并在窦村士绅张燝等人的建议下，安抚惶惧不安的地方百姓，并以军饷与他们贸易。③ 李延寿率军解了五台县城之围，接着花了几个月时间才在顺治八年（1651）春攻克五台县叛乱者的据点曹家寨，五台境内大规模正面的军事行动基本上结束了。④ 乱后李延寿"奉旨命平摩天诸寨"，以免资敌。⑤ 此后几年，在五台山一带平叛的最高指挥官是宣大总督，这使得投入战斗的不仅有山西巡抚、雁平道辖下的军队，还包括宣府、大同的更大数量的清军。

　　在优势的清军、地方乡兵联合武装进攻面前，五台、繁峙、代州等地叛乱者逐渐撤往更偏僻的五台山区，他们以五台县人高鼎（亦名高三）为

　　① 顺治六年二月初一《山西巡抚祝世昌塘报》，见《明清史料》甲编第6本，第516页。
　　② 顺治六年七月初五《击败贼首刘迁塘报》，见《明清史料》甲编第3本，第250—251页。
　　③ 张燝：《副总兵汤公镇抚碑记》，见康熙《五台县志》卷8《艺文志·碑记》，第923—924页。
　　④ 章时雨：《宣府总镇左都督镇朔将军李公平寇成功序》，见康熙《五台县志》卷8《艺文志》，第928页。
　　⑤ 康熙《五台县志》卷3《建置志·堡寨》，第854页。

首，依凭山区的险峻地形进行抵抗。根据崇祯七年（1650）十二月宣大总督佟养量的揭帖："大兵东剿而贼遁于西，兵西剿而贼潜于东，是以用兵经年，虽剿抚过半，未得尽剪。"① 可见佟养量军其实不清楚他们在山区对手的状况，佟养量在该揭帖中又说，"台山各贼缘我兵搜剿之急，遂奔溃于灵丘银厂、招柏等山，乘隙抢掠，盖银厂等山相联台山，层峦深涧，易于延蔓，故狡贼便于飘忽也。职虑贼奔于南，紫荆关、茨沟，贼奔于北，则浑源、应州。随檄紫荆参将潘治、茨沟参将萧继爵，以拒南窜，又檄浑源、应州各选民壮、兵丁，以扼北奔。"② 尽管清军此后十多年也没能抓获叛首高鼎，但是五台山西面有步步紧逼的李延寿的军队，东面有紫荆关、茨沟营等地的驻防清军，高鼎只能在山西、直隶交界的山区苟延残喘。揭帖中提到的灵丘、紫荆关、茨沟、浑源、应州等地方，皆超出山西巡抚、雁平道的管辖范围，而皆在宣大总督的管辖范围内。

进入山区后，清军平叛的另外一个重要政策是招抚，它在改变五台山区的居民和地方官府的关系方面，起了很大作用。根据顺治七年（1650）十二月宣大总督佟养量的揭贴：

> 职于顺治七年九月十一日提兵亲诣代州，会同山西抚臣刘弘遇面商机宜，尽取山寨并各要路形势，檄令宣府总兵刚阿太，阳和左协副将彭有德……等，各带该营中军千、把等官，并所部兵丁，及各州县乡兵练总与典史等官，于四山各要路分兵进剿，如打围之势。凡山内村庄不动，良民俱令典史各官抚绥安插；但系贼党，先期投顺者，开与生全之路；其不投诚者，概行杀戮，以彰朝廷恩威并用之道。是以镇将各官，遵奉职等指挥，各于分派路径进剿，计抚安过山内村庄共七十三处，招安过滹沱、七角等寨贼头张贵玘等七百五十三名。③

在围剿的过程中，官府试图以"良民"与"贼"的区分实行戡乱，如果是"良民"，则令州县的官员典史抚绥安插，也就是编入州县系统。资料

---

① 顺治七年十二月二十三日《宣大总督佟养量揭帖》，见《明清史料》丙编第 8 本，第 771 页。
② 顺治七年十二月二十三日《宣大总督佟养量揭帖》，见《明清史料》丙编第 8 本，第 771 页。
③ 顺治七年十二月二十三日《宣大总督佟养量揭帖》，见《明清史料》丙编第 8 本，第 771 页。

没有告诉我们这些山民怎样证明自己是"良民",但是如果不能证明是良民,即属于"贼党",除非投顺,否则即遭杀戮。可以推知,由于这种强迫站队的政策,其结果必然是一部分山村居民为了避免被杀,在当时进行了登记。从山内安抚过的村庄数量和招抚的"贼头"数量来看,山民被纳入州县行政系统的范围相当大。但是山区的平叛行动并不像在平原地带那样容易,平叛工作持续了很多年。根据顺治十一年(1654)三月山西巡抚刘弘遇的报告,高鼎盘踞在河北神堂关,并已于当年攻破五台山东面的阜平县城,他一方面檄雁平道副使柯臣、宁武副将胡来觐、东路营参将刘曰善、北楼营参将申宏谕等"驰赴境上,听候夹剿",同时要求朝廷派遣将领统率直隶、山西二省军队,围剿高鼎,粮草则由直隶、山西各州县协济。①

招抚政策在五台山区推行的过程中,清军也利用了佛寺的权威。接替佟养量任宣大山西总督的马鸣佩在顺治十一年(1654)六月的题本提到山西方面的进展:

> 本年六月初二日,据雁平道副使柯臣塘报,五月二十四日,准宁武副将胡来觐会称:遵奉新军门宪示,相机剿抚,于十七日至菩萨顶,面会喇嘛僧中峯,宣布招抚德意,令各贼洗心投诚,如有迟疑,即便进兵围剿。十九日据民人张辛报称,董三狗子等感诵恩德,情愿归降乞命等情。二十日,据伪将董景禄即董三狗子带领贼伙白祥、贺登仕等二十七名,各带随身弓箭、鸟枪、什物,齐至白头庵剃发,赴营投诚。②

寺院的角色有两点值得注意,一是宁武副将胡来觐会见菩萨顶喇嘛僧中峯之后,宣布招抚,从这点来看,清军似乎了解到五台山区潜藏的高鼎余党与寺院可能有些联系,清军将领通过寺院传达了招抚的告示。马鸣佩在报告这件事情的时候并没有刻意点破这层关系。二是叛人董景禄等通过"民人"表达归顺之意,在赴清军营投诚之前,先到白头庵剃发。可见五台山区

---

① 顺治十一年三月(日不详)山西巡抚刘弘遇,档案号037069,见张伟仁主编《明清档案》第19册,"中央研究院历史语言研究所"1986—1990年版,第19—65,第B10559—10560页。

② 顺治十一年六月初三日《宣大总督马鸣佩题本》,《明清史料》丙编第9本,第864页。

的寺院和"民人"成了沟通官府和叛乱者的重要渠道。投诚的董景禄转而为清朝所用，他被马鸣佩赏袍帽、花红银两之外，还"遵奉恩诏赦宥，并誊黄诏款给。以免死信牌，就令董景禄赍执，同雁平道中军常道明、差标官苏冀霖前赴五台，协同雁平道招抚高鼎"①。招抚政策的实行，使得一部分原来的叛乱者转向了清朝一边。持续的招抚政策，无疑壮大了山区登记的人口数量。

在围剿、招降的过程中，进入山区的清兵有一部分在五台山佛寺聚集区长期驻扎下来。根据康熙《五台县志》的记载，山西巡抚刘弘遇在其任内（1650—1654），五台山台怀镇驻扎有防守把总一员，另外有兵驻守的地点包括金阁岭、金刚窟、白头庵、妙德庵、北山寺（即碧山寺）、栖贤社等，这些寺院基本上都位于交通要道。康熙《五台县志》的作者评论说："邑无专兵，东路营与北楼三口更防迭戍，如古边兵然，盖以顺治己丑之乱，抚宪刘公请于朝廷，奉旨命防兹土，故要害货易之区，俱有防卫，而各统于其长，盖以卫民非以扰民也。"② 这些驻防的东路营和北楼营的军队不属于州县管辖，仍属于另外一套军事系统。

清军进驻五台山之后，作为弥盗的另外一个措施，朝廷官员遂有五台山屯田之议。此建议最早是顺治十二年（1655）正月由户部主事宋翔提出，宋翔于顺治十一年（1654）三月奉命三关理饷，驻扎代州，敕命规定其任务之一即"所辖屯田，或有荒芜，须会同该道设法劝督垦种"③。他于顺治十二年初回京交差后上奏言，驻扎代州，"举目即是五台，日讨军实而问之，虽司饷未敢忘用兵与剿贼之计画也"，因此宋翔这套"用兵与剿贼"计划的原始信息来源应该是第一线军官的报告以及同样驻扎代州的雁平道本人。宋翔称：

> 五台山重峦叠嶂，延亘数百里，台贼高三依据为险，到处是巢，

① 顺治十一年六月初三日《宣大总督马鸣佩题本》，《明清史料》丙编第 9 本，第 864 页。

② 康熙《五台县志》卷 3《建置志·防兵》，第 854—855 页；刘弘遇顺治七年二月任，顺治十一年被降职，分别见《清史稿》卷 4《本纪四》，中华书局 1977 年版，第 118 页；以及顺治十一年（1654）五月初二车克《户部题本》，《明清史料》丙编第 9 本，第 863 页。

③ 顺治十一年三月六日敕稿，档案号 036189，见《明清档案》第 19 册，A19—10，第 B10393—10394 页。

自董景禄招抚后，羽翼既剪，继今不知藏匿何所。我兵出防备御，至密至周，历尽寒暑，究不得其踪迹之所在，从而加歼。兵既苦于更番，民亦废于耕耨，五台、繁峙两县，山中膏腴之地，丰阜之庄，十室十空，满目荆莽，徒费兵力民产，而贼曲遁深矣。职愚计谓宜屯兵于田，将北楼营移驻繁峙县，东路营移驻五台县，相去不远百里，俱属雁平道分辖，使择其山中荒庄荒地之大小，即分兵之多寡，凡无主抛荒或有主抛荒而力不能承种者，概耕牧于其间。将领主治，中军、把总分治，而牛犋籽种悉取给于官，每年起科，仍照兴屯近例。但屯本银两又烦措处无项，查饷司常盈库见贮朋合银一万九千余两，经年累岁，收积无用，不若暂借三年为屯本之需，三年后如数还库，不过一转移间事。营兵、县治及常盈库钱粮并皆雁平道职掌，仰请皇上特旨，专责该道久任督理，聿观厥成。是兵以屯为守，以守为战，招徕佃户，处处是民，处处是兵，官不劳于另设，兵不劳于别调，台、繁两县地日见其辟，人日见其繁，于国赋有加，民生有赖。台贼高三纵有神出鬼没之术，我兵镇静以俟，则深山内木石丛集，粒食为艰，不待三年，以高贼不耕不种之余孽，势必计穷力尽，不就抚则必就擒，目前何事纷纷设防，致兹负隅小寇烦我师而废我农哉！①

屯田建议的提出，虽然理由是剿灭高鼎，但是高鼎显然已经是不能作乱的力量了，而且山区开垦、承粮纳税的建议恰好发生在一批人向官府投诚及入籍之后。此种现象很可能表明登记入籍的人也是提出要承粮纳税的人。这种推断的理由是：首先，山区的开垦在明朝已经如火如荼，清军安抚的山内村庄也已经达到数十个，在此情况之下，怎么可能"十室十空"，有那么多"荒庄荒地"！这些被定义为荒地的土地，其实很可能是没有在官府登记的土地。屯田建议会改变这些土地的性质，因为从制度角度而言，屯田需要起科纳税。其次，虽然宋翔主张屯种之人是北楼和东路两营的官兵，但是他又提到屯田的特点是"兵以屯为守，以守为战，招徕佃户，处处是兵"，重

---

① 顺治十二年正月二十八日户部主事宋翔，档案号006118，见《明清档案》第21册，A21—153（2），第B12069—12070页。

要的是"招徕佃户"的问题，因为如此一来，那些原本耕种土地的山民将成为屯田的佃户。

在宋翔提出的计划中，屯田的主持者是北楼营与东路营的上司雁平兵备道柯臣，柯臣就是此前在五台山利用投诚的董景禄以免死牌招抚高鼎之官员。顺治十二年（1655）三月初七日即宋翔上疏之后的一个多月，柯臣亲自向皇帝上疏陈请"靖寇裕饷"之事，他当时的头衔是"雁平兵备兼管屯田山西提刑按察司副使"，也就是说推行屯田已是其分内的事。他指出"台邑沃壤，大半皆在山内，以故向来俱鞠为茂草，而兵之戍防者又无时敢撤，是兵与民交困也"。他提出的五台山"靖寇安民"的方法是将参与山区军事行动的东路营、北楼营还有所谓中西二营的官兵各抽调100名，"合为一营，易为土著之卒，令其专驻台山要冲，以扼贼寇出没之路"，并说营兵土著化的好处是"兵无客戍之苦，而盗有掣肘之患"。尽管他没有具体说明究竟如何"易为土著之卒"。① 柯臣的这个建议应该未完全得到采纳，根据前引康熙《五台县志》对五台山兵防的描述，康熙时五台山以及五台县的驻兵仍然是东路营、北楼口等地的军队轮流驻扎，军队并没有土著化。

在明代，军队系统驻扎的地区是五台山的东面与东南，在直隶境内。崇祯末年，这支军队一度被允许进入山西地面，但这种安排是临时性的。清初刘迁、高鼎之乱后，军队进驻五台山寺院聚集区，建立起了经常化的驻防军，这是清初的一个新变化。清军进驻五台山区不仅促进了山区村落和居民的登记，也提出了屯田的要求（不管实施的程度如何）。与此同时，五台山周边的防卫形势也发生了重大变化。顺治十一年（1654），茨沟营的参将移驻到龙泉关，仅留守备一员，显然茨沟营的战略地位在下降。② 不仅如此，在顺治十二年（1655）户部主事宋翔的规划中，他要求北楼营和东路营分别从三关撤下，驻扎在繁峙县与五台县。也就是说，从明朝以来一直重兵驻防的边墙，其重要性在降低。实际上，边墙此后再也没有维修。驻防军队的内移，山区人口的登记，使得边防形势及由此带来的辖区的划分，完全改变了。

---

① 顺治十二年三月初七雁平道柯臣，档案号037734，见《明清档案》第22册，A22—64，第B12069—12070页。
② 乾隆《阜平县志》卷2《土地部·关隘》，见《故宫珍本丛刊》第69，海南出版社2000年版，第348页。

明末清初战乱中的主角是军队，军队在五台山寺院聚集区的进驻无疑进一步分割了原来僧纲司对山区的管辖权。战后，寺院系统经历了重要改变，这个过程的主角是喇嘛势力。

第二节　寺院系统的变化及其与州县的关系

一、菩萨顶大喇嘛的成立

五台山喇嘛教并不始于清代。最迟在蒙元时期已经有喇嘛入驻五台山。明初，朝廷设立大宝法王等僧官，安排高僧板的达在五台居住，已经在利用这一派来绥靖西藏和西域的势力。明代天顺到正德年间，连续几任僧纲司都纲皆是喇嘛僧人。[①] 在明代，五台山的僧官衙门是僧纲司，"兼管番汉"，喇嘛并没有单独的一套行政系统。嘉靖、隆庆时期尊奉黄教（喇嘛教的一种）的蒙古俺答汗崛起，在俺答政权的支持下，黄教逐渐在蒙古变得强势。万历十年（1582），明神宗的母亲李太后敕修五台山塔院寺大塔，俺答又欲带其部众，赴五台山进香，此请虽然被拒绝，但它已表明佛教对维系明朝民族关系的重要性，因此主政的大学士张居正在为塔院寺撰写的重修碑记中，称赞佛教有"阴翊皇度"之效力。[②] 清初朝廷为了统一内外蒙古、青海、西藏等地，有意识地利用黄教笼络当地的王公，不仅清朝的皇帝试图向他们展现自己就是他们信仰的文殊菩萨的化身，这些地方的王公贵族也积极地利用黄教的符号，表达对清廷权威的认可。[③]

---

① 　David M. Farquhar, Emperor As Bodhisattva in the Governance of the Ch'ing Empire. *Harvard Journal of Asiatic Studies*，38：1（1978）：5—34 回顾了历代皇帝如何利用佛教的过程；关于明清时期喇嘛教的称呼问题，一般而言，明代用"番教"、"番僧"等词语，清代主要用"喇嘛教"、"黄教"、"喇嘛"等概念，见 Johan Elverskog, Two Buddhisms in Comtemporary Mongolia, *Contemporary Buddhism*，Vol.7，No.1（2006）；明代的例子，如天顺二年《皇帝敕谕护持山西五台山圆照寺碑文》，见《五台山碑文选注》，第 11 页；《宝藏寺铁钟铸文》，见《五台山佛教·繁峙金石篇》第 423 页；弘治八年田益：《重修玉华池敕赐万寿禅寺碑记》，见《五台山碑文选注》，第 203—205 页。

② 　万历十年张居正《敕建五台山大塔院寺碑记》，见《五台山碑文选注》，第 262—264 页。

③ 　比如 David M. Farquhar, Emperor As Bodhisattva in the Governance of the Ch'ing Empire. *Harvard Journal of Asiatic Studies*，38：1（1978）：5-34；Robert James Miller, *Monasteries and Culture Change in Inner Mongolia*，Wiesbaden，O. Harrassowitz，1959 讨论了清廷为笼络蒙藏地区，大建喇嘛寺；Johan Elverskog, *Our Great Qing：the Mongols，Buddhism and the State in Late Imperial China*，Honolulu：

顺治《太原府志》收录了一篇顺治九年（1652）就任监察御史的刘嗣美的《请免车牛疏》，疏中提到，"晋为京右通衢，从京去陕西，入京所必假之途。凡喇嘛差官、满洲家口经过，需用牛车前行，一到作威张势，恐吓官吏"①。材料没有提到这些喇嘛在什么事情上被朝廷差遣，但他们显然已经成为山西地方官要面对的权势，疏中的喇嘛应该就是黄教僧人。顺治九年（1652）十二月，黄教内地位最高的第五世达赖喇嘛被召入京，受到清廷很多赏赐并被册封，第二年（1653）二月返回。②在此期间，五台山耆宿也去北京"抠衣顶谒"，进一步与黄教及清朝皇帝建立了联系：

> 顺治壬辰，西天乌斯藏达赖上师赴诏来京，台山耆宿抠衣顶谒，面承慈命："东南有娑罗树，菩萨在焉，尔等知否？"一众茫然，上师乃指授树形，果于台怀东南三十里搜访得之，即图进御览，从此炳迹名区，流传生敬，皆上师之指示焉。③

五台山耆宿如何能够与达赖会面，如何在语言不通的情况下进行交流，如何确认他们真的是在五台山东南找到这棵树，皆不可考。重要的是，通过这棵树的发现，五台山佛教胜地的地位获得黄教领袖和清朝皇帝的确认，娑罗树的故事成为五台山寺院接纳黄教领袖达赖与清朝皇帝的一种表达方式。

顺治十一年（1650），地方将领与五台山菩萨顶喇嘛见面之后宣布招抚高鼎余党，说明围剿阶段已经有喇嘛与清军合作，这件事表示喇嘛在五台山区已经有一定的威望，会被清军利用。顺治十二年（1655）四月清廷第一次派人到五台山举办法事，根据康熙中叶编纂的《清凉山新志》：

University of Hawai'i Press，2006 讨论了蒙古各部王公如何接受清廷以佛教作为统治蒙藏地区的意识形态的过程。关于清朝的意识形态上的多元性，参看 Evelyn S. Rawski, Reenvisioning the Qing：The Significance of the Qing Period in Chinese History, *Journal of Asian Studies*, Vol.55, No.4 (1996)：829-850；Joanna Waley-Cohen, The New Qing History, *Radical History Review*, issue88 (2004)：193-206。

① 顺治《太原府志》卷4《请免车牛疏》，第520—521页；刘嗣美的履历见顺治《太原府志》卷3《职官》，第495页。

② 李保文：《顺治皇帝邀请第五世达赖喇嘛考》，《西藏研究》，2006年第1期。

③ 康熙《清凉山新志》卷7《附娑罗树缘起》，见《故宫珍本丛刊》第248册，海南出版社2001年版，第211页。

世祖章皇帝于顺治十二年四月，发帑金，差内大臣谭泰同大喇嘛底尔登鄂母齐，率领格隆四十员，到山修建祝国佑民道场，四十日圆满，合山僧俗军民人等均沾皇恩。①

内大臣是掌管清廷侍卫亲军的侍卫处武官，修建道场的格隆则是黄教僧人的一种。从参加道场的是"合山僧俗军民人等均沾皇恩"来判断，皇帝的使臣在五台山进行了大规模的布施。两年后（1657），皇帝又派哈兰兔、金巴马、偏峨三位"大人"同额木齐喇嘛率领格隆50名，到山修建道场100日，规模更大。② 顺治年间的这两次道场，都是朝廷派遣喇嘛来五台山修建，而顺治以后的道场都是五台山喇嘛自己操办，已经没有外面派来的喇嘛了。据此可以推断，顺治年间五台山还没有形成大量的足以举办皇家道场的喇嘛，因此顺治朝廷才需要派遣许多喇嘛来五台山举办仪式。

顺治十六年（1659），朝廷在五台山寺院菩萨顶设立大喇嘛一职，标志着五台山佛寺行政系统发生了重大转变：黄教寺院有了独立的僧官衙门。值得注意的是，前几届菩萨顶扎萨克大喇嘛都是出身内地的僧人，并非来自蒙古或西藏地区。第一任扎萨克大喇嘛阿王老藏（1601—1687），俗姓贾氏，北京西山人，少年入崇国寺为沙弥，18岁受具足戒，"习学韦陀典，兼究瑜伽教"。也就是说，他本是内地人，自幼学习的也是汉传佛教的仪式，其瑜伽等密教的方法，皆为受具足戒后学习得来，从而变得"兼通番汉"。阿王老藏也曾在京城参拜过五世达赖喇嘛：

> 顺治癸巳（1653），西天上士赴诏入都，老人与同坛五人摄斋受戒，上士忽谛视曰："此中有一五台主人。"众皆惘然，莫测所谓。洎顺治己亥（1659），老人果以兼通番汉膺选，乘传上主五台，总理番汉事务，食俸台邑。③

---

① 康熙《清凉山新志》卷3《崇建》，第162页。
② 康熙《清凉山新志》卷3《崇建》，第162页。
③ 蒋弘道：《清凉老人阿王老藏塔铭》，康熙《清凉山新志》卷7，第209—210页。这段引文中的"西天上士"即顺治九年来京的第五世达赖喇嘛。

　　阿王老藏获取管理五台山番汉事务的政治地位之前，从达赖喇嘛重新受戒，而他接受新的职务，也被认为是达赖喇嘛的预见。顺治十六年（1659）阿王老藏获任大喇嘛之际，当时五台山战乱刚刚平息不久，阿王老藏作为一个外来僧人，地位似乎还没有巩固。他来到五台山后，重刻了万历《清凉山志》，在序言中他提到战后五台山寺院受到的破坏："法运时艰，波旬作难，云中贼起，胜地蔓延。华台宝座，不镜金色之光；法鼓鲸钟，声落莓苔之地。"并说胜地之所以还没有完全化为灰烬，是因为当时山西巡抚白如梅的保护，他只是语焉不详地提到白如梅"护佛法"、"保黔黎"等，并称其为"护法"。① 看来，战后五台山寺院系统的重建是获得了山西巡抚的大力支持。

　　康熙二十二年（1683）的皇帝西巡是五台山喇嘛得以崛起的另一个重要时间坐标。当年农历二月十二日，皇帝带着随行大臣、皇子、蒙古各部王公等人，浩浩荡荡，出北京宣武门，前往五台山进香。他们一路经河北涞水、易州、完县、阜平。在二十日那天翻过长城岭，到了五台山。皇帝赏赐了很多东西，"各寺发金，特命修建上祝太皇太后延寿无疆道场三日，亲礼五顶各刹拈香，于菩萨顶各殿陈供金银龙缎、香烛、哈达于佛前，祝保太皇太后福祺衍茂，圣寿无疆。特恩与敕封清凉老人赐龙袍、貂座、衣靴等件，又赐御笔'斗室'扁额；赐大喇嘛二员龙袍、衣靴、缎匹外；格隆每众蟒袍、缎匹；御筵大众，赐米千石，合山番汉僧俗军民人等均沾皇恩皇赏。"② 这次来山，有着多样的政治目的，它既要向随行的蒙古诸部王公展示大清的武力，表达清朝拉拢之意，同时也要向地方传达朝廷稳定秩序的决心。③ 皇帝除了参拜五座台顶的寺院之外，最主要光顾和赏赐的寺院就是菩萨顶。

　　皇帝权威的展现不光是赏赐物品，还包括有意地展示武力和改变地名。根据当年山西巡抚穆尔赛的《神武泉碑记》，以及五台县举人阎襄的《射虎川碑记》的描述，皇帝在五台山拈香返回的途中，尚未到长城岭，可能喧嚣

---

① 顺治十七年阿王老藏《清凉山志序》，见康熙《清凉山新志》，第135页。

② 康熙《清凉山新志》卷3《崇建》，第162页。

③ Natalie Köhle 则讨论了清朝的多元意识形态和统治策略如何通过康熙二十二年的西巡五台山表现出来，见 Natalie Köhle, Why Did the Kangxi Emperor Go to Wutai Shan? Patronage, Pilgrimage, and the Place of Tibetan Buddhism at the Early Qing Court, *Late Imperial China* Vol.29，No.1（2008）：73-119.

影响，惊动了树丛里的一只老虎，老虎准备逃走，就在这时，皇帝拈弓搭箭，一举而毙之。地方的居民商旅听到消息，无不欢呼大清皇帝神武超群，为地方剪除祸害。巡抚穆尔赛趁势以民情奏请把这个山沟称作"射虎川"，立碑纪念。就在地方准备铲除荆棘立碑的时候，又突然有泉水涌出，这个泉水就被称作"神武泉"。① 撰写其中一篇碑记的阎襄，就是高鼎之乱后崛起的地方士绅中的一员。② 这一事件是山西巡抚和地方士绅迎合皇权、重塑地方形象的文化工程，这个工程同样联接到了菩萨顶：那张虎皮被保存在了菩萨顶。③

康熙西巡最重要的成果之一是强化了菩萨顶扎萨克大喇嘛在五台山的地位。阿王老藏在康熙二十二年（1683）获得"清修禅师"的称号，获赐银印。当年受到重用的还有他的弟子老藏丹贝（1632—1684），老藏丹贝原是蒙古族人，明代入卫籍，遂改姓赵氏，居京师崇国寺，跟随吐蕃（西藏）僧学习密教，后"至清凉山，居中顶及罗睺寺数岁，其结念所依也。后又远涉土波、蒙古国，于其语音、文字靡不通晓"。康熙七年（1668）"携瓢笠走口外衲戒"，康熙十年（1671）"受钵莅众，葺经堂，集云水"，康熙二十二年（1683）皇帝西巡，朝廷重修五顶寺院，老藏丹贝即"奉命监修"；康熙二十三年（1684），"复以陈情菩萨大殿改覆碧琉璃瓦，自山入都"。菩萨顶获得覆盖皇帝专用的黄色琉璃瓦特权，进一步突出了菩萨顶代表皇帝权威的象征意义。④

康熙西巡之后，在菩萨顶大喇嘛之外另外设立了台麓寺大喇嘛。康熙二十四年（1685）再发帑金3180两，在射虎川创建台麓寺，"奉旨设立大喇嘛一员、格隆班弟二十五众，焚修香火"⑤。康熙三十七年（1698）驾幸，赐敕清修禅师银印，仍提督五台山番汉大喇嘛。台麓寺亦赐佛像，赐大喇嘛，"格隆班弟二十五众，月给俸薪，诸项照菩萨顶例"。从此，菩萨顶为首、台

---

① 穆尔赛：《射虎川碑记》，阎襄《射虎川碑记》，俱见康熙《五台县志》卷 8《艺文志》，第 908—911 页。

② 光绪《五台新志》卷 3《人物》，第 118 页。

③ 高士奇：《扈从西巡日录》，《四库全书》史 460，上海古籍出版社 1987 年版，第 1163 页。

④ 康熙二十四年高士奇《大喇嘛老藏丹贝塔铭》，见康熙《清凉山新志》卷 7《高僧下》，第 210—211 页。

⑤ 康熙《清凉山新志》卷 3《崇建》，第 164 页。

麓寺为次，它们成为最主要的两座喇嘛寺院。战后到康熙年间大喇嘛的成立和增强不仅改变了五台山寺院内部的权力格局，也改变了寺院系统和其他行政系统的关系。康熙四十一年（1702），康熙皇帝再幸五台，驻跸射虎川，"山西百姓伏行宫前奏曰：'晋省饥馑，蒙恩蠲免钱粮，又动支仓粟，普行赈济。愚民无以报答高厚，愿于菩萨顶建万寿亭一座'，叩恳俞旨。又献各种果品。"① 虽然皇帝阻止了他们建万寿亭，但是扎萨克大喇嘛所在的菩萨顶俨然成为地方表达对朝廷忠诚的象征。

二、州县系统的恢复与改革

战后州县行政系统缓慢恢复，具体情况各个州县不太一样。在崞县，顺治八年（1651）任知县的杨泽，"时姜逆初平，田野荒芜，人民散匿，泽悉力休养，并得复业保聚，捐俸缮修城垣、文庙及各处桥梁，焕然改观，一切行户、邮递、赋役之为民累者，尽行革除。"② 在代州，在州县财政困难的情况下，知州曾试图向上级官府少报些赋税。顺治十二年（1655）二月二十七日，工科右给事中晋淑轼弹劾代州知州方沆，其所列方氏的罪状之一是"将印信收里甲"，即原来由里甲征收的条鞭银两，现在统一由县里收解。知州方沆然后通过户房，改抹各里甲的税收数额，造报拖欠。晋氏要求将知州褫革。③ 实际上，方沆改抹的可能只是黄册，其目的只是为了向上级少申报税额而已。

毗邻五台山的繁峙县和阜平县的行政更加困难。繁峙县失陷较早，顺治六年（1649）知县张志高上任，"值邑乱初靖，城垣颓圮，井庐丘墟，架木残庙之中，侍从皆露立"，在他刻意经营之下，三年后已经重修了县衙。④ 但是其他的官方建筑比如庙学的修复，明伦堂的建立等，要到顺治末康熙初才由知县戴玺完成。⑤ 在五台山东面的阜平县，顺治八年（1651）上任的典

---

① 光绪《五台新志》卷首《巡幸》，第14页。
② 乾隆《崞县志》卷8《宦迹》，《中国地方志集成·山西府县志辑》第14，凤凰出版社2005年版，第279页。
③ 顺治十二年二月二十七日工科右给事中晋淑轼，档案号037734，见《明清档案》第22册，A22—60，第B12285—12287页。
④ 道光《繁峙县志》卷4《名宦》，第104页。
⑤ 道光《繁峙县志》卷4《名宦》，第104页。

史朱君锡因为衙门缺乏用度，"取用山中官木烧炭，及取山中所出石煤，派累在官王泽有驴四家，每月运送一驮入衙供给烧费"，并因此被顺天巡抚王来用弹劾。[①] 这样困顿的阜平县官府根本无法组织防卫，顺治十一年（1654）阜平县城一度被叛乱者攻破。[②] 或许由于登记的土地和人口太少的缘故，顺治十六年（1659）阜平县被裁撤。撤县时全县额地只有区区 200 多顷，此后又经过两次除豁水冲荒地，其中康熙十年（1671）一次即除豁 120 多顷。[③] 也就是说，阜平全县方圆百里之地，额田居然只有数十顷。无论是从税收还是从行政的角度来讲，战后阜平县境内州县官府的影响不断在缩小。

康熙二十二年（1683），皇帝西巡加速了位于进山沿途的阜平县行政系统的恢复。康熙皇帝于当年春季和秋季两次来五台山，春季的那次西巡途中，发生了阜平县陈善等人拦驾要求复县之事。如前所述，当时本县额粮减免得已经所剩无几，本不足以单独设县，但是康熙皇帝还是批准了这些"耆老"复县的请求，其中一位"耆老"就是王快镇的陈善，他是顺治十三年（1656）恩贡生。关于要求复县之事，《陈氏宗谱》收陈氏后人所撰传记记载：

> 阜邑在前明时，境以内分十社，我朝顺治十六年以高鼎之乱废县，析属行唐、曲阳两县。康熙二十二年复逢翠华西幸，公倡首，偕诸父老，请复县，均奉恩旨允准。[④]

对于阜平耆老众人要求复县之事，康熙皇帝本人专门写了一首诗，根据诗中的描述，当时土地的开垦已经在进行，沿途逐渐出现了市集的面貌，居民以交税不便为名义，要求复县，皇帝对这些耆老的请求十分赞赏，称"十室忠信存，何况境百里"，认为他们其实是忠信之民，并勉励知县要励精图治。[⑤] 这批耆老显然是清初阜平县少数有土地登记的人们。由于原来的城

---

① 顺治十年十一月顺天巡抚王来用，档案号 005726，《明清档案》第 18 册，A18—45，第 B9935—9940 页。

② 顺治十一年三月（日不详）山西巡抚刘弘遇，档案号 037069，《明清档案》第 19 册，A19—65，第 B10559—10560 页。

③ 乾隆《阜平县志》卷 2《土地部·田赋志》，第 351—352 页。

④ 民国《家传》，阜平《陈氏宗谱》（下），第 3 页。

⑤ 康熙二十二年玄烨《秋日再过阜平》，见乾隆《阜平县志》卷1《宸章·圣祖仁皇帝》，第338页。

池已经颓坏，阜平县的县城改设在该县东部的王快镇，一直到60余年后的乾隆十年（1745），才迁入原址。① 王快镇是皇帝去五台山的必经之地，朝廷在此设立皇帝专用的王快镇大营一座，"架桥除道，费给内帑，择干吏董之，本邑吏民奔走执役焉"②。

康熙二十二年（1683）复县后第一任儒学教谕李修和听说了陈善的名声，"先生之名久雷闻于邻州郡"，并拜访了他。康熙二十六年（1687）李修和为陈善的义馆撰写了碑记：

> 先生以山城蕞尔，辇路新开，毅然以振兴人文任，曰："昔苏文公有言，一族之内，不下百人，而岁时伏腊不能尽其欢欣爱洽，是无以示吾邻乡里社也，爰立族谱，以示笃爱。今吾力虽微，纵不能使合邑之人家读书，户羽篇，而宗族中无越五十余家，倘有力勤诵读者，吾犹能瞻之，蠲金延师，以相鼓励。"合复县已历五稔，而先生之供给诸人，一如至亲子弟，绝无懈怠。志求古道于今日，如先生者不其难哉！族人德之，愿为立石，以志不朽，言于余，余因援笔而为之记。③

陈善在康熙西巡、阜平复县之后开始立族谱，设义学，体现了康熙中地方士人塑造文化正统形象的努力。陈善的这些措施相对其他州县的士人而言，也许稀松平常，可是对于阜平而言绝对是大事，如果我们比较一下明清地方士子的情况或许更容易明白清代转变的重要性。成化九年（1473）明代著名的大学士李梦阳的父亲李正出任阜平县教谕，其《家传》提到李正来阜平的时候，此前"（提学）御史至真定，率牒属来赴集。阜平生集，则率曳翁鞋，人挟烟熏帙，跟跄行见御史；及见御史，辄又自请试目，即不从，则相顾脱蓝衫走。御史乃顾追呼曰'秀才听试目，如若所自请目'"。这位教谕不得不教育他们不要穿大头棉鞋，书包要用夹板扛着，考试题目要听从安排等等，即便如此，新来的提学御史见到阜平生员还是大怒，并迁怒于李教谕，于是李教谕"退而上书陈教化变易之事"。其中说："阜平，恒山之陋邑

---

① 乾隆《阜平县志》卷2《土地部·建置志》，第343页。
② 乾隆《阜平县志》卷2《土地部·建置志》，第342页。
③ 康熙二十六年二月《陈氏敦崇族谊设立义馆碑记》，见《陈氏宗谱》（上），第5页。

也。地有栗橡枣柿之饶，其人山居草处，衣鹿豕皮，蒯里布袜，挟桑弧毒矢，日出射猛兽狐兔，餔糜而给朝夕。夫前代不复闻己，自国家兴，百有余年于兹，然而科第之事罕然，窃未闻有尊官显人者产于其间也，此天下之所共笑也。"要求提学御史要有耐心，改革风俗不在一朝一日。① 如果我们把成化年间的情况和清初相比，可见陈善创义馆，以振兴人文自许，其实是很大的突破。

康熙中叶州县系统增强的表现，在阜平县是官府的重建，在五台县则是赋役改革的推行。康熙十八年（1679），曾经在战乱中崛起的五台县张氏、阎氏、五台县当时唯一的进士杨琼枝以及曾经重修文庙的一批生员，为当时的知县陈恭立了一通《五台县清廉德》功德碑，称颂他除火耗、除摊派、除勒取行户、除差役扰民和除邑民唆讼等几大害。② 这些措施减轻了人们的负担，但也减少了官府的收入。康熙二十六年（1687），本县著名士绅张炜为《五台县志》撰写的序言中，尤其称赞当时五台知县周三进"革里书、革递年"，把书册收归官衙，"民自过粮，官自守册"。这些措施简化了收税的程序，州县长官与地方人民建立了更直接的关系，行政层级简化和知县集权使得知县的象征权威在增强。写序的张炜称赞知县的改革是"耳所未闻，目所未见"③。五台县的这次改革并没有增加税收，它只是强化了知县在赋税征收和管理上的角色，也获得了地方乡绅的支持。

在五台山区，五台县赋役改革的影响很大程度上被大喇嘛系统的强化给抵消了。顺治康熙年间的五台山区，黄教大喇嘛势力蒸蒸日上，占据了重大事件的主角，而历史更悠久的五台山僧纲司的资料却非常稀少，在皇帝巡幸等大事件上，他们几乎没有任何声音。康熙二十六年（1687），五台知县周三进主持修纂的《五台县志》在"职官"部分收录了两位五台山都纲的名字，并加注释说："都纲司之于台山，其员以僧，治其僧之不律者，俾恪遵戒律，且使深山僻寺不得为藏奸逃罪之地，庶缁钵之徒与民相安于无事，

---

① 李梦阳：《空同集》卷 38《族谱·家传》，见《四库全书》第 1262，上海古籍出版社 1987 年版，第 336 页；同书《大传》，第 340 页。李正于正统四年生，任阜平教谕时 35 岁。

② 康熙十八年《五台县清廉德》碑，碑存五台县大林村天池寺。

③ 康熙二十六年张炜《新纂五台县志序》，见康熙《五台县志》卷首，第 805—806 页。

余并编之于册，见王制无所不备，且当是任者其毋负厥职。"①从这几句话来看，周三进虽明白僧纲司不属于五台县的职官系统，但寄希望于僧纲司与知县分担五台山治安之责，民与僧得以相安无事。但是在地方志中，当时五台山最显赫的黄教系统却被他完全省略了，也许在他看来黄教系统根本不是知县能够过问的事。

知县对于黄教系统的无奈偶尔会表露出来。康熙中一位叫方中发的诗人写了几首诗歌送给康熙三十四年（1695）任五台知县的侄子方正瑺，描写了在五台县做官的艰难。方中发的诗集中并没有显示他曾去过五台山，但是他曾与方正瑺通过信，因此诗中反映的情况可能是从他侄子方正瑺那里获得，其中一首诗说：

> 五台何许县，直到雁门关。太古长留雪，中华尽此山。地贫官税薄，民少讼庭闲。不历穷边苦，谁知吏道艰。②

另外一首诗说：

> 文殊峰顶寺，香火属天朝。活佛尊无上，沙门宠益骄。千官迎紫气，万乘入青霄。小吏疲供亿，恩光未敢邀。③

前一首诗中，作者哀叹五台县的税收非常少，实际登记的户口也不多。后一首诗中所言"文殊峰顶寺"，泛指五台山的黄教寺院，五台知县面对的是势力烜赫的一群人：骄宠的黄教僧人以及来往于五台山的官员。这两首诗反映了五台知县相对弱势的地位。

再看一下繁峙县的情况。该县面对的问题与阜平、五台有所差异，明代繁峙县的寄庄问题以县人和代人相争的形式延续了下来。道光《繁峙县志》在介绍里甲演变时提到：

---

① 康熙《五台县志》卷5《职官志》，第873页。
② 方中发：《寄大侄正瑺台山四首》，《白鹿山房诗集》卷6，《四库禁毁书丛刊》集17，北京出版社2000年版，第561页；查光绪《五台新志》，方正瑺，于康熙三十四年任五台知县。
③ 方中发：《寄大侄正瑺台山四首》，《白鹿山房诗集》卷6，第561页

　　繁峙在明时原立十九都，经鼎革之后，又值刘迁作逆，人民凋零，奉巡抚白攒立八都。代人乘其弊，或带粮承行，或虚钱佃置，地亩侵渔过半，其粮仍累繁民，贫者逃去，贻患富室，累年词讼不休，繁民无由申白。至康熙四十二年，邑庠生孟学皋、张灏、李俊发等哭吁，邑侯雒公、府宪赵公，具陈利弊，准代人另立都甲，因更立二都，曰大义一都、大义二都，为代州寄庄。自是之后，代与繁各承赋役，民业虽未复，而赔累之苦稍纾，遂名为十都云。后又改大义一都、二都为大义都、代人都云。①

　　白如梅任山西巡抚是在顺治十二年至十八年。②他采取的里甲整顿措施其实配合着相关的赋役和土地政策，主要包括各类"荒地"的开除、赋役的大规模蠲免以及垦荒政策的实行等，这些措施意味着清初无论是人口还是土地的登记都出现了剧烈的变动。引文中代州人"侵渔"繁峙地亩就是发生在里甲的重新整顿之后，而所谓侵渔的两种方法，一是"带粮承行"，一是"虚钱佃置"，材料没有指出这两种方法如何操作，不过从繁峙县民反对的理由来看，大致是代人户籍没有在繁峙县登记，他们租地却可以不纳粮。代人与县人之争，表面上是州县之争，实际上应该是明代卫、县之争的延续，争端的本质是不同种类的赋役问题。

　　根据康熙四十二年（1703）判决的结果，代人也被编入都甲，知县从而掌握了一定的代人的人口和土地数字，也征收到一些赋税，但由于代人、县人户籍登记的差异，其土地的赋役负担轻重有别，因此他仍然没能解决徭役不均的旧问题。到下一任知县齐士畹的时候，情况仍旧。根据《祝前邑侯齐公寿序》：

　　　　代与繁邻比，繁土多旷，代之人耕其地而供其赋者，十盖三四也。繁之民思取其邑之丁役而强代人供之。君决不可，曰："繁民多积逋，而代人急公赋，繁之所以未甚累者，以代人为之蔽也，今若此，是重

①　道光《繁峙县志》卷2《舆地志·都里》，第41页。
②　赵尔巽等：《清史稿》卷201《疆臣年表五》，第7500—7511页。

困代人而撤繁之蔽也。"于是繁民之计沮，而代人之讴咏者遍国中矣。①

此寿序是两个代州人托大学士陈廷敬所作，文中的"君"指的是康熙四十五年（1706）任繁峙知县的齐士畹。齐士畹之所以替代人说话，原因之一恐怕是这两位代州人与他的私人关系。根据寿序，齐士畹乡试时的房师，是振武卫籍冯懿生的门人万氏，也就是说，他算是冯的再传门生；而他的另一次考试（可能是会试）时的同年，是振武卫籍的刘愫。② 刘愫和他关系非同一般，齐士畹发动生员捐资修文庙时，即是刘愫写碑记，刘愫曾自言："余代人也，家于繁邑数十载。昔应童子试，尝聚文社于此（指繁峙文庙）。"③ 这两位振武卫籍的士大夫本身可能在繁峙县有土地，就刘愫而言，既然在繁峙定居10多年，在繁峙应该有田土；而冯氏，在繁峙也有族人和族田。④ 因此当繁峙知县齐士畹过大寿的时候，刘愫和冯氏的一位后人托大学士山西人陈廷敬为其写寿序，⑤ 此中玄机不言自明。也就是说，这两位在繁峙县有寄庄的振武卫人，通过私人关系影响到知县齐士畹处理寄庄的方式。

在代州，州、卫两套系统的并存延续到了雍正年间，当时州民和卫民发生的争端，雁平道须要协调两套系统给予解决。一个具体的案例是雍正二年（1724）州民与卫民争夺土地的案件。卫民董新与州民刘润互讼河滩地亩，本来已经由代州知州查丈，但是两造复控到雁平道，雁平道带领州官和卫正堂，亲自踏勘，审判也是州卫一起，说明直到雍正初年卫民和州民在行政管辖上的区别仍然存在。州民刘润宣称其有"执照"开垦滹沱河北淤出的土地，但是经过仔细查验其"执照"，官府断定不可信，决定将其销毁。官府查验的结果，是河北淤出的土地虽然已经耕种年久，但是"已非一日，姑不深究"，说明这块土地长期以来确实没有在官府登记过。诉讼的另一方、卫人董新耕种南岸的熟地2顷余，但是在官府登记的数字却远大于此，因为

　① 陈廷敬：《祝前邑侯齐公寿序》，见光绪《繁峙县志》卷3《职官志》，第282—283页。

　② 寿序提到是康熙三十九（1700）、四十年（1701）其考进士，与代州刘子同榜，查代州南关振武卫籍刘氏家谱，刚好有刘愫亦是康熙三十九年进士，因此此刘子指刘愫无疑。《刘氏家谱》，复印本，存代县东关刘同家。

　③ 刘愫：《重修文庙记》，道光《繁峙县志》卷6，第159—160页。

　④ 冯曦：《代州冯氏族谱》卷4《茔墓表·牛脊梁》，提到繁峙中庄寨有族人以及"公地"。

　⑤ 陈廷敬：《祝前邑侯齐公寿序》，见光绪《繁峙县志》卷3《职官志·宦迹》，第282—283页。

长期赔粮，他亦试图占种河北的淤地，于是与州民刘润等有了纠纷。经此一讼，河北的土地显然也会被正式纳入登记。① 这件事情表明，对于一块没有登记的土地，州民与卫民，怎样运用各自主张的交税的记录，来宣称此地的归属。雁平道是州卫两套系统争端的裁定者。两年之后的雍正四年（1726），卫所彻底裁撤，卫所屯地归并州县。②

康熙年间州县行政方面的特点，在阜平县是县官府的恢复与重建，在繁峙县和五台县是县境内两种制度的演变。五台县知县面对大喇嘛的崛起显得有心无力；繁峙县知县面对一部分所谓寄庄，逐渐采取编户入籍的办法，但其均平赋役的办法受到代人的强烈反对。在代州，州、卫系统的并列一直延续到雍正初年。可见在康熙年间，州县官府在实现其境内权威的完整性方面，仍然没有最终实现。

三、寺院修建中的大喇嘛角色

康熙时期，五台山寺院的土地有扩大到平原之势。以五台山西台之外的著名寺院秘魔岩为例，康熙年间土地登记的过程中，秘魔岩获得满洲贵族居士的支持。康熙初京师正白旗籍的余应魁使其一子拜秘魔岩乐山和尚为师，取法名常平。③ 余应魁在乱后任雁平兵备道（1650—1653），康熙初任关西观察。除了出家的常平之外，他另一个儿子余三汲也"乐为之护法"。余氏父子捐膳田若干亩，使寺庙得以大规模重建，他们的支持成为清初秘魔岩崛起的关键。④ 康熙三十三年（1694）《秘魔岩秘密寺常住界址》碑特意将余应魁、余三汲父子布施的土地房屋开列如下：

> 聂营村下院一所，东至街，南至西庙，西至道，北至后街。大街南院住房一所，东至街，南至碧山寺房，西至郎大成，北至大街。堡内房地一块。稻地五十亩，粮粳米；旱地一顷十亩，粮粟米。峨口水地四十九亩五分，又园场地九亩五分，民粮。代州下院一所，坐落赵家

① 碑文无标题，额为"碑记"二字，碑存代县董家寨五龙庙。
② 乾隆《代州志》卷2《职官》，第320页；光绪《代州志》卷1《职官表》，第264页。
③ 嘉庆二年（撰者不详）《护理秘密寺功德碑记》，见《五台山佛教·繁峙金石篇》，第169页。
④ 康熙三十三年元理：《重修秘魔岩禅林碑记》，见《五台山佛教·繁峙金石篇》，第147—152页。

巷白衣庵□□余府施。①

这些土地的分布，已经到了五台山下的平原地带，甚至在代州城也有下院，说明五台山寺院仍然在扩张。余氏在五台山下购置的土地有不同的类型，有稻地、有旱地、有水地、有园场地，这些分类大体上符合了税收的类别划分，而且从各土地皆有"粮"（额粮）来判断，这些都是要向官府纳税的土地。看来清初土地登记的推进，对寺院的控产方式还是有一定的影响。

随着康熙时期大喇嘛权威的增强，更多黄教寺院在扎萨克大喇嘛的准许或监督下得以修建。朝廷敕建或敕赐的寺院往往须有大喇嘛的监督，比如康熙三十八年（1699）殊像寺重修，除了钦差监修会计司郎中法良之外，还有大喇嘛老藏丹巴同监造。②普通寺院亦然，以三泉寺为例，此寺与大多数明代的佛寺一样，本来属于汉地寺院的系统。根据雍正年间居士戴璠所作的碑记，康熙二十三年（1684），"有牙尔贡囊宿大尔罕绰尔智嵩住藏务喇嘛，曾经西藏参请班阐上师，授说此处有解脱门，领命来山，并携徒众罗藏朋错、罗藏扎什、罗藏赞燧等，乃其化缘将至"。也就是说，牙尔贡喇嘛是奉班禅活佛之名来山的。他到了三泉寺之地，"刈草伐木，结茅盖顶，师徒共宣佛化"。康熙四十多年前后，"（其弟子）罗藏赞燧随机应化，法道益隆，感塞外诸王善信及时供给之余，始于雍正三年（1725）兴工重建。数年之内，焕然一新"。"今（另一个弟子）罗藏扎什僧腊渐高，虽有徒舍乐朋错、罗藏诺尔布等，尤恐将来堕失，特请命敕封五台山清修禅师提督丹巴胡图度，钦命督理五台山扎萨克大喇嘛罗卜藏，嘱余书石。"③这里要特别提到的是，他们立碑之事要向清修禅师丹巴胡图度和五台山扎萨克大喇嘛申请，而写碑记的戴璠，似乎也是奉清修禅师和扎萨克大喇嘛之委托。

在扎萨克大喇嘛势力烜赫的情形之下，非喇嘛寺院同样也在利用大喇嘛的势力。以金刚窟为例，不仅其重修得到清修禅师第四代扎萨克大喇嘛鼎增坚错的捐资，而且康熙四十七年（1708）还通过"二司十寺"的系统，请了真觉国师的四世孙窥影和尚主法金刚窟。"二司十寺"是僧纲司辖下的行

---

① 康熙三十三年（无撰者）《秘魔岩秘密寺常住界址》，见《五台山佛教·繁峙金石篇》，第153页。
② 康熙三十八年孟夏立，见殊像禅寺天王殿梁记。
③ 雍正十二年戴璠《重修三泉寺碑记》，见《五台山碑文选注》，第365—366页。

政系统，碑文没有解释它包含哪些机构，乾隆年间的一通碑刻题名中则列举了"二司"，其实是两位僧人的名字，可能是都纲和副都纲，另外还列举了"十大寺"即10座寺院的名称。① 可能因为这座寺院与扎萨克大喇嘛的密切关系，使得金刚窟能够吸引清朝皇室的到来。康熙五十二年（1713）春，当时的雍亲王即后来的雍正皇帝来五台山修建万寿无疆道场，即曾来金刚窟降香。这个寺院也成了大喇嘛举行活动的一个场所，"清修禅师每逢朔望，率领格隆、班弟、番汉诸僧同登是窟"②。其他的一些证据也指向大喇嘛鼎增坚错与金刚窟的密切联系。金刚窟的隔壁寺院五郎祠，同样与鼎增坚错等人有密切关系。鼎增坚错撰有《游五郎祠寺》的诗歌，说明其"频过"五郎祠，并表达其"报答皇恩"的政治立场。③ 在雍亲王来山的同年秋天，他趁机奏请说"愿捐衣钵，重修金灯、兴国二座古刹，延僧奉诵大乘妙曲，永祝圣躬万寿，天眷咸安"④。九月启奏，中秋二寺即已落成，大喇嘛显然有着雄厚的经济实力。与大喇嘛常常出现在各种维修碑记中相比较，"二司十寺"僧纲司系统的影响力就显得没有那么突出了。

　　随着康熙以后菩萨顶大喇嘛的权威增强，他在五台山台顶之外的其他寺院中也有一定影响。康熙五十年（1711）五台山西北麓的寺院秘魔岩要在普光明殿供奉文殊菩萨，住持慧云等人则募修文殊像两侧的罗汉像，由于资金不够，慧云首先募化"本州邑村落乡市"，"次走京师，缘募寰阆"，结果所化甚微，然后"幸本山主菩萨顶乃当今上封受职清修禅师鼎翁大提台下辖，朝觐目击之艰，慨然曰：'若等弘于愿而绌于力，谁非佛弟子者，吾当力任之'。与夫安粧金漆庄严，多大提台捐俸，速差监装执事，告厥成功。"秘魔岩称呼菩萨顶是本山的"山主"，可见菩萨顶大喇嘛的影响力扩展到了五台山台顶之外的一些寺院。这次捐款的名单除了菩萨顶大喇嘛之外，还有射虎川的丹增大喇嘛。另外的京都妙应寺、后黄寺的喇嘛、诰封一品夫人马门余氏等，应该都是其在京师募化的对象。本地的捐施者除了代州知州滕天

---

① 乾隆五十七年仲夏金阁寺重修碑，无标题，碑存今金阁寺。
② 大清康熙五十三年成林《皇清敕封清修禅师提督五台番汉扎萨克大喇嘛重修金刚窟般若寺功德碑记》，见《五台山碑文选注》，第346页。
③ 鼎增坚错：《游五郎祠寺》，见《五台山碑文选注》，第350页。
④ 康熙五十二年鼎增坚错《重修太平兴国寺碑记》，见《五台山碑文选注》，第352页。

宪、同知孙来凤、繁峙县知县齐士琬之外，其他都是来自峨河下游村落的士
绅，包括聂营的郎大士及其子郎廷勷，另外郭永祚、张鹏翼、贾尔复等，也
都是地方的著名士绅。① 康熙五十年（1711）秘魔岩的修建显示出，菩萨顶
大喇嘛、射虎川喇嘛可以和州县的长官、地方的士绅并列，显示了地方在修
建寺院的时候，所接受的多元权威系统。

本 章 小 结

明末清初的动荡促进了地方行政系统的变革。崇祯六年（1633）至八
年（1635）的地方动乱中，手握兵权的地方将领设法保存自己的实力。在顺
治元年（1644）的战乱中，明朝王府的势力受到毁灭性打击，打击他们的不
仅有李自成的军队，还包括试图瓜分其财产的原明朝军队。清朝入关后，这
些原明朝军队被清朝招抚，但是他们的一些既得利益却被清朝拒绝。顺治五
年（1648）年底，原明降将姜瓖发动了叛乱，在代州、繁峙一带响应姜瓖起
兵的主要是另外一位原明副将刘迁，五台县则主要是没有功名身份的高鼎。
在平乱的过程中，清朝军队进入了五台山，一部分军队在五台山的交通要道
驻扎了下来，内地化也意味着他们从边墙上撤退下来，明代的边墙逐渐失去
了它防卫和分界的意义。

在军事系统发生变化的同时，战后五台山的寺院系统也发生了重要变
化。顺治九年，五台山一些僧人进京拜见了五世达赖喇嘛，随后清军在山区
的招抚行动中也借助了五台山喇嘛的权威。顺治十六年（1659），菩萨顶扎
萨克大喇嘛正式成立，成为在僧纲司之上的新的僧官衙门。康熙二十二年
（1683）皇帝西巡进一步增强了喇嘛在五台山寺院系统中的地位。五台县在
此时起着供应喇嘛俸银的角色，五台知县在山区的权威与扎萨克大喇嘛相比
比较弱。在扎萨克大喇嘛权威上升的情况之下，喇嘛寺院在增加，非喇嘛寺
院也在试图利用扎萨克大喇嘛的权威，在五台山周边一些寺院的修建上，他
同样被接纳为多元权威系统中的一个。

---

① 康熙五十五年（撰者不详）《装罗汉圣像功德记并颂》，见《五台山佛教·繁峙金石篇》，第
156—161 页。

第 六 章

州县权威在山区的增强

由于五台山区驻扎的军队只负责防汛，它已不能像明朝那样对人口和土地进行庇护了。而土地登记本身促成了州县的壮大，加上朝廷扶植五台山寺院，于是五台山的地方行政系统变成主要是州县和寺院。关于这两套系统在山区的势力格局，光绪七年（1881）编纂的《繁峙县志》在介绍本县地理的时候有一段评论：

> 唯南山一带，独多佃庄，昔之为卫官、王府有者，今皆归于代州之富民及黄教之喇嘛。而为力作者，则县民也。榛莽虽尽辟，贫瘠乃益形。然风气驯良，远甚往昔。①

南山指的就是五台山，地方志编者的这段牢骚有几点值得注意：一，从"榛莽尽辟"来看，整个清代五台山区的经济仍在不断地发展；二，寺院行政系统发生了变化，黄教寺院控产的现象比较突出；三，在山区耕作的人是县民。这几种现象怎么配合起来？为什么一方面是黄教占田，但另一方面耕作者又是县民？清中叶州县与五台山寺院的关系发生了哪些变化？本章围绕这些问题，主要讨论了雍正以后不同层级的政府在五台山寺院事务中扮演的角色，知县的权力和影响力怎样扩大，以及这些变化如何影响到了人们对州

---

① 光绪《繁峙县志》卷1《地理志·疆域》，第208页。

县和寺院系统的认识。

第一节　清中叶的五台山政策

一、雍正年间朝廷的立场

雍正初年，朝廷陆续出台了一些限制喇嘛势力的政策。一个有象征意义的个案是雍正二年（1724）五台知县陆长华擒拿扎萨克大喇嘛典器的事件。关于这件事，乾隆《代州志》约略提到："陆长华，江苏泰兴县人，例监，详办喇嘛不法，诛首恶，岁支米、麦、茶、油，至是悉改折色，民甚德之。"[①] 这句引文其实包含两件事情，一是惩办喇嘛不法行为；二是把每年向喇嘛供应的物资改为折色，对于改折一事，我们没有其他资料说明朝廷的态度，而关于处理喇嘛不法的事情，五台知县陆长华似乎得到了当时朝廷的支持。俞正燮（1775—1840）的《癸巳存稿》有更详细的说明：

> 雍正二年刑部议："五台山喇嘛索纳木巴丹强奸民人杜青云妻王氏，王氏持刀詈拒，至夜忿极自缢。王氏建坊入祠，喇嘛比光棍为首例，斩立决，著为令。"[②]

这件事其实是对五台山喇嘛势力的一次约束：喇嘛以后如果犯法，比照光棍。朝廷对此喇嘛事件的处理，似乎也受到当时政治环境的影响。康熙末年，蒙古准噶尔部策妄阿拉布坦出兵西藏，西藏的一些地方武装也随之起兵叛乱，雍正皇帝出兵进攻西藏，打败了喇嘛势力支持的地方叛乱并拆毁了作为叛乱据点的黄教寺院。因此之故，雍正皇帝似乎对喇嘛和蒙古王公势力的结合更加警惕。在五台山喇嘛事件发生之后清廷又陆续出台了一些限制喇嘛

---

　　① 乾隆《代州志》卷2《职官·五台县》，《新修方志丛刊·山西方志八》，（台湾）学生书局1968年版，第336版。

　　② 俞正燮：《癸巳存稿》卷13，《续修四库丛书》第1160，上海古籍出版社1995年版，第156页。该书编纂年代比光绪《五台新志》要早，似应有其他资料来源。光绪《五台新志》卷1《坊表》，第50页有王氏牌坊，可能指的就是杜青云妻王氏。

的政策。雍正三年（1725），朝廷禁止"洮岷地方番僧以治病禳灾为名诓骗蒙古"①，此条法令似乎更多是为了限制洮岷喇嘛进入蒙古地区及与蒙古贵族相结合。

与此同时，朝廷又陆续颁布了一些限制蒙古王公到五台山的政策，这些政策表明朝廷其实积极介入对五台山事务的管理。雍正六年（1728）规定"蒙古王、贝勒、贝子等有前往五台山诵经礼拜者，随往之人王不得过八十人，贝勒、贝子不得过六十人。均照例给与进口印票"②。在五台山进香上，朝廷有兴趣规范的范围似乎仅限于政治上比较敏感的蒙古王公。朝廷的这种区别化态度也反映在对五台山埋葬尸骨的政策上。雍正六年（1728）理藩院议准限制蒙古地区的喇嘛、僧道、王公在五台山埋葬尸骨：

> 五台山乃名山清净佛地，若埋葬尸骨，有污净土。嗣后凡喇嘛、僧道、旗民、蒙古人等骨殖，禁止送往五台山埋葬。如外藩蒙古、大喇嘛等有愿将骨殖送往五台山埋葬者，该部请旨具奏。其本处喇嘛、僧道尸骨，亦令其远寺庙埋葬。③

这个法令针对的是不同身份的人。政治上比较重要的蒙古王公和大喇嘛在五台山埋葬，需要理藩院请旨才可以，这部分权力属于朝廷。而对于普通的喇嘛、僧道、旗民、蒙古族等在五台山埋葬，虽然法令也加以禁止，但它并没有说明执法的权力赋予何种机构。不过，法令允许本地的喇嘛、僧道在五台山埋葬，据此推测，如果外地人要来五台山埋葬，其实只需买通本山寺院即可。五台山寺院系统使用本山土地埋葬的权利并没有改变。材料没有告诉我们寺院埋葬尸骨是否需要五台山大喇嘛批准。

埋葬尸骨的禁令对于五台山社会而言，还有另一层含义：它其实保护了五台山这块"清净佛地"的独立性。雍正十一年（1733）山西巡抚觉罗石麟上"饭僧道万众圆满"的奏折，皇帝对该奏折的朱批说明了朝廷对平衡五台

---

① 乾隆《钦定大清会典则例》卷142《理藩院》，见《四库全书》第624册，上海古籍出版社1987年版，第515页。
② 乾隆《钦定大清会典则例》卷140《理藩院》，第436页。
③ 乾隆《钦定大清会典则例》卷142《理藩院》，第515—516页。

山喇嘛和州县行政系统的态度：“五台乃千古灵圣道场，虽目下剌嘛、汉僧无可取处，而香火寺院当留心护持，不可令地方腐儒、有司、无赖、强徒作践。”也就是说，尽管当时州县官府在扩权，五台山寺院系统的独立性还是得到朝廷保护的。觉罗石麟的这份奏折也提到，“五台山每年三、六月间，朝山进香僧俗人众，臣即檄委文武官员前往巡查禁约，以杜骚扰生事。山林周围树木亦经示禁，愚民不得砍伐作践”①。朝廷对维护佛教胜地和保护寺院的立场是毫不含糊的，其实皇帝曾试图向臣民解释其支持黄教的政治立场是出于维护政治统一的考虑。②

雍正年间朝廷对五台山事务的基本态度是保持不同行政系统的平衡，一方面惩办喇嘛的不法行为，在朝山进香、埋葬尸骨等事情上都出台了政策加以规范，将部分权力收归理藩院；另外一方面也在保护五台山寺院不受州县系统势力的侵害，在这方面，山西巡抚扮演了重要的角色。朝廷对五台山事务加强控制的努力，对于地方行政系统之间保持平衡具有重要意义。

二、五台山经费的设立

在清代五台山事务的处理上，山西巡抚的角色举足轻重。山西巡抚的权限不是固定不变的，它经历了一个从明到清逐渐增强的过程。根据《明史·职官志》记载，巡抚一职，起于洪武、永乐朝，明朝的巡抚并非常设机构，“事毕复命，即或停遣”③。明代的宣府、大同、山西是互不隶属的行政区，三个地方各有巡抚。就山西而言，早在宣德五年（1430）已经以侍郎巡抚山西，正统十三年（1448）开始命都御史专抚山西，镇守雁门，其官衔是“巡抚山西地方兼提督雁门等关军务”。天顺、成化间革，后复置。④也就是说，山西巡抚设置不常，有时候兼理军务。正德八年（1513）设宣大总督，嘉靖二十九年（1550）定衔总督宣大山西等处。⑤这样才以总督宣大山西等处的官衔来统辖宣府、大同和山西三个地方。清初沿用明制，清前期的山西

---

① 雍正十一年八月初六《山西巡抚石麟奏覆留心护持香火寺院折》，见中国第一历史档案馆《雍正朝汉文朱批奏折汇编》第 24 册，江苏古籍出版社 1991 年版，第 729 号，第 903 页。

② Patricia Berger, *Empire of Emptiness*, Honolulu: University of Hwai'i Press, 2003, pp.34-36.

③ 《明史》卷 73《职官二》，第 1767—1768 页。

④ 《明史》卷 73《职官二》，第 1777 页。

⑤ 《明史》卷 73《职官二》，第 1773—1774 页。

巡抚虽然治权扩及原来的宣大地区，但"无统辖营伍权，以提督为兼衔"①。雍正十二年（1734），"管理提督事务，通省武弁受节度"②。可以说，直到雍正十二年（1734），山西巡抚才名正言顺地享有本省事务的最高统辖权，他管辖的范围和事权都扩展了。

巡抚职权的增强，使得多元行政系统并存的五台山管辖权逐渐统一于山西巡抚。这种变化通过一件五台山寺院失火的案件展现了出来。上一章提到，姜瓖之乱后，五台山有了固定下来的驻军，这部分驻防军队与隶属州县的巡检司不同，由此山区的治安其实归属军队与州县两套系统。乾隆九年（1744）二月，五台山中台寺院失火，而火厂村乡约的上报分别经过了军队和州县两套系统，最后到达山西巡抚那里。就军队的系统而言，乡约上报台怀镇把总，把总上报北楼营参将，参将上报大同总镇，总镇上报山西巡抚。同时在州县系统，乡约又上报巡检，巡检上报五台知县，知县上报太原府，太原府上报巡抚，而最后由巡抚上奏皇帝。③

康熙六十一年（1722），山西巡抚德音实行耗羡归公的改革，完善了地方政府的财政制度。④五台山寺院的维修被逐渐纳入到省财政之中。笔者所见较早的资料是乾隆十年（1745）的一份档案。该年四月初五，山西巡抚阿里衮和内务府员外郎卓尔代来五台山查看倾圮的五台山寺院和康熙帝的行宫，查看的结果是清凉寺、台麓寺、罗睺寺、白云寺4座行宫，以及东、西、南、北4座台顶寺院需要维修，加上佛像装修等项，预估花费白银12635.9两，皇帝批示"正项不可，可于火耗存公内筹之"。这些花费只包含行宫和台顶寺院，至于其他的僧寺，阿里衮提议由各寺僧人自行维修。根据阿里衮该年十一月的报告，维修工程最后实际花费白银11475.9两，其最主要的支出是"采买物料"和"雇募人工"两项，余下来的1000多两银

---

① 《清史稿》卷116《职官三》，第3336—3337页。

② 《清史稿》卷116《职官三》，第3342页。清前期，虽然山西巡抚兼军务，但其上仍有一个跨省的总督。同书第3339页陕甘总督部分，提到康熙三年以山陕总督兼辖山西，驻西安；康熙十四年，山西单独设置山西总督，原山陕总督则改为陕甘总督；康熙十九年裁撤山西总督，陕甘总督又改为山陕总督。最迟雍正元年的时候，山陕总督已不辖山西。据此推测，此后山西应该再无总督一职。

③ 乾隆九年六月八日山西巡抚阿里衮，《明清档案》第131册，A131—93，第B73837—73844页。

④ 康熙六十一年山西巡抚德音奏折，参考夏艳《山西省耗羡归公起始考》，《理论界》2008年第5期。

子，则用于购买"帐幔、毡帘等项以及佛前供器"。这些都是"据实报销"的，最后又节省下来80余两，则解归藩库，"据实造册报部"。① 这些经费的来源都是山西省耗羡银。使用这笔经费的程序是，山西巡抚在皇帝巡幸之年，临时预估工程的规模与花费的数目，上奏皇帝批准，其使用与结余的情况亦需上报批准。而山西巡抚向户部递交经费使用报告，大概是因为耗羡银两涉及起运户部的问题。从乾隆十年（1745）这次五台山经费的筹措来看，山西省对五台山寺院的赞助尚未常态化与定额化，它只是临时性的措施。

根据乾隆年间山西巡抚编纂的《晋政辑要》记载，乾隆十三年（1748）规定在山西省耗羡银两内，给五台山喇嘛加增俸银840两，由喇嘛自行采买所需物品。② 考虑到雍正以后喇嘛俸银出自五台县地丁银两，由喇嘛自行采买的做法已经成为则例，这条补充耗羡归公的规例，可能只是在五台县耗羡银内再截留一部分，它保证了在耗羡归公以后，五台山喇嘛和其他官僚一样得以增加收入，《晋政辑要》的这一规定使得喇嘛俸银出自五台县的做法进一步制度化。

除了喇嘛俸银之外，寺院维修的经费也进一步制度化。乾隆二十一年（1756）山西巡抚明德在一份奏折中，提出了山西省设立生息银两向五台山寺院提供维修经费的建议：

> 山西巡抚臣明谨奏为敬筹台山之岁修以免倾颓以省大修仰祈圣鉴事，窃照五台山之菩萨顶、殊像寺二处庙工，及五台顶庙宇，于乾隆十二年，荷蒙我皇上特派侍郎臣三和，估需银九千二百余两，交原任归绥道卓尔岱修理完竣。乾隆十五年春，臣在雁平道任内，恭逢圣驾巡幸，因台山高峻，雪大风烈，殿宇墙垣已多欹斜坍损，当经委员修补，仰邀翠华临幸。今臣蒙圣恩补授山西巡抚，计越銮辂幸台之年已

---

① 乾隆十年四月初五《山西巡抚阿里衮为请修理五台山古刹及行宫事奏折》，乾隆十年十一月十三日《山西巡抚阿里衮为五台山行宫工程告竣事奏折》，分别见谢小华辑《乾嘉年间五台山寺庙行宫修缮工程史料（上）》，《历史档案》2001年第3期，第31—32页。

② 乾隆五十四年海宁辑《晋政辑要》卷5《耗羡章程并附案》，见《官箴书集成》第5册，黄山书社1997年，第595页；同书卷6《喇嘛俸银》，第657页。

有六载，窃恐各工不无坍塌，当查代州知州书敏系该管直隶州牧，忻州知州韩桐向曾在五台恭办差务，诸事谙练，随委该员等前往确查去后，兹据该牧等禀称："查得五台顶庙宇墙垣多有坍塌，菩萨顶正殿后墙根脚下陷，菩萨顶、罗睺寺两处行宫俱有渗漏，大螺顶、清凉石两处墙垣亦有闪裂塌陷，以上各工共估需银九百一十六两零，请趁此八月以前天气温和赶修完竣，以免倾颓。"等情，造册呈报前来。臣查台山高耸，天时早寒，九月冰冻即难施工，若俟报部请项，今岁赶修不及，候至来年坍塌更多，且现在估费无几，臣与司道商酌，即在臣等养廉内捐发，饬令上紧购料修补，务于八月内报竣，以省将来靡费。第五台地方环绕皆山，阴翳时发，雨雪常作，是以殿宇墙垣岁有坍损，若随坍随葺，每年所需少则数十金，多亦不过二三百金，所谓事半而功倍；若任其坍颓不治，不惟日久大修所费浩繁，且恐坍塌过甚，风雨飘摇，无以绥安佛座。臣与藩司蒋再四筹画，查司库存有无碍银二项，一系雍正十一年因应州等处民欠难征，奉旨于前任抚藩养廉内扣银一万两补项，嗣奉恩旨赦免，所存之银除拨修五台道路动用外，尚存银五千二百五十两；一系康熙、雍正年间各官自顾考成，代完民欠银一万五千七百余两，嗣经题请豁免，所存之银除采买社谷动用外，尚存银八千九百余两。以上二共银一万四千二百四十五两零，均系历久无所需用之款，应请将前项银两发商一分生息，每年可得息银一千余两，以为五台各行宫庙宇岁修之用。再查各省俱稍有生息及无碍之闲款，以为地方公用，晋省因并无闲款，其会城坛庙祠宇及省城内外满汉堆房救火器具，一切事务，俱系藩司首县捐资办理，因前后更换，未能按时葺治，以致多有损坏，不能修补整齐。今此项息银，除岁修五台行宫庙宇外，尚有余剩，合无仰恳皇上天恩，俯准存贮司库，遇有地方一切公事，令藩司查明详请动用，臣务期核实批准办理，庶五台庙宇不致日久损坏多费，而省会一切亦具整齐严肃矣。臣愚昧之见是否有当，伏乞皇上睿鉴训示遵行，谨奏。乾隆二十一年八月初四日奏，本月十七日奉到朱批："照此办理可也，钦此。"①

---

① 乾隆《晋政辑要》卷 5《台山经费并附案》，第 617—623 页。

　　乾隆二十一年（1756）设立的五台山生息银两的最初两个资金来源，一个是扣发前任山西巡抚的养廉银；另一个是康雍年间扣发的各官代完的"民欠银"。地方官能够代完这些银两，应该就是养廉银推行后官员的正式收入和办公经费增加的结果。而此五台山经费之设立，使得五台山寺院和行宫等处的维修不必等到皇帝巡幸之年，而是每年都可以向山西省政府申请。

　　在巡抚明德提出的这个建议中，此项生息银两一部分用于省会太原的"地方一切公事"，另外一部分用于"岁修五台行宫庙宇"。明德并没有指出哪些寺院属于官方赞助范围内的庙宇。奏折里提到的已经维修的庙宇，除了行宫、五座台顶的寺院、菩萨顶之外，还有大螺顶、清凉石、殊像寺等一般的寺院，据此推测此项生息银两所运用的范围应该是所有五台山寺院，也就是说五台山的寺院可以获得更稳定和持续的政府资金投入。

　　在将这笔资金用于寺院的时候，皇帝和山西巡抚并非毫无保留。生息银两成立两年后，乾隆二十三年（1758）显通寺大火，延烧房屋 70 余间，山西巡抚塔永宁一方面令地方官和寺僧商议办理，另外一方面向皇帝上奏，根据皇帝的批示，要求寺僧"自行如式修造，地方官仍应督率稽查，倘僧力果不足，酌拨该省公项银两以为资助"。根据塔永宁的回奏，寺院重修的经费来源将会分为几部分，木料则直接在"本处各寺官山砍伐"；另外，寺僧资产有 3000 多两白银，这里面并不包括寺院的香火地亩；然后就是生息银，"查有前抚臣明德奏准动支司库闲款生息，以为岁修台山工程之用，每年可得息银一千七百余两。应请俟寺工兴举后，察看僧力果不能继，随时酌量动拨台山岁修生息银两，以助工程之用"①。在皇帝批示的这个重修计划中，"地方官"扮演了督查的角色，在寺院重修需要资金的情形之下，掌握维修基金的巡抚和负责督查的地方官，对寺院应该有较大影响。

　　两年后，至少又有一笔资金注入该生息银两内。根据山西巡抚鄂弼奏称，乾隆二十五年（1760）河东盐臣萨哈岱称，河东盐商刘公朴、范天锡知道第二年皇帝要陪伴皇太后銮舆来五台，捐输银 3000 两，充五台使费。②

<hr>

　　① 乾隆二十四年《山西巡抚塔永宁为查明五台山显通寺被火毁损情形及办理兴修事奏折》，见《乾嘉年间五台山寺庙行宫修缮工程史料（上）》，《历史档案》2001 年第 3 期，第 34—35 页。

　　② 乾隆二十五年十二月十五日《山西巡抚鄂弼为众商捐输银两以充皇上临幸五台山经费事奏折》，见《乾嘉年间五台山寺庙行宫修缮工程史料（上）》，第 35—36 页。

这笔钱的大部分，除了用于维修长城岭至菩萨顶以及台顶和沿途的庙宇 30 余处外，剩下的 4000 余两，"一并交商营运行，以一分交息，每年所有息银同前案生息，均为台山岁修工程及省会公用之费"①。这笔生息银两到了嘉庆二年（1797）的时候，已经积存息银 6 万余两。②乾隆以后的寺院修建，多次动用过这笔生息银两的利息。

除了山西省生息银两之外，乾隆年间还有一部分非经常性的经费来自商人捐献。比如前述乾隆二十五年（1760）山西盐商的捐款即是一例。另外则有乾隆四十六年（1781）巡幸五台山，赏银 5 万两，作为修葺行宫之用。③乾隆五十一年（1786），"谕伊桑阿奏'河东商人呈称现在恭逢巡幸五台，情殷报效，愿备赏银二十万两，稍抒忱悃'一折，该商等情词恳切，姑允所请。昨面询伊桑阿，据称晋省办理五台差务，所有桥梁及粘补行宫、座落等项，向来例无开销，自抚臣以下至于知府，共捐银八万两等语。"最后乾隆皇帝命令于此 20 万两内，赏 8 万两作五台山经费，另外"以一万两交章嘉呼图克图，分赏五台各庙喇嘛，以为熬茶念经之用"，同时用于皇帝巡幸的山西办差银 1 万两、河北办差银 7000 两亦出于这笔捐献的银两。④这些捐款的支配也由山西巡抚负责。

可见，到乾隆中叶为止，地方政府供应五台山的常额经费共有两笔，一笔是菩萨顶、台麓寺喇嘛的俸银和生活费，这笔经费在顺治末年大喇嘛成立时即已经由五台县支付，乾隆十三年（1748）又从山西省耗羡银中另外增加了一部分；另外一笔是乾隆二十一年（1756）基于山西省耗羡银和商捐银而成立的生息基金，主要用于五台山寺院每年的维修。这两笔经费的成立，使得五台山寺院的部分开销被逐渐纳入县和省的预算之内，其中山西省政府的重要性在增加。由于耗羡银的出现和五台山经费的设立，使得山西省得以掌握更多的资源，在五台山事务中，巡抚的影响力在增强。

应该注意的是，这种权力格局的形成，还有一个更大的背景，即朝廷

---

① 乾隆二十六年七月十二日《山西巡抚鄂弼为报五台山岁修工程及动用余剩商捐息银事奏折》，见《乾嘉年间五台山寺庙行宫修缮工程史料（上）》，第 36 页。

② 嘉庆二年闰六月《山西巡抚蒋兆奎为请修葺五台山庙宇事奏折》，见《乾嘉年间五台山寺庙行宫修缮工程史料（上）》，《历史档案》，第 37—38 页。

③ 乾隆《晋政辑要》卷 5《台山经费并附案》，第 618 页。

④ 光绪《五台新志》卷首《巡幸》，第 17 页。

由于其治国策略的考虑，刻意扶植五台山喇嘛寺院。如果没有皇帝的巡幸，山西巡抚就不必筹款大兴土木，也不必成立五台山经费，专门用于寺院平时的维修。从这个角度考虑，山西巡抚其实是朝廷治国策略的执行者。从行政系统的安排来讲，五台山的驻军、五台县官府，都是直接听命于山西巡抚。巡抚的各项护持五台山胜地的措施，皆是其下级官府尤其是五台县官府执行；五台县参与具体施行这些政策，一定程度上增强了知县在五台山的权威。下节将探讨乾隆中后期知县权威增强的过程，以及这一过程给五台山社会尤其是五台山寺院的控产带来的变化。

第二节　寺院控产中的权威结构

一、清代的官山与寺院山场

清代五台山官山政策出台的背景与明朝不太一样，明朝主要是出于边防的考虑，而清代更多与皇帝的巡幸及佛教胜地的维护密切联系起来。康熙二十二年（1683），皇帝驾幸中台，"特旨面谕大喇嘛、各寺住持并地方官员，禁止不许砍伐山厂，各要栽培树木，壮丽名山风水"①。但是当时五台山正处于大兴土木的时期，必然需要大量木材，比如康熙二十二年（1683）之后，朝廷先后敕建了台麓寺等寺院；同时，由于皇帝巡幸，五台山内又另外兴建了三处行宫（台麓寺行宫、白云寺行宫与菩萨顶行宫）；除此之外，各个寺院自己也有很多修建工程。这些大规模工程所耗费的木材多取材于本山，比如康熙皇帝发表谈话的第二年（1684），就有三个喇嘛在五台山"刘草伐木"，建立庵院一所。②康熙皇帝虽然有谕旨禁止砍伐树木，但是这个谕旨相当的宽泛，没有具体的实施范围和措施，也没有证据表明这个禁令曾被严格执行过。

在康熙的这个面谕中，大喇嘛、各寺住持和地方官都是接受命令的人员，但没有资料表明他们之间怎样分配山场的管理权力。不过，最迟到雍正

---

① 康熙《清凉山新志》卷 3《崇建》，第 162 页。
② 雍正十二年戴璠《重修三泉寺碑记》，见《五台山碑文选注》，第 365—366 页。

年间，巡抚的角色开始突出。上文提到雍正十一年（1733）山西巡抚觉罗石麟奏"饭僧道万众圆满"的奏折，其中提到"五台山每年三、六月间，朝山进香僧俗人众，臣即檄委文武官员前往巡查禁约，以杜骚扰生事。山林周围树木亦经示禁，愚民不得砍伐作践"①。这个时候已经很明显是山西巡抚负起保护山场的责任了。乾隆二十三年（1758）显通寺火灾之后的重修，根据巡抚塔永宁提出的建议，其所需木料即在"本处各寺官山砍伐"②。这也是目前所见清代最早提到"官山"一词的资料，看来官山的砍伐和维修寺院的拨款一样，都是需要特别批准的，批准的权力在巡抚手中。

　　乾隆三十年（1765），山西巡抚彰宝在视察大同镇军队的途中，路过五台山，调查了山区的林木：

　　　　臣查五台山为名胜要地，四面广袤，台嶂宽广，出□全赖树木森茂，以为萨庇其中。旧有树□，系蓄养多年，更宜防守保护，不容作践私砍。臣遍加察勘，见现在之此山树木不甚丛密，如不查明严禁，恐有藉公取用及寺僧、民人偷伐之事，必致日渐稀少。臣现在委员，将此山现存大小树木点验，逐一造册存案，一面饬令汛守员弁勤加防护，并严禁不许私行砍伐，仍议于春夏之候，相度山土所宜，随时补种，冀与山场有益。③

　　从彰宝提议保护林木的语气来看，乾隆三十年（1765）之前应该没有具体施行禁止树木砍伐的措施，他甚至没有引用康熙年间皇帝的那个"面谕"。彰宝指出当时树木已经不茂盛了，并暗示当时"有借公取用及寺僧、民人偷伐之事"，也就是说在没有明确的禁山令的情况之下，有很多种办法可以砍伐木材。山西巡抚彰宝加强山场管理的措施，一是责令防汛的官兵加以防护，二是派遣官员把所有树木登记在册。由于他没有指出派遣的官员是

---

　　①　雍正十一年八月初六山西巡抚石麟《山西巡抚石麟奏覆留心护持香火寺院折》，见《雍正朝汉文朱批奏折汇编》第24册，第729号，第903—904页。

　　②　乾隆二十四年《山西巡抚塔永宁为查明五台山显通寺被火毁损情形及办理兴修事奏折》，见《乾嘉年间五台山寺庙行宫修缮工程史料（上）》，第34—35页。

　　③　乾隆三十年十月初六山西巡抚彰宝《奏为查阅大同镇属营伍并得雨情形及五台山工程事》，一档馆档号：03-0464-007。

否是五台知县，我们难以确定在这个保护林木的计划中五台知县的角色。

当时的五台知县甚至在其境内其他山场的保护上也无所作为。根据彰宝自述，他从五台山回到五台县城时，有生员朱翠光告发西台之下堡子山禁山遭人砍伐之事。根据朱翠光的报告，堡子山原本有松树 3285 株，乾隆二十四年（1759）被"附近村人郑鹏飞等冒称山主"，砍伐 40 多株修庙，后来经过"告官"，立碑禁止砍伐。二十九年（1764）又有村民毁碑砍树，代州知州方礼泰批州判查勘，但最终并未勘究。朱翠光所言该山树木的数字非常精确，这种情况表明此山的树木已经在官府有登记，这座堡子山应该也是官山。彰宝采取的措施，不过是把责任推给执法不力的五台县知县柴某，另委干员代理其职务。① 巡抚彰宝的报告显示，五台县知县其实并没有特别的权力。

第二年（1766），彰宝在登记林木的基础上，施行了比较具体的计划。此事见于乾隆四十年（1775）山西巡抚巴延三上奏五台山伐木问题的报告，报告提到乾隆三十一年（1766）"前任抚臣彰宝于御道两旁、行宫左右，凡成林之树，始行饬属，禁止砍伐，以壮观瞻"②。也就是说，直到这一年，五台山禁止砍伐的范围才明确起来，即御道两旁和行宫左右。五台山确立了"官山"的制度，这个范围内的树木为官木，禁止砍伐。彰宝的这个禁令同样没有明确执法的权力在哪个机构。

彰宝的官山政策出台后，私人的山场占有也受到影响。乾隆四十年（1775）发生了另外一宗五台山寺院砍伐私树被人告诘之事。根据当年山西巡抚巴延三的报告，当时五台县"民人"郑开昌控告"罗树庙僧人贿赂左三，私伐官小树木"，材料没有提到郑开昌是到哪个衙门控告，不过可以确定的是，案件最后到达了山西巡抚巴延三那里，巴延三于是派遣郎中隆武和臬司农起，前往罗树庙（又叫"婆罗树庙"）查勘。勘察的结果，罗树庙砍伐的树木原来是"该庙僧人契买□姓地内之树，报官砍伐，并用□无贿嘱情事"。他判断因为彰宝有禁止砍伐之令，所以"愚民见有报官砍伐私树"的

---

① 乾隆三十年十月初六山西巡抚彰宝《奏为查阅大同镇属营伍并得雨情形及五台山工程事》，一档馆档号：03-0464-007。

② 乾隆四十年十月四日山西巡抚巴延三《奏报请将五台山各处山场查明立界一切树木变通砍放事》，一档馆档号：03-0827-030。

命令，"借端挟制"。这项指控表示：即便砍伐私人的树木，也需报官批准，否则是不允许的，除非进行贿赂。巴延三的报告提到派员勘察的罗树庙的山场情况：

> 今婆罗树庙契买山场树株，俱系灰松，至大者经九寸，小木□三寸不等，约有万余株。查其所砍树根新旧不一，询之僧，缘去岁只砍三百余株，但经本县查明，其余旧所砍，亦有从前砍伐修庙者，亦有被不肖之徒乘间偷砍□，以去年砍树时，呈请本县出示严禁在案。①

罗树庙契买的山场是从私人那里购置的，有契约，这部分山场可以自由买卖。但是寺院私有的山场仍然是不完整的，这份报告提到当时的政策是："不但官山不许私纵斧斤，即民间附近山场□□树株必报明地方官，□砍伐。"也就是说，寺院砍伐自己的山场，也需要先在地方官那里登记。上述引文中说，罗树庙上一年砍树的时候，知县曾经派人来查，并发出告示，禁止私砍。知县的权威通过调查和出示禁令的方式来展现。在罗树庙案件中，知县奉巡抚之命调查，由巡抚出示禁约，确定"官山界址"，并向皇帝请旨。

虽然巴延三列出了朝廷的禁令和州县官府的登记措施，但是他的主张，不仅不是更加厉行山林之禁，反而是主张合理之砍伐开采。巴延三提出，如果一概禁止砍伐，则不但百姓修建房屋、寺院维修甚至每年进香的蒙古香客的烧柴都成问题，因此他向皇帝提议允许有条件的砍伐林木：

> 请将五台山各处山场并无业主实系□□，饬令该县逐细查明，立定界限，并名胜所关一切树株，□□私行砍伐。其僧俗人等自置山场，界址分明者，如遇修台□□的，令呈明地方官，核定大小材料数目，相其疏密，量材取用。□概行严禁，亦不得□砍大材，致□荒落。至进香蒙古人等□□烧柴，只须枯枝□干，准其与民山树木一同采用，

---

① 乾隆四十年十月四日山西巡抚巴延三《奏报请将五台山各处山场查明立界一切树木变通砍放事》，一档馆档号：03-0827-030。这个奏折是军机处录副奏折，文字较潦草，凡此奏折中出现的"□"符号，皆是笔者不能辨识的字。

仍饬令该县出示晓谕，俾知遵守。①

皇帝朱批："好，知道了。"此一建议的目的，虽然在于重新界定官山与私人山场的界线，但是建议中的官山包括没有"业主"的山场以及"名胜所关一切树株"，这个界定非常模糊，可以有比较自由的解释，比如没有"业主"是否等于没有在官府登记，哪些地方是"名胜所关"等等，它甚至比10年前彰宝的官山界定还要模糊。巴延三建议的重点，在于保障"民人"、"进香蒙古人"的利益，民山的砍伐政策有所放宽。

乾隆四十年（1775）巡抚巴延三的这份报告，已经没有乾隆三十年（1765）报告中提到的驻防军看守林木的字样，与此同时，知县仍然被赋予广泛的权力，包括山场登记，批准僧俗人等在自置山场的砍伐，核定大小材料，出示告示等。实际上，知县的权威并不仅仅体现在对五台山山场的监管，它在山区的土地和赋役等问题上也有表现。

二、寺院控产的方式——普乐院的例子

朝廷和山西省虽然在某些方面对寺院在山区的经济活动加以限制，但是它们对于寺院庄田仍然是给予保护的。上文提到，乾隆二十三年（1758）显通寺大火之后，在巡抚塔永宁提出的各种筹资维修计划中，虽然也提到寺院的庄田，但是他却没有主张寺院应该将其出售。②清中叶的时候，寺院积累了越来越多的财富，寺院买田置地的资料明显增加。在这方面，最显著的一个例子是普乐院，这座寺院是乾隆皇帝为一位他十分重用的活佛三世章嘉呼图克图所建。乾隆四十六年（1781）普乐院建成时所立的一通碑，记录了该寺历年买田的情况：

> 始也，（乾隆帝）暂憩菩萨顶及碧山寺，既于金刚窟之后山，相度形势，建立佛殿，并营屋数椽栖止焉。又以内外汉番僧徒来此，率多

---

① 乾隆四十年十月四日山西巡抚巴延三《奏报请将五台山各处山场查明立界一切树木变通砍放事》，一档馆档号：03-0827-030。

② 乾隆二十四年《山西巡抚塔永宁为查明五台山显通寺被火毁损情形及办理兴修事奏折》，见《乾嘉年间五台山寺庙行宫修缮工程史料（上）》，第34—35页。

年老禅修，且相随恭诵皇经者众，复休整五郎庙为住居所。乾隆四十年竣工落成，先蒙御笔颁赐"普乐院"寺额。四十六年春，驾幸台山，亲幸普乐院，复赐御笔额联，赏银一万两。僧众以工竣，请勒石记岁月，爰恭志皇恩之优隆，并备述山寺之始末，以为记。

乾隆四十六年岁次辛丑六月望日

灌顶普善广慈大国师撰

香火斋粮庄产开后：

一、乾隆三十二年四月，普乐院庙工未竣，用金刚窟寺名，置繁峙县冶占（口）庄产一十七顷八十五亩，并房屋、树株、碾磨、塘、井等项，共价银一千五十两。四至拔粮载契。

一、乾隆三十二年四月，普乐院庙工未竣，用金刚窟寺名，置繁峙县孙家庄地六顷六十九亩，并园地、房屋等项，共价银四百两。四至拔粮载契。

一、乾隆三十二年七月，普乐院庙工未竣，碧山寺僧用金刚窟寺名，推舍五郎庙一座，济银五百两。四至载约。

一、乾隆三十二年八月，碧山寺僧推舍五郎庙前后香火地亩并金刚窟屋地一亩七分，原典价银一百三十两。四至载约。

一、乾隆三十三年十月，普乐院庙工未竣，栖贤寺僧用金刚窟寺名推舍地藏庵一座，护寺地一顷，又契买崖头冯聚屋地八分。四至拔粮载契。

一、乾隆三十五年十月，普乐院庙工未竣，用金刚窟寺名，置李家庄坪地五顷九十亩五分，坡地六顷零七亩，楼房、角屋、场院等项，价银一千六百两。四至拔粮载契。

一、乾隆三十八年六月，置三贤庙苇地坪、楼儿底山庄二处，并山场、静屋等项，共价银八百五十两。四至拔粮载契。

一、乾隆三十八年二月，三贤庙僧推舍洪庆寺庙宇一座并香火地三十一亩七分。四至载约。

一、乾隆四十六年六月，用恩赏银两，置日照寺庄产二十一股，共价银九百两。四至拔粮载契。

一、乾隆四十六年六月，用恩赏银两，置日照寺庄房五十八间，并楼房、屋基等项，共价银四百两。四至载契。①

这块碑记的作者广慈大国师，就是三世章嘉呼图克图，是乾隆皇帝非常信任的助手。② 在普乐院未建成之前，章嘉活佛已经通过金刚窟的名义替普乐院买田置地了，除了购买繁峙县民地以外，还有五台山的其他寺庙，其中包括碧山寺出售的五郎庙、栖贤寺出售的地藏庵等。乾隆三十八年（1773）后，章嘉呼图克图开始正式以"普乐院"的名义买田，主要是购买了三贤庙和日照寺的庄产。普乐院之所以能够迅速大量地购买土地，至少一部分资本是来自皇帝赐予的大量银两。

普乐院增置寺产的过程，为我们提供了审视乾隆中期黄教寺院控产方式的宝贵资料。普乐院最先置买的两段土地，分别在繁峙县冶口和孙家庄，共 24 顷余。其中冶口的一块也是该寺庄田有数字记录的最大一块，有 17 顷多。这块庄田除了房子树木之外，还有碾磨等可用作商业用途的设备，以及塘、井等水利灌溉设施。普乐院购置的这块土地，向州县官府缴纳的额粮同样是过拨到寺院名下的。其实这时候置买的无论是繁峙县的土地，还是五台山寺院的土地，大部分皆有"四至拔粮载契"这样的字样。由此可知，五台山内外的各类土地很多已经在州县官府有登记了。

这份记录也展示了另外一种登记方式。比如乾隆三十二年（1767）碧山寺推舍的五郎庙、五郎庙香火地、金刚窟屋地；乾隆三十八年（1773）三贤庙推舍的洪庆寺庙宇和香火地，乾隆四十六年（1781）购置的日照寺的庄房。这几处都是只有"四至载约"或"四至载契"，而没有提到任何税粮。乾隆三十八（1773）另外一次购置的三贤庙苇地坪、楼儿底山庄二处，虽然有四至范围，也需要过割税粮，但是不言其具体顷亩，显然是整个山庄转手。这几次出售山庄的，都是五台山的其他寺院，寺院的位置也位于山区，显示山区的土地占有方式，整体买卖的"山庄"是重要形式之一，山庄的特点之一是它的土地计量方式，不是按照顷亩来算，而是把全庄作为一个单位。

---

① 乾隆四十六年灌顶普善广慈大国师《普乐院碑记》，见《五台山碑文选注》，第 375—377 页。

② Wang Xiangyun, The Qing Court's Tibet Connection: Lcang skya Rl Pa'i rdo rje and the Qianlong Emperor, *Harvard Journal of Asiatic Studies*, Vol.60, No.1 (2000), pp.125-163.

从普乐院置产的行为来看，清代已经很难看到明代的赐田行为，普乐院虽然是皇帝出钱修建，但寺院仍然没有用敕赐的字样。在土地的控制方式上，即便是普乐院这样的黄教寺院也需要订立契约、过割税粮等等，并不能宣称免税。这一点与民间的土地买卖习惯是一样的，与其他地方寺院的控产方式并无不同。这一特点只可能是在山区土地登记比较普遍的情况下才会出现。

三、知县介入寺院事务

除了山场的管理、寺院土地的登记之外，乾隆后期，知县在寺院其他经济事务中的角色也越来越重要，比较典型的是五台知县王秉韬和屠珂的事迹。王秉韬于乾隆四十一年（1776）出任五台县知县，第二年（1777）他为了筹资创建崇实书院，成立同善会倡捐，结果，五台县的官员、士绅以及城乡各地共捐款4163两。其中除了书院维修和支付教师薪水之外，余下4000余两分发80家商号生息，每年获得息银约600两。息银的一部分用于书院开销，一部分为"孝子节妇，鳏寡孤独"的口粮，余下的每年购置庄田，以田租在各乡设立义学。① 捐资生息的施行，使得五台县知县能够在正项银和耗羡银之外筹措到更多的资金，从而推行很多原本不可能的"德政"，使得知县的权威大增，而这种行政的办法也扩展到了五台山。

上文在梳理五台山经费的时候，探讨了山西省设立生息银两后，省政府对五台山寺院的赞助得以制度化。乾隆四十二年（1777）五台县生息银的成立，使得县财政也经历了这一过程，这个变化的影响也及于五台山。乾隆五十一年（1786），署代州知州王秉韬因公住在显通寺，显通寺都纲请他写篇碑记，因为显通寺曾经把两块土地典当给殊像寺的通存和尚，现在通存将土地立约舍回显通寺，为此显通寺都纲请王秉韬写篇碑记，赞扬通存和尚的义举。王秉韬在碑文中自述道，在五台县捐资生息的当年（1777），"余悯台怀六里承交蘑菇之累，创议捐资生息，设官殿经理之。维时慧中和尚独力捐助五千金，凡两阅月而事成，曾赠以诗，并载之石"②。慧中即殊像寺住持通

---

① 乾隆四十二年王秉韬《同善会碑》，见光绪《五台新志》卷1《治所》，第46—47页。
② 乾隆五十一年王秉韬《永垂不朽》碑，见《五台山碑文选注》，第378页。

存和尚。改革的结果，是由负责捐资生息的"官殿"代替台怀六里交纳。捐助了数千两白银作为生息银两的僧人慧中，与王秉韬保持了密切的关系，王秉韬自称与慧中为多年的"方外交"。

关于知县在当时五台山商业活动中的角色，资料比较缺乏。五台山台怀镇并不在五台县同善会的计划之内，也没有资料提到这个市镇的管理权和税收的情况，仅有一条资料提到王秉韬曾在台怀等地设立买卖街。约乾隆四十八年（1783）稍后，王秉韬先后改任榆次县知县和署代州知州。[①] 乾隆五十年（1785）冬，由于皇帝即将于第二年初西巡五台山，晋抚伊桑阿"经行知五台县预为购办（草料），并令代州知州于台麓、白云寺、台怀三处各设立买卖街，招集商民铺户平价售卖"[②]。这次与以前办理草料的区别是在知县采买之外，还在五台山设立买卖街，根据伊桑阿的报告，买卖的主要物品是草料，但实际上也会有其他物品。如果考虑到王秉韬以捐资生息的方式支付五台山寺院蘑菇银的计划，那么参与捐资计划的僧人通存在地方商业资本中很可能也扮演了一定角色。

五台知县王秉韬解决了台怀六里缴纳蘑菇银，他的继任者屠珂也参与处理了五台山金阁寺的寺产问题。乾隆五十七年（1792）屠珂亲自撰写碑文，记录了事情的经过：

> 台山古刹以百数，概无如此寺（金阁寺）之壮且丽者。寺产本饶，历经匪僧败荡一空。余宰是邑，来山参礼，窃忖夫庙貌如是其尊崇，而香火缺如，钟鼓不设，为低徊者久之。嗣廉得其故，檄都纲司将前僧驱逐，而令清凉石衲僧满洞等兼摄其事。僧人请曰："寺之产尽质于菩萨顶常住内，计值六百四十金文，前僧贷五百余金。僧今住持斯寺，无以偿素逋，奈何！"余踌躇，尚未有以处此。阅数月，僧人复白余，菩萨顶掌印喇嘛扎萨克发慈悲，谓青黄衣僧共一家，胡忍自相兼并歧视而不一援手！爰饬典器大众等议将所质地租止收其半，而岁扣余租。

<hr/>

① 光绪《五台新志》卷 3《名宦》，第 88—89 页提到他于乾隆四十一年任，又前引王秉韬《永垂不朽》碑提到他任五台知县共 8 年，因此署知州应该在乾隆四十八年之后。

② 乾隆五十一年伊桑阿《奏为此次草料均按前几届章程办理，惟五台偏灾雨雪载道接济迟滞请交部察议事》，一档馆档案号：04-01-01-0420-011。

以债所负，不权子母，计数年素逋可除，再数年质产亦得归寺。呜呼，斯寺之不废，伊谁之力与！扎萨克可谓仁心为质者，余迁秩闽中不获，稍晋岁月，经理其事，而深佩扎萨克所见者大，不苟于逐利，且喜古刹之有待以兴，将不致终沦于颓败也。爰为之记。

　　赐进士出身承德郎升任福建延平府分府知五台事屠珂撰

　　五台山都纲二司　恒庆、脱成

　　诸山十大寺：显通海名、塔院绪院、圆照德福、广宗达喜、碧山源成、栖贤鉴微、白云清敷、竹林通念、万缘庵绪直、狮子窝满通、佛光寺圆禅、大明烟来宝、古清凉行宝

　　台怀镇铺户：张孝忠、刘怀德、张恺、陈国桢。台邑韩锡章谨书

　　四至：东至西沟坡，西至清凉石岭分水为界，西南至□烟敦分水为界，北至黄围璐分水为界，东南至阿长梁底水心为界，东北至石佛堂为界，南至北静室下水心为界。

　　崞邑石作王守德

　　住持戒纳僧满洞、满霔、满□、满洪等仝立。①

　　五台知县屠珂居然可以通过僧纲司介入金阁寺的人事安排，题名的都纲恒庆就是上文提到在显通寺接待前任知县王秉韬的僧人。虽然僧纲司是府级的行政机构，与州县互不统辖，但是乾隆末年的这个案件可以看出，知县屠珂介入了五台山寺院之间的事务。当然，参与这一事务的还有另外一群人即题名的五台山铺户，这件事情和上文提到的台怀六里蘑菇银的事情表明商人已经介入五台山寺院的赋役问题和寺产的处理问题，铺户的角色增强显然是地方商业发展的结果。

　　这通碑也表明知县权威仍然有其界限，寺院的重修和土地的确认仍然有"十大寺"住持的题名，实际上列名的寺院数量不止 10 个，因此"十大寺"可能已经成为一个惯称了。从寺院的名单看，它们属于青庙的系统。虽然青黄二种寺院之间经济交涉不少，黄庙购买青庙寺产的情况亦十分常见，

————————

①　乾隆五十七年仲夏重修碑，无标题，碑存今金阁寺，碑文参考悲明辑《金阁寺碑文》，《五台山研究》1997 年第 3 期。

但就本碑题名来看，在制度安排上，二者刻意要分别泾渭。这通碑的题名仅限于所谓青庙的"十大寺"以及僧纲司，知县屠珂能够通过僧纲司驱逐"匪僧"介入青庙的事务，但是对于典当给菩萨顶的寺产却无能为力。本案之解决，其实部分在于扎萨克大喇嘛给了知县屠珂很大的情面，而屠珂对扎萨克大喇嘛也是极尽赞美之词。换言之，尽管知县参与了五台山寺院的事务，但他参与的程度仍然有其局限性，其中重要的原因是五台山大喇嘛代表着不同的行政系统。

第三节　知县的故事——史实与心态

知县与大喇嘛此消彼长的影响力反映在地方社会心态中，其中一个表现是为民请命的知县故事流传了下来。这几则故事，都见于光绪《五台新志》。光绪县志的底本是官至福建巡抚的徐继畬（1795—1873）所撰的三卷本，徐氏写作本书在同治四年（1865），该书于光绪十年（1884）增订并刻印。① 从光绪县志叙事的详细程度来看，它们应该是徐继畬结合其阅读、见闻和采访所得，因此它们一方面反映了历史事实，另一方面反映了晚清地方社会的一种集体心态。

这几则故事讲述了雍正、乾隆年间知县的事迹，其中一则是雍正初知县陆长华惩办喇嘛的故事，其内容就比乾隆《代州志》丰富很多。该记载确切的原始资料来源不详，其末尾言"事隔百余年，父老犹能详言之"，可知此事后来被载入方志，部分资料应该是来自对"父老"的采访。根据光绪县志的记载，该事件的大致情形是：

> 大喇嘛住五台山菩萨顶，黄衣僧恒千余人。内外蒙古进香者，每岁四月至十月，络绎不绝，檀施云集。喇嘛饲马之草豆，所用之米麦茶油，向系从地粮内拨给银一千二百两，令喇嘛自行买用。后县令借采买之名，悉数科派民间，不给喇嘛银，亦不发价。民间供应喇嘛，每岁需五六千金，大喇嘛司事之僧，乘势横索，合县疾首蹙额，恒不

---

① 方闻：《清徐松龛先生继畬年谱》，（台）商务印书馆1981年版，第270—271页。

聊生，如是者历有年所。长华抵任，欲治之，因其势力浩大，未敢轻
动。县人有董姓者，久住五台山，长华密令刺探喇嘛不法事，尽得其
颠末。适县人郑嶕官检讨，应诏言事，备陈喇嘛采买扰民状，奉旨查
办。大喇嘛之司事者，首曰典器，操重权，有琐呐木元旦者，尤横
恣。佃户杜青云之妻王氏有殊色，元旦觇青云外出，令其徒萨木拉
守门，突入犯王氏，王氏怒喊，持刀格拒，元旦惊遁，青云归，泣
诉，遂投缳死。董姓引青云诉于县，长华故善拳勇，突起手缚之，元
旦谩骂："必砍尔头"，长华诣验王氏尸，捕得萨木拉证之，元旦犹不
承应，加以刑夹，乃吐实，置之狱，即通详并胪列其采买扰民状。晋
抚入奏，置元旦于法，王氏随案旌表。得旨："每岁于地粮中拨给喇嘛
银一千二百两，一切自行买用，民间采买之弊，永远革除。"喇嘛由是
敛迹，合县出水火，喜若更生，立生祠以祀之，生子或以陆命名。在
任未一年，调补河津县，士民卧辙攀辕，如失慈母，至今事隔百余年，
父老犹能详言之。①

　　这个故事本来的主旨是讲述如何改变一项不合理的赋税负担，在论述
的过程中被加入了"贤知县"与"恶喇嘛"的斗争故事，表明人们对赋税改
革的理解不仅仅限于赋税，还包括如何对待喇嘛与知县两套系统的层面。这
个故事包含的两个小故事有个共同的指向，即如何摆脱大喇嘛的势力。新
任知县陆长华对于权势烜赫的喇嘛，不敢正面冲突，于是派了个间谍董姓
搜集证据。他在审讯并拘捕喇嘛琐呐木元旦时，曾被威胁"必砍尔头"。
在人们的理解中，知县陆长华敢于冒犯喇嘛，是因为他有行政上的支持者，
一方面县人郑嶕在朝为官，已经上奏喇嘛不法事，奉有圣旨；另一方面，山
西巡抚显然也站在知县一边，知县审讯的结果最后是通过巡抚上奏给皇帝
的。也就是说，州县长官在获得更高层级的官僚支持下，才可能和喇嘛势力
较量。

　　值得注意的是，在知县与喇嘛较量的故事中，除了喇嘛佃户杜青云之
外，另外新增加了两个人物：一位是长住五台山的县人董某，是他引导杜青

---

① 光绪《五台新志》卷3《名宦》，第86—87页。

云到知县那里投诉的；另一位是在朝廷做官并上疏言事的县人郑嶑。实际上，加上这两个人物，才使得"县人"反抗喇嘛的斗争更加起伏跌宕。实际上酱坊村人郑嶑的奏疏曝露了一些细节。郑嶑是康熙五十七年（1718）进士，官庶吉士，大喇嘛事件就发生在他任此职期间①。在这个故事中，雍正皇帝即位后，"下诏求言"，郑嶑于是上奏陈情，历数"台山喇嘛之累"，县志详细记录了据说是郑嶑的"封事"内容。郑嶑不仅在赋税改革上与五台知县陆长华在北京、五台相互呼应，在搜集喇嘛犯罪资料方面，他与五台知县之间也有密切的合作。其传记提到他奏五台山不法喇嘛的事，"疏入。奉旨查办"。而在陆长华逮捕喇嘛之后，"嶑因略奏，奉有查办之旨，备陈喇嘛科派横索扰民情形，得旨，实琐呐木元旦于法"②。在郑嶑的传记中，查办喇嘛是他奉旨所为，知县陆长华变成了他的帮手。也就是说，"县人"在扳倒不法喇嘛的故事中起到了关键作用，他们对不同的行政系统作出了选择。

另一件维护五台县人利益的故事主角是五台知县王秉韬。光绪《五台新志》讲到，乾隆中官府修复五台山寺院，动用大量的民夫。王秉韬去五台山的时候，发现沿路的民夫抬着木材去工地，就问他们的雇价是多少，民夫告诉他"道台饬乡保所拨，不给值也"。王秉韬就说"拨夫，知县事，道台焉肯越俎"，于是找到雁平道要求给民夫雇价。为了帮县人争取到一些利益，王秉韬坚持自己的权力不可被僭越。这样一个王秉韬的形象显然比历史实际中的要强势。③

不仅如此，故事假借王秉韬向雁平道缪其常说："大工不能不用土，然他处之土取诸地，用之不竭，台山有石无土，民以石块砌为池，俟山水发，稍稍淤数岁乃成田，土盈一尺，即称良田，均已升科，非官荒也。遇大水则冲刷无寸土，再砌石淤之，乃复成田。艰苦甚矣。职从县来，见官工取土，田主在道旁啜泣，其情可悯，乞与修复费，使之再淤成田。"缪其常不得已答应了他的请求，王秉韬即出示定价。④ 这件事其实反映了清后期山区土地

① 光绪《五台新志》卷3《人物》，第108—110页。
② 光绪《五台新志》卷3《人物》，第108—110页。
③ 光绪《五台新志》卷3《名宦》，第88页。
④ 光绪《五台新志》卷3《名宦》，第88—89页。

垦辟的广泛性。光绪县志在讲到本地人的生计时说，本县除了为数不多在本地经商的人，"此外皆资田土，无田者履险登山，石罅有片土，刨掘下种，冀收升斗，上下或至二三十里"①。县志重点提到的是山田的开发。县志编纂者在论述本地风俗的时候也充满感情的说，本地风俗节俭，"种山田数十亩，秋获幸遇丰年，仓箱皆满，必预计曰完粮须粜若干，留种若干，某谷可食至明年几月，某谷有余可粜，某谷仅敷食，某谷不足。妇女皆能核计，数米而炊，无敢浪费者"②。引文讲述了山田对于五台县民的生计尤其重要，而且须出售部分收成来"完粮"即纳税。以此为背景，可知知县王秉韬替县民维护山田的故事，说明在山区土地垦辟日益广泛的情况下，以升科的方式占田的情况已经很普遍。

如果结合本章开头《繁峙县志》的描述，可知山田广泛垦辟的情况不限于五台县，繁峙县也一样，《繁峙县志》并且表达了对喇嘛占有山田的不满，这种情况说明清代后期，随着山区开发的深入与土地占有的需要，越来越多的人选择了州县权威，同时表达了对其他行政系统"剥削"的不满，这才是上述故事的现实背景。

如前所述，黄教的权威很大程度上建立在它与朝廷特殊的关系之上。嘉庆十六年（1811）是清帝最后一次西巡五台山，"由于时空环境、经费条件的不同，以及君王与官僚在筹办认知上的差距，此次西巡展现出与前朝不同的特殊性与局限性"③。清朝皇帝不来巡幸五台山，朝廷对寺院和喇嘛的赏赐以及地方政府对他们的支持皆随之减少，代表皇权的五台山大喇嘛的权威进一步减弱。

在这样的背景下，清后期，人们对五台山僧人和喇嘛的观感已经发生了很大变化。例如，光绪二十二年（1896），湖南布政司布政使王介庭来游五台山，尽管受到诸佛寺的热情接待，他还是忍不住大骂五台山僧官：

> 自翠辇不来，宝山顿歇，而活佛、僧纲，一如地狱饿鬼，攫人便
> 食，或要于路，或候于门，或争投香饵以先施，或敲破木鱼以恶化，

---

① 光绪《五台新志》卷2《生计》，第80页。
② 光绪《五台新志》卷2《风俗》，第81页。
③ 林士铉：《中华卫藏：清仁宗西巡五台山研究》，《故宫学术季刊》第28卷第2期。

种种恶态，不可枚举。①

　　僧人募化本来是平常不过的事情，但是在清末的官僚王介庭看来，却是"种种恶态"。王介庭自己也意识到，这种观感的变化其实与朝廷对五台山的相对冷落有重大关系。类似对五台山寺院的不友善评论在民国时期仍然不少。比如民国时期曾经有人写文章介绍五台山"僧侣地主"广占田地、盘剥佃户的情况，五台山僧人加以反击，称写文章的人是故意污蔑五台山寺院，目的是觊觎五台山寺院的土地。同时亦有僧人借此提倡改革五台山的佛教。② 这些争论不仅反映出近代国家统治意识形态的变化与大喇嘛权威的联动关系，而且突出了在州县与寺院争夺权威的问题上土地的重要性，土地、赋役是地方理解不同行政系统之间关系的关键词语。正是在这种心态之下，才出现了"贤知县"与"恶喇嘛"的故事，这种心态并不仅折射为历史人物的故事，还直接反映在了他们对于当时大喇嘛与五台山寺院的态度上。

本 章 小 结

　　清代不同行政系统之间的关系，很大程度上受到朝廷与五台山佛寺关系的影响。雍正年间，朝廷加强了对五台山寺院事务的管理，一方面由理藩院处理蒙古地区事务和喇嘛事务，另外一方面则令山西巡抚保护胜地不受州县势力的侵害。除了康熙、乾隆年间设立、加增喇嘛俸银之外，乾隆中山西省又设立了生息银两，专门用于五台山寺院的维修。这些措施表明在清代的五台山，朝廷的政策很大程度上起到维持不同行政系统平衡的作用。

　　乾隆后期奉巡抚之名管理五台山山场的五台知县，其权力也在增大，

---

　　① 王介庭：《游五台日记》，《地学杂志》1913 年 4、5 合刊，转引自《五台山游记选注》，第 69 页。Gray Tuttle 探讨了民国政府曾尝试放弃清代以佛教笼络蒙藏的做法，改用民族主义、五族共和等办法，但是效果不理想，最后又回到支持藏传佛教道路上，见 Gray Tuttle, *Tibetan Buddhists in the Making of Modern China*, New York：Columbia University Press，2005；而对于寺院如何因应近代社会的变化，可参看 Holmes Welch, *The Buddhist Revival of China*, Harvard University Press，1968.

　　② 1934 年刘献之《五台山的僧侣地主与农民》，《新中华》第 2 卷第 14 号，香港中文大学图书馆藏胶片；1934 年智藏《刘献之文中底"五台山的僧侣地主与农民"》，《海潮音》第 15 卷第 8 号，见黄夏年主编《民国佛教期刊文献集成》第 189，全国图书馆文献缩微复制中心，2006 年；1934 大醒《评五台山僧事之实况》，《海潮音》第 15 卷第 12 号。

知县权威增强的另外表现是寺院占田普遍采取纳税和立契约的方式，即使是黄教寺院也不例外。同时，知县在台怀镇蘑菇银的设立以及寺院事务的处理上表明寺院越来越多的活动都有知县的参与。当然，乾隆年间五台知县的权威扩张也有其制约，比如他对大喇嘛仍然是无可奈何。

雍正、乾隆年间的几位知县，由于曾经为本县民人争取一些利益，他们的形象在清后期被进一步放大。这种放大的背景是清后期山田进一步开发，赋税制度普遍推行，知县的权威已经深入人心；另外一个背景是清后期清廷对寺院的支持减弱，大喇嘛和五台山寺院的形象也因此变得更加富有争议。

结　语
明清地方行政权威的结构

　　经过明清300多年的历史演变，州县最终成为五台山占据重要地位的行政系统之一。但是，如果我们把时间点拉回到明初，会发现当时州县系统比较弱势。在洪武年间的五台山周围，州县、卫所和王府各自具有相对独立的地位，当时州县官府的势力并不强，且集中在河川平原地带。相对于州县官府，军队的势力比较强。明初卫所在五台山下的河谷地带驻扎屯田，并防卫雁门关、平刑关、龙泉关各隘口，五台山东麓是军队的驻防区。在五台山中心地带，直到永乐时僧纲司成立，才开始有专门管辖山区寺院的机构。随着五台山寺院重新获得中央朝廷的赞助并成立僧官衙门，寺院系统实际上已成为一个独立于地方州县的政府，五台山中心区相当于特别行政区。这些地方都不是明初州县官府治权所及之处，实际上，州县官府也没有行政能力来扩大它的影响。明初不同的行政系统皆有大致相对应的地理区域，明代州县官府权威增强的表现，不仅意味着它本身行政能力的增强，还表现在它的影响怎样扩大到包括五台山在内的更大的地理范围。

　　明初州县不占优势的情况延续到了明中叶。正统以后，在明朝边防压力陡增的背景下，五台山被列为禁山，禁止伐木和采矿。禁山意义上的五台山，指的是毗邻边塞的一大片山区，而不仅仅是寺院聚集区。明弘治以后，五台山北面雁门关、平刑关一线，东边茨沟村、龙泉关一线，都修筑了边墙。军队在五台山扮演了更重要的角色。在五台山非法伐木和采矿的，多来自军方的庇护。同时，有的寺院也借助王府的名号，和山下的寺院结成上下院的关系，僧人们积极参与山区开发，修建道路。寺院由于在山中控产的便利，得以大量兴建，五台山寺院的影响得以扩大。寺院控产是个多元行政权威的结合体，在这个多元权威结构中，州县官府由于战乱、户口减少等因素，自顾不暇，对在五台山区发生的经济活动，没有任何明显的主张，其影响相当弱。

州县从相对弱势到成为占主导地位的地方行政系统，与土地清丈、垦荒以及地方赋役制度改革密不可分。重要的转变开始于嘉靖中叶，并一直持续到整个万历年间。当时州县在地方推行以丈地均粮为主要内容的赋役改革，登记的土地倍增，增加了官府的收入。万历九年（1581）的清丈中，寺院反对州县丈地征粮，他们通过宣大总督、雁平道等更高层级的官府，要求维护禁山体制。禁山体制否定了在山内从事垦田伐木的合法性，从而也否定了州县在该区域内丈田和征税的必要性。经过这次交锋，五台山寺院和州县实现"划地而治"，五台山寺院集中的地方变成了一个有明确边界的区域，这个边界是用赋税来定义的。

万历九年（1581）的边界划定只是州县和寺院暂时妥协的结果，寺院必须面对这条线外的州县税收制度。实际上，州县征税的趋势还在进行，寺院不得不寻求庇护者和结盟者。万历十一年（1583），雁平道出台了垦荒政策，其主要内容是在边塞山区开垦屯田。政策出台后，有很多人便以垦荒纳税的名义，要求占有五台山的土地。五台山寺院控制的土地，面临被人"讹诈"的风险。在此情形之下，寺院转向了卫所。通过宣称寺院土地属于卫所而获得庇护，他们付出的代价是要向卫所武官缴纳名为"屯粮"（或"山粮"）的保护费。而在五台山东南角的铁铺村，万历十八年（1590）张守清事件发生后，原本有王府背景的采矿者与州县达成了输税入籍、成立乡约、改私矿为官矿的共识，但由于朝臣的反对而作罢，朝臣担心州县系统会将采矿活动合法化，从而坚持排除州县系统，而决定由军队封闭矿洞，维持治安。在这两件事情上，州县系统的力量被排斥，军队暂时成为寺院的庇护者和结盟的对象。

寺院和军队的同盟关系同样不稳定。万历后期妙峰等高僧再次来到五台山，凭借他与王府、山西高级官员、朝廷势力的联系，通过诉讼的程序，五台山寺院从卫所势力那里摆脱出来，原来缴给卫所的"屯粮"豁免大半，剩下的一小部分则转交给州县。转交的税粮数量不多，但是却有着重要的象征意义，它使得寺院不能再宣称"不入版额"、"不属州县"，州县系统的权威因而得以扩展到寺院集中区。这一步的变化，其实是寺院在卫所和州县之间主动选择的结果，州县官府并没有在山区清丈土地。

万历末形成的州县开始占据优势的局面被明末清初的战乱打乱了。在战火四起的形势下，朝廷不得不依赖军队来维持统治，明朝各地方的军队势力坐大，而原本依赖朝廷获取影响力的王府受到军队的沉重打击。动乱之中，州县系统由于负责税收和筹饷，它依旧还在运转，于是清初地方社会中的行政系统便演变为军队和州县的关系问题。当清朝把李自成赶出山西得以控制局势之后，便逐渐裁去一部分原明将领或限制他们的势力；顺治年间刘迁、高鼎叛乱之后，原明朝的一部分军队势力彻底失败，取代他们的是叛乱中和清朝站在一起的部分军队。战乱后，这部分军队进入山区驻防，但是这个时候的清军和明朝军队已经不能同日而语，它仅仅驻扎地方，负责地方治安。在这段动荡的时期内，尽管州县并不占优势，但山区的人口和土地登记却仍然在进行。

清朝针对不同族群实行不同的统治策略，出于统治蒙古、西藏等民族地区的需要，清廷大力扶植了黄教喇嘛势力。在清朝利用黄教的策略之下，和朝廷关系密切的五台山黄教系统得以崛起。顺治十六年（1659），阿王老藏成为第一任菩萨顶扎萨克大喇嘛。康熙二十二年（1683）皇帝西巡之后，喇嘛的权威进一步增强，五台山黄教形成以菩萨顶大喇嘛为最高僧官，以菩萨顶、台麓寺为两大主要寺院的格局。如果我们从行政系统的角度来看，这种变化其实只是寺院系统内部的调整，五台山寺院作为相对独立于地方州县的行政系统大致上没有太大变化，以至于康熙中有寺院称呼菩萨顶大喇嘛为"山主"。

雍正时期，朝廷加强对五台山事务的控制，刻意保持州县系统与寺院系统的平衡，既不允许纵容喇嘛，也不允许州县势力破坏寺院。朝廷的政策使得五台山寺院作为一套独立的行政系统一直延续下来。但是，大喇嘛的强势未必表示州县无所作为，由于朝廷重视经营五台山，五台山事务中有很多事情需要知县去办理，因此到乾隆中后期，知县在巡抚的支持下，在五台山山场的监管、寺院人事的处理、寺产的纠纷、徭役的征发等事务上逐渐获得越来越大的影响力，即便是敕赐的黄教寺院，也以契约和纳税的方式控产，这无疑也是州县系统权威在山区增强的重要表现。

嘉靖末年到清中叶，在地方行政系统竞争的格局中，州县系统逐渐获取优势地位，先后排斥掉王府和军队的影响力，从而成为最主要的地方行政系统。州县权威的扩张以土地清丈和纳税作为标志，它的推行，是在明清州县赋役制度改革的大环境下发生的。正如 John Watt 所言，赋役制度改革增强了州县的行政能力。[①] 而清代中叶，州县系统再一次增强的时候，依然是从赋税财政制度开始，耗羡银和生息银的成立，使得知县的行政能力再次提高，在五台山事务中有了更多的作为，例如以生息银代替台怀六里缴纳蘑菇银。到了清中叶，五台山寺院土地向州县纳税已经是再平常不过的事情了。这些都表明州县权威的扩展过程，其实也是州县赋税制度实施的范围和程度扩展的过程。

如何评估州县权威在五台山扩张的程度？清代的情况表明，州县权威的表现更多是在土地、赋役层面，在寺院事务上，大喇嘛和僧纲司的官僚架构仍然存在，在行政系统竞争影响力的比赛中，州县系统权威增强的效果，并非是取代了寺院的系统，而是州县赋役制度广泛深入地渗透到了五台山社会。维持五台山寺院系统的存在很大程度上是国家政治的需要，不过对于寺院而言，维持它们与州县的区分同样很重要。二战中，当僧人们面对以军方为背景来调查土地的福田喜次的时候，他们对五台山独特性的坚持与其说体现的是法律制度规定上的差异，不如说是几百年多元行政制度在地方演进的自然逻辑。

当然，对地方行政系统的讨论并不是一个新话题。从秦汉到清代，历代的学者和官僚讨论了很多郡县制与封建（分邦建国）制的优劣，以及如何平衡地方自治与中央集权。杨联陞在回顾这一争论的时候，曾建议把这两种制度视为光谱的二极，中间有很大的交汇地带。这场持续 2000 多年的关于地方行政制度的讨论，有一个不言自明的共识，即郡县制度从来都是中央集权政治制度的一部分。[②] 明清时期通常被认为是中央集权高度发达的朝代，但是实际上，它的政府架构并不像表面看起来的那样集权和统一，从中央政

---

① John R. Watt, *The District Magistrate in Late Imperial China*, New York: Columbia University Press, 1972.

② 杨联陞:《明代地方行政》，见氏《国史探微》，（台）联经出版 1997 年版，第 127—156 页。此处采用的是周振鹤对封建制概念的解释，见周振鹤《地方行政制度志》，上海人民出版社 1998 年版，第 56—57 页。

府各个部门的分权，到地方多元行政系统的并存，这是一个内部充满竞争的国家权威的体系。本书探讨的多元行政系统如何影响到社会的变化，为何州县系统的影响会一步步增强，其背后的宏观问题意识，就是要试图沟通地方行政系统与社会这两个层面。

赋役和土地是笔者选取的主要角度，正如刘志伟在他对广东赋役制度的研究中指出，明代赋役制度改革导致了中央集权与官僚政治的加强，改变了官府和地方社会互动的模式，深刻影响了地方社会结构的演变。① 本书的研究同样说明，州县通过赋税制度和土地登记来影响地方社会结构，增强了州县系统的权威，但是这个过程在五台山地方社会的展开，充满了曲折，而最主要的障碍是多元行政系统的并存。明代五台山不仅存在卫所、王府等州县之外的行政系统，还存在一个独特的寺院系统，清代则是大喇嘛的势力异军突起。这种状况使得州县赋税制度的实行，除了它本身的改革很重要之外，还系于它怎样在与其他行政系统的竞争中取得胜利。赋役改革和土地登记在地方社会展开的过程，并不全然是州县官府在掌控，以明代嘉靖万历年间的改革为例，州县多次试图向五台山寺院征收赋税而失败，甚至要将采矿者编入里甲也没有成功。它后来成功被寺院接纳，是寺院在州县和卫所势力之间取舍的结果。这个结果，对于州县官府而言可以说是个意外。

州县系统在五台山的特殊表现，与五台山长期以来作为佛教胜地的历史密不可分，它同时也与明清的行政制度、明代北边防卫体系、禁山制度、清朝的多元治国意识形态等宏大的政治、军事和经济的变化密切相关，这些因素构成了州县行政权威在五台山展演的历史背景。② 如果没有这些超越五台山这个小地方的大制度与大背景，就不会有五台山多元行政系统的问题，州县权威在地方社会中的表现和影响可能就是另外一番形态。五台山为多元的行政系统提供了一个竞逐的舞台，它们相互之间的竞争、交锋、妥协以及势力的消长，既是五台山地方社会的历史，也是明清国家地方行政制度的历史。

---

① 刘志伟：《在国家与社会之间——明清广东里甲赋役制度研究》，中山大学出版社1997年版，第2—4页。

② 有很多因素显然与华北的其他地方一样，比如王府的势力、边防形势等等，参看赵世瑜《叙说：作为方法论的区域社会史研究——兼及12世纪以来的华北社会史研究》，《小历史与大历史——区域社会史的理念、方法与实践》，三联书店2006年版，第1—11页。

参 考 文 献

一、官修正史

《隋书》，中华书局 1973 年版。

《金史》，中华书局 1975 年版。

《元史》，中华书局 1976 年版。

《明太祖高皇帝实录》，（台）"中央研究院历史语言研究所" 1962 年版。

《明太宗文皇帝实录》，（台）"中央研究院历史语言研究所" 1962 年版。

《明宣宗章皇帝实录》，（台）"中央研究院历史语言研究所" 1962 年版。

《明英宗睿皇帝实录》，（台）"中央研究院历史语言研究所" 1962 年版。

《明孝宗敬皇帝实录》，（台）"中央研究院历史语言研究所" 1964 年版。

《明世宗肃皇帝实录》，（台）"中央研究院历史语言研究所" 1965 年版。

《明神宗显皇帝实录》，（台）"中央研究院历史语言研究所" 1966 年版。

《崇祯实录》，（台）"中央研究院历史语言研究所" 1967 年版。

《皇明宝训》，《四库全书存目丛书》史 53，（台）庄严文化事业有限公司 1996 年版。

万历《大明会典》，《续修四库全书》第 789—792，上海古籍出版社 1995 年版。

天顺《大明一统志》，（台）文海出版社 1965 年版。

《明史》，中华书局 1974 年版。

《清世祖实录》，中华书局 1985 年版。

《清太宗实录》，中华书局 1985 年版。

《清实录山西资料汇编》，山西古籍出版社 1996 年版。

乾隆《钦定大清会典则例》，《四库全书》第 624 册，上海古籍出版社 1987 年版。

《清史稿》，中华书局 1977 年版。

二、地方志

永乐《太原府志》，《太原府志集全》，山西人民出版社 2005 年版。

天顺《续清凉传》，《宛委别藏选》第 105 册，商务印书馆 1935 年版。

成化《山西通志》，《四库全书存目丛书》史 174，（台）庄严文化事业有限公司 1997 年版。

嘉靖《二镇三关通志》，国家图书馆藏残卷。

嘉靖《三关志》，《续修四库全书》第 738，上海古籍出版社 1995 年版。

嘉靖《西关志》，北京古籍出版社 1990 年版。

嘉靖《四镇三关志》，《四库禁毁书丛刊》史 10，北京出版社 2000 年版。

嘉靖《真定府志》，《四库全书存目丛书》史 192，（台）庄严文化事业有限公司 1997 年版。

嘉靖《山西通志》，香港大学图书馆藏胶片。

嘉靖《崞县志》，香港大学图书馆藏胶片。

万历《太原府志》，山西人民出版社 1991 年版。

万历《代州志》，远方出版社 2004 年版。

万历《清凉山志》，《故宫珍本丛刊》第 248，海南出版社 2000 年版。

万历《定襄县志》，《明代孤本方志选》第 1 册，中华全国图书馆文献缩微复制中心 2000 年版。

万历《繁峙县志》，内蒙古人民出版社 2003 年版。

顺治《太原府志》，山西人民出版社 1991 年版。

康熙《五台县志》，《稀见中国地方志汇刊》第 4 册，北京书店 1992 年版。

康熙《清凉山新志》，《故宫珍本丛刊》第 248，海南出版社 2000 年版。

乾隆《阜平县志》，《故宫珍本丛刊》第 69，海南出版社 2000 年版。

乾隆《崞县志》，《中国地方志集成·山西府县志辑》第 14，凤凰出版社

2005 年版。

　　乾隆《代州志》,《新修方志丛刊》山西方志 8,（台）学生书局 1968 年版。

　　乾隆《晋政辑要》,《官箴书集成》第 5 册，黄山书社 1997 年版。

　　道光《繁峙县志》,《中国地方志集成》山西府县志辑第 15，凤凰出版社 2005 年版。

　　光绪《繁峙县志》,《中国地方志集成》山西府县志辑第 15，凤凰出版社 2005 年版。

　　光绪《定襄县补志》,《中国地方志集成》山西府县志辑第 13，凤凰出版社 2005 年版。

　　光绪《山西通志》,《续修四库全书》第 641，上海古籍出版社 1995 年版。

　　光绪《五台新志》,《中国地方志集成（山西府县志辑）》第 14，凤凰出版社 2005 年版。

　　山西旅游景区志丛书编委会,《五台山志》，山西人民出版社 2003 年版。

　　法华寺编,《法华寺》，无年代，存五台县法华寺。

三、档案

　　《中国明朝档案总汇》第 46 册，广西师范大学出版社 1999 年版。

　　《中国明朝档案总汇》第 47 册，广西师范大学出版社 1999 年版。

　　《明清档案》第 18 册，（台）"中央研究院历史语言研究所" 1986—1990 年版。

　　《明清档案》第 19 册，（台）"中央研究院历史语言研究所" 1986—1990 年版。

　　《明清档案》第 21 册，（台）"中央研究院历史语言研究所" 1986—1990 年版。

　　《明清档案》第 22 册，（台）"中央研究院历史语言研究所" 1986—1990 年版。

　　《明清档案》第 131 册，（台）"中央研究院历史语言研究所" 1986—1990 年版。

　　《明清史料》甲编，中央研究院历史语言研究所 1931 年版。

《明清史料》丙编，商务印书馆 1936 年版。

《明清史料》辛编，（台）"中央研究院历史语言研究所" 1962 年版。

《明清史料》癸编，（台）"中央研究院历史语言研究所" 1975 年版。

《清代档案史料丛编》第 4 辑，中华书局 1979 年版。

《清代档案史料丛编》第 6 辑，中华书局 1980 年版。

《雍正朝汉文朱批奏折汇编》第 24 册，江苏古籍出版社 1991 年版。

谢小华辑：《乾嘉年间五台山寺庙行宫修缮工程史料（上)》，《历史档案》2001 年第 3 期。

顺治元年八月十二日恭顺侯吴惟华《题为请开山矿裕国利民以广弘仁事》，台北 "中央研究院历史语言研究所" 藏明清史料，档案号 006203。

乾隆三十年十月初六山西巡抚彰宝：《奏为查阅大同镇属营伍并得雨情形及五台山工程事》，北京一档馆，档案号：03-0464-007。

乾隆四十年十月四日山西巡抚巴延三：《奏报请将五台山各处山场查明立界一切树木变通砍放事》，北京一档馆，档案号：03-0827-030。

乾隆五十一年山西巡抚伊桑阿：《奏为此次草料均按前几届章程办理，惟五台偏灾雨雪载道接济迟滞请交部察议事》，北京一档馆，档案号：04-01-01-0420-011。

顺治三年六月初九日山西巡抚申朝纪，（台）"中央研究院历史语言研究所" 藏档案，档案号：087893。

四、碑刻、家谱

李宏如拓编：《五台山佛教·繁峙金石篇》，内蒙古人民出版社 2005 年版。

李宏如拓编：《繁峙碑文集》，内蒙古人民出版社 2003 年版。

崔正森编：《五台山碑文选注》，北岳文艺出版社 1995 年版。

高凤山主编：《三晋石刻大全·灵丘卷》，三晋出版社 2010 年版。

张正明、科大卫编：《明清山西碑刻资料选》，山西人民出版社 2005 年版。

李氏碑文集，无标题，定襄北社东村李氏藏。

唐代（约 691—705)，《为金轮圣神皇帝修故伽蓝之碑》，拓片见忻州市文管所原所长收藏。

成化十七年《奉天敕命》碑，碑存五台山圆照寺，忻州师范学院赵林恩抄录。

嘉靖二年普济寺碑，无标题，忻州师范学院赵林恩抄录。

嘉靖六年《应禁山场碑》，存阜平县下关村中。

嘉靖七年《重修古刹禅寺碑记》，碑存正下社普照禅寺。

嘉靖十七年《五台山大塔院寺重修阿育王所建释迦文佛真身舍利宝塔碑并铭》，碑存塔院寺。

嘉靖三十七年《五台山重建金阁寺造立大佛五丈三尺金身行实碑记》，碑存金阁寺。

嘉靖四十五年《卷案》碑，碑存五台山显通寺。

隆庆三年黄玉：《五台山凤林寺彻天和尚行实碑记》碑，碑存五台山圆照寺。

万历十三年仙人寺残碑，碑存阜平县南庄旺仙人寺。

万历二十年《与重玄谈禅》诗碑，碑存五台山显通寺。

万历三十一年《太原府代州五台县为禁约事》碑，碑存五台山万佛阁，无标题，碑文为忻州师院赵林恩抄录。

万历四十年《清凉妙高处》碑，碑存五台山显通寺，碑文为赵林恩抄录。

万历四十年《明寂仰崖法师庆公之塔》碑，碑存今五台山涌泉寺东山坡。

妙峰祖师塔碑之碑阴，无题额，碑存显通寺。

万历四十一年《五台山各寺免粮碑记》，碑存五台山万佛阁。

崇祯六年《钦依皇坛赐金冠紫衣讲经传戒宗师涌泉堂上第四代住持澄方清公大和尚行略》塔铭，塔存今五台山涌泉寺东山坡之上。

康熙十八年《五台县清廉德》碑，碑存五台县大林村天池寺。

雍正二年土地纠纷碑，无标题，碑存代县董家寨五龙庙。

康熙三十八年殊像禅寺天王殿梁记，存五台山殊祥寺。

乾隆五十七年仲夏金阁寺重修碑，无标题，碑存今五台山金阁寺。

同治《韩氏族谱》，繁峙县安家地韩国小收藏。

光绪《刘氏家谱》，复印本，存代县东关刘同家。

民国《代州冯氏族谱》，1933 年 3 月印。

民国《陈氏宗谱》，阜平县县城陈氏藏。

五、文集

陈仁锡：《陈太史无梦园初集》，《续修四库全书》第 1381—1383，上海古籍出版社 1995 年版。

陈子龙编：《皇明经世文编》，《四库禁毁书丛刊》集 28，北京出版社 2000 年版。

戴笠、吴殳：《怀陵流寇始终录》，《续修四库全书》第 441—442，上海古籍出版社 1995 年版。

德清：《憨山大师梦游全集》，《四库未收书辑刊》第 3 辑第 25 册，北京出版社 2000 年版。

德清：《憨山老人年谱自叙实录》，《北京图书馆藏珍本年谱丛刊》第 52，北京图书馆出版社 1999 年版。

道开：《密藏开禅师遗稿》，《藏外佛经》第 15，黄山书社 2005 年版。

读体：《一梦漫言》，香港佛经流通处 1974 年版。

方中发：《白鹿山房诗集》，《四库禁毁书丛刊》集 17，北京出版社 2000 年版。

冯梦祯：《快雪堂集》，《四库全书存目丛书》集 164，（台）庄严文化事业有限公司 1997 年版。

冯琦：《宗伯集》，《四库禁毁书丛刊》集 16，北京出版社 2000 年版。

高士奇：《扈从西巡日录》，《四库全书》第 460，上海古籍出版社 1987 年版。

顾炎武：《肇域志》，《续修四库全书》第 590，上海古籍出版社 1995 年版。

黄汴：《天下水陆路程》，山西人民出版社 1992 年版。

蒋一葵：《长安客话》，北京古籍出版社 1982 年版。

焦弘：《国朝献征录》，《四库全书存目丛书》史 101，（台）庄严文化事业有限公司 1997 年版。

李继本：《一山文集》，《四库全书》第 1217，上海古籍出版社 1987 年版。

李梦阳：《空同集》，《四库全书》第 1262，上海古籍出版社 1987 年版。

李维桢：《大泌山房集》，《四库全书存目丛书》集 152，（台）庄严文化事业有限公司 1997 年版。

明河：《补续高僧传》，《续修四库全书》第 1283，上海古籍出版社 1995 年版。

钱谦益：《牧斋初学集》，《续修四库全书》第 1390，上海古籍出版社 1995 年版。

乔璧星：《乔中丞奏议》卷 3，（台）汉学研究中心 1990 年复印本。

瞿九思：《万历武功录》，艺文印书馆印行，1980 年。

宋濂：《宋学士文集》，商务印书馆 1919 年版。

苏惟霖：《西游日记》，北京国家图书馆藏胶片。

苏惟霖：《西游札子余》，北京国家图书馆藏胶片。

苏惟霖：《西游杂著余》，北京国家图书馆藏胶片。

孙继皋：《宗伯集》，《四库全书》第 1291，上海古籍出版社 1987 年版。

汤斌：《潜庵先生拟明史稿》，《四库未收书辑刊》第 6 辑第 5 册，北京出版社 2000 年版。

王道行：《王明甫先生桂子园集》，北京国家图书馆胶片。

王偁：《思轩文集》，《续修四库全书》集部 1329，上海古籍出版社 2002 年版。

王钥：《雁门胜迹诗集》，北京国家图书馆藏清抄本。

王祖嫡：《师竹堂集》，《四库未收书辑刊》第 5 辑第 23 册，北京出版社 2000 年版。

吴伟业：《绥寇纪略》，《四库全书》第 363，上海古籍出版社 1987 年版。

杨守敬编绘：《历代舆地沿革图》，（台）联经出版社 1975 年版。

姚燧：《牧庵集》，《四库全书》第 1201，上海古籍出版社 1987 年版。

余继登：《淡然轩集》，《四库全书》第 1291，上海古籍出版社 1987 年版。

于慎行：《谷城山馆文集》，《四库全书存目丛书》集 147，（台）庄严文化事业有限公司 1997 年版。

俞正燮：《癸巳存稿》，《续修四库丛书》第 1160，上海古籍出版社 1995 年版。

源谅：《律宗灯谱》，全国图书馆文献缩微复制中心 1993 年版。

赵南星：《赵忠毅公诗文集》，《四库禁毁书丛刊》集 68，北京出版社 2000 年版。

赵时春：《浚谷先生集》，《四库全书存目丛书》集 87，（台）庄严文化事业有限公司 1997 年版。

张贞观：《掖垣谏草》，《四库全书存目丛书》史 64，（台）庄严文化事业有限公司 1997 年版。

张凤翼：《句注山房集》，《四库禁毁书丛刊》集部 70，北京出版社 2000 年版。

张联骏：《清钱牧斋先生年谱》，《北京图书馆藏珍本年谱丛刊》第 64，北京出版社 1999 年版。

真可：《紫柏老人集》，《故宫珍本丛刊》第 518，海南出版社 2000 年版。

正印编：《紫竹林颛愚和尚语录》，《禅宗全书》第 55，（台）文殊出版社 1988 年版。

朱棣：《诸佛世尊如来菩萨尊者名称歌曲》，《中华大藏经》，第 106 册，中华书局 1996 年版。

六、文章和论著

中文

安介生：《明代山西藩府的人口增长与数量统计》，《史学月刊》2004 年第 5 期。

柏桦：《明代州县政治体制研究》，中国社会科学出版社 2003 年版。

白焕采：《五台山文物》，山西人民出版社 1956 年版。

悲明辑：《金阁寺碑文》，《五台山研究》1997 年第 3 期。

蔡嘉麟：《明代的山林生态：北边防区护林伐木失衡的历史考察》，（台）"中国文化大学"史学研究所博士论文，2006 年。

常建华：《明清山西碑刻里的乡约》，《中国史研究》2010 年第 3 期。

成寻著，白化文校录：《参天台五台山记》，花山文艺出版社 2008 年版。

曹家齐、金鑫：《〈参天台五台山记〉中的驿传与牒文》，《文献》2005 年第 4 期。

陈玉女：《明五台山诸佛寺建筑材料之取得与运输——以木材、铜、铁等建材为主》，（台）《"国立成功大学"历史学报》2003 年第 27 号。

陈玉女：《明万历时期慈圣皇太后的崇佛——兼论佛、道两势力的对峙》，（台）《"国立成功大学"历史学报》1997年第23号。

崔正森：《五台山佛教史》，山西人民出版社2000年版。

崔正森编：《五台山游记选注》，山西人民出版社1989年版。

大醒：《评五台山僧事之实况》，《海潮音》第15卷第12号，《民国佛教期刊文献集成》第189，全国图书馆文献缩微复制中心，2006年。

邓庆平：《卫所与州县：明清时期蔚州基层行政体系的变迁》，（台）"中央研究院历史语言研究所"集刊》第80本第2分。

杜斗城：《敦煌五台山文献校录研究》，山西人民出版社1991年版。

杜正贞：《村社传统和明清士绅—山西泽州乡土社会的制度变迁》，上海辞书出版社2007年版。

房建昌：《日寇铁蹄下的五台山佛教寺院》，《五台山研究》1999年第2期。

方闻：《清徐松龛先生继畲年谱》，（台）商务印书馆1981年版。

方兴：《明代万历年间"矿监税使"研究的现状与问题》，《江汉论坛》2014年第2期。

顾诚：《南明史》，中国青年出版社1997年版。

顾诚：《明前期耕地数新探》，《中国社会科学》1986年第4期。

顾诚：《明帝国的疆土管理体制》，《历史研究》1989年第3期。

顾诚：《卫所制度在清代的变革》，《北京师范大学学报》1988年第2期。

顾锦春、叶剑飞：《近20年来国内学界对于明代宗藩的研究综述》，《兰州教育学院学报》2006年第4期。

古正美：《从天王传统到佛王传统——中国中世佛教治国意识形态研究》，（台）商周出版2003年版。

韩朝建：《寺院与禁山体制——明中叶五台山的开发（1453—1566）》，（台）《明代研究》第19辑。

韩朝建：《明中叶赋税制度在五台山区的推行——以寺庙碑铭为中心》，见郑振满主编《民间历史文献论丛第二辑（碑铭研究）》，社会科学文献出版社2014年版。

何朝晖：《明代县政研究》，北京大学出版社2006年版。

何孝荣：《明太祖的佛教政策》，《明太祖及其时代国际学术会议论文汇编》，香港中文大学历史系中国历史研究中心2006年版。

何孝荣：《明代北京寺院修建研究》，南开大学出版社 2007 年版。

［美］黄仁宇：《十六世纪明代中国之财政与税收》，阿风等译，三联书店 2001 年版。

黄彰健：《明代律例汇编》，（台）"中央研究院历史语言研究所" 1979 年版。

江灿腾：《晚明佛教丛林改革与佛学诤辩之研究——以憨山德清的改革生涯为中心》，（台）新文丰出版公司 1990 年版。

科大卫：《动乱、官府与地方社会——读〈新开潞安府治记碑〉》，《中山大学学报（社会科学版）》2001 年第 2 期。

李保文：《顺治皇帝邀请第五世达赖喇嘛考》，《西藏研究》2006 年第 1 期。

李宏如：《五台山佛教·繁峙篇》，内蒙古人民出版社 2003 年版。

李相之：《五台山游记》，太原大同通讯社 1932 年版。

李裕民：《山西古方志辑佚》，山西人民出版社 1985 年版。

李裕民：《新发现的万历〈繁峙县志〉研究》，《明史研究》1992 年第 2 辑。

李裕民：《五台山僧人的抗金斗争》，《五台山研究》1986 年第 6 期。

李裕民：《北宋王朝与五台山佛教》，《山西大学学报（哲社版）》1994 年第 1 期。

梁方仲：《明代粮长制度》，上海人民出版社 2001 年版。

梁方仲：《梁方仲文集》，中山大学出版社 2004 年版。

林士铉：《中华卫藏：清仁宗西巡五台山研究》，（台）《故宫学术季刊》第 28 卷第 2 期。

林韵柔：《五台山与文殊道场——中古佛教圣山信仰的形成与发展》，台湾大学博士论文，2009 年。

刘献之：《五台山的僧侣地主与农民》，《新中华》1934 年第 2 卷第 14 号。

刘志伟：《在国家与社会之间——明清广东里甲赋役制度研究》，中山大学出版社 1997 年版。

邱仲麟：《国防线上：明代长城沿边的森林砍伐与人工造林》，（台）《明代研究》第 8 期（2005 年）。

邱仲麟：《明代长城沿线的植木造林》，见安介生、邱仲麟编《边界、边地与边民——明清时期北方边塞地区部族分布与地理生态基础研究》，齐鲁书社 2009 年版。

　　瞿同祖：《清代地方政府》，法律出版社 2003 年版。

　　全汉升：《明代的银课与银产额》，见《中国经济史研究（下）》，（台）稻乡出版社 1991 年版。

　　山西省测绘局绘编：《山西省地图集》，山西省测绘局 1995 年版。

　　史念海：《历史时期黄河中游的森林》，见《河山集二集》，三联书店 1981 年版。

　　孙文山、孙叔文：《五台山寺庙经济简述》，《五台山研究》1986 年第 6 期。

　　谭其骧编：《中国历史地图集》，（港）三联书店 1992 年版。

　　田萌：《金代山西的镇》，《忻州师范学院学报》2008 年第 24 卷第 3 期。

　　田青主编：《中国佛教音乐选萃》，上海音乐出版社 1993 年版。

　　王俊中：《东亚汉藏佛教史研究》，（台）东大图书公司 2003 年版。

　　王颋：《五台山与元代的佛教崇奉》，《元史论丛（第十辑）》，中国广播电视出版社 2005 年版。

　　王毓铨：《明代的王府庄田》，见《王毓铨史论集》，中华书局 2005 年版。

　　吴缉华：《明代制度史论丛》，（台）学生书局 1971 年版。

　　辛补堂、郑福林：《五台山寺庙经济的探索》，《五台山研究》1995 年第 3 期。

　　严耕望：《魏晋南北朝佛教地理稿》，上海古籍出版社 2007 年版。

　　杨联陞：《明代地方行政》，见《国史探微》，（台）联经出版 1997 年版。

　　杨三寿：《万历矿税大兴起止时间考》，《云南师范大学学报》2000 年第 5 期。

　　于志嘉：《从〈谳辞〉看明末直豫晋交界地区的卫所军户与军民词讼》，（台）《"中央研究院历史语言研究所"集刊》第 75 本第 4 分。

　　圆仁原著，小野胜年校注，白化文、李鼎霞、许德楠修订：《入唐求法巡礼行记校注》，花山文艺出版社 1992 年版。

　　翟旺、米文精：《五台山区森林与生态史》，中国林业出版社 2009 年版。

　　张国旺：《元代五台山佛教再探——以河北省灵寿县祁林院圣旨碑为中心》，《首都师范大学学报（社科版）》2008 年第 1 期。

　　张海瀛：《张居正改革与山西万历清丈研究》，山西人民出版社 1993 年版。

郑涵：《吕坤年谱》，中州古籍出版社 1985 年版。

［美］牟复礼（Frederick W. Mote）、［英］崔瑞德（Denis C. Twitchet）编：《剑桥中国明代史》，张书生等译，中国社会科学出版社 1992 年版。

智藏：《刘献之文中底"五台山的僧侣地主与农民"》，《海潮音》第 15 卷第 8 号，《民国佛教期刊文献集成》第 189，全国图书馆文献缩微复制中心 2006 年版。

赵世瑜：《圣姑庙：金元明变迁中的"异教"命运与晋东南社会的多样性》，《清华大学学报（哲社版）》2009 年第 4 期。

赵世瑜：《小历史与大历史——区域社会史的理念、方法与实践》，三联书店 2006 年版。

周振鹤：《地方行政制度志》，《中华文化通志》第 36，人民出版社 1998 年版。

朱鸿林：《明代中期地方社区治安重建理想之展现——山西河南地区所行乡约之例》，［韩］《中国学报》32（1992）。

日文

福田喜次：《山西省五台山の寺领地について》，《满铁调查月报》1942 年第 22 卷第 4 号。

谷口规矩雄：《明代徭役制度史研究》，同朋舍 1998 年版。

石野一晴：《明代万历年间における普陀山の复兴—中国巡礼史研究序说》，《东洋史研究》2005 年第 64 期。

小野胜年、日比野丈夫：《五台山》，座右宝刊行会 1942 年版。

佐藤文俊，《王府论》，见森正夫等编《明清时代史の基本问题》，汲古书院 1997 年版。

佐藤文俊：《明代王府の研究》，研文出版 1999 年版。

英文

Berger, Patricia, *Empire of Emptiness*, Honolulu: University of Hwai'i Press, 2003

Dennerline, Jerry, *The Chia-ting Loyalists: Confucian Leadership and Social Change in Seventeenth Century China*, New Haven: Yale University Press, 1981

Elverskog, Johan, Two Buddhisms in Comtemporary Mongolia, *Contemporary Buddhism*, 7: 1 (2006)

Elverskog, Johan, *Our Great Qing: the Mongols, Buddhism and the State in Late Imperial China*, Honolulu: University of Hawai'i Press, 2006

Farquhar, David M., Emperor As Bodhisattva in the Governance of the Ch'ing Empire, *Harvard Journal of Asiatic Studies*, 38: 1 (1978)

Faure, David, *Emperor and Ancestor: State and Lineage in South China*. Stanford, Calif: Stanford University Press, 2007

Fischer, Emil S., *The Sacred Wu Tai Shan—In Connection with Modern Travel from Tai Yuan Fu via Mount Wu Tai to the Mongolian Border*, Shanghai: Help and Walsh Limited, 1925

Gimello, Robert, Chang Shang-ying on Wu-t'ai Shan, in Susan Naquin and Chun-fang Yu eds. *Pilgrims and Sacred Sites in China*. Berkeley: University of California Press, 1992

Hsiao, Kung-chuan, *Rural China: Imperial Control in the Nineteenth Century*, Seattle and London: University of Washington Press, 1967 (1960)

Köhle, Natalie, Why Did the Kangxi Emperor Go to Wutai Shan? Patronage, Pilgrimage, and the Place of Tibetan Buddhism at the Early Qing Court, *Late Imperial China*, 29: 1 (2008)

Lowdermilk, Walter, *History of Soil Use in Wu t'ai Shan Area*, Shanghai: Kelly & Walsh, 1938. 中文版见赵淑娟译，翟旺校《五台山土地利用史》，《五台山研究》1987 年第 5 期。

Menzies, Nicholas K., *Forest and Land Management in Imperial China*. New York: St.Martin's Press, 1994

Robinson, David M., *Bandits, Eunuchs, and the Son of Heaven: Rebellion and the Economy of Violence in Mid-Ming China*. Honolulu: University of Hawai'i Press, 2001

Karl T.Rost, Observations on Deforestation and Alpine Turf Destruction in the Central Wutai Mountains, Shanxi Province, China, *Mountain Research and Development*, 19: 1, (1999)

Rowe，William，*Crimson Rain*：*Seven Centuries of Violence in a Chinese County*，Stanford，Calif.：Stanford University Press，2007

Rawski，Evelyn S.，Reenvisioning the Qing：The Significance of the Qing Period in Chinese History，*Journal of Asian Studies*，55：4（1996）

Tuttle，Gray，*Tibetan Buddhists in the Making of Modern China*. New York：Columbia University Press，2005

Waldron，Arthur，*The Great Wall of China*，New York et al：Cambridge University Press，1990

Waley-Cohen，Joanna，The New Qing History，*Radical History Review*，No. 88（2004）

Wang Xiangyun，The Qing Court's Tibet Connection：Lcang skya Rl Pa'i rdo rje and the Qianlong Emperor，*Harvard Journal of Asiatic Studies*，60：1（2000）

Watt，John R.，*The District Magistrate in Late Imperial China*，New York：Columbia University Press，1972

Welch，Holmes，*The Buddhist Revival of China*，Harvard University Press，1968

Zelin，Madeleine，*The Magistrate's Tael*：*Rationalizing Fiscal Reform in Eighteenth-Century Ch'ing China*，Berkeley：University of California Press，1984

责任编辑:宫　共

封面设计:肖　辉

图书在版编目(CIP)数据

寺院与官府：明清五台山的行政系统与地方社会/韩朝建 著.
　—北京：人民出版社,2016.12（2021.4 重印）
ISBN 978-7-01-015112-0

Ⅰ.①寺…　Ⅱ.①韩…　Ⅲ.①五台山-社会变迁-研究-明清时代
　Ⅳ.①K292.53

中国版本图书馆 CIP 数据核字(2015)第 178190 号

寺院与官府

SIYUAN YU GUANFU

——明清五台山的行政系统与地方社会

韩朝建　著

人民出版社 出版发行

（100706　北京市东城区隆福寺街 99 号）

北京一鑫印务有限责任公司印刷　新华书店经销

2016 年 12 月第 1 版　2021 年 4 月第 3 次印刷

开本:710 毫米×1000 毫米 1/16　印张:13.75　字数:223 千字

ISBN 978-7-01-015112-0　定价:37.00 元

邮购地址 100706　北京市东城区隆福寺街 99 号

人民东方图书销售中心　电话 (010)65250042　65289539